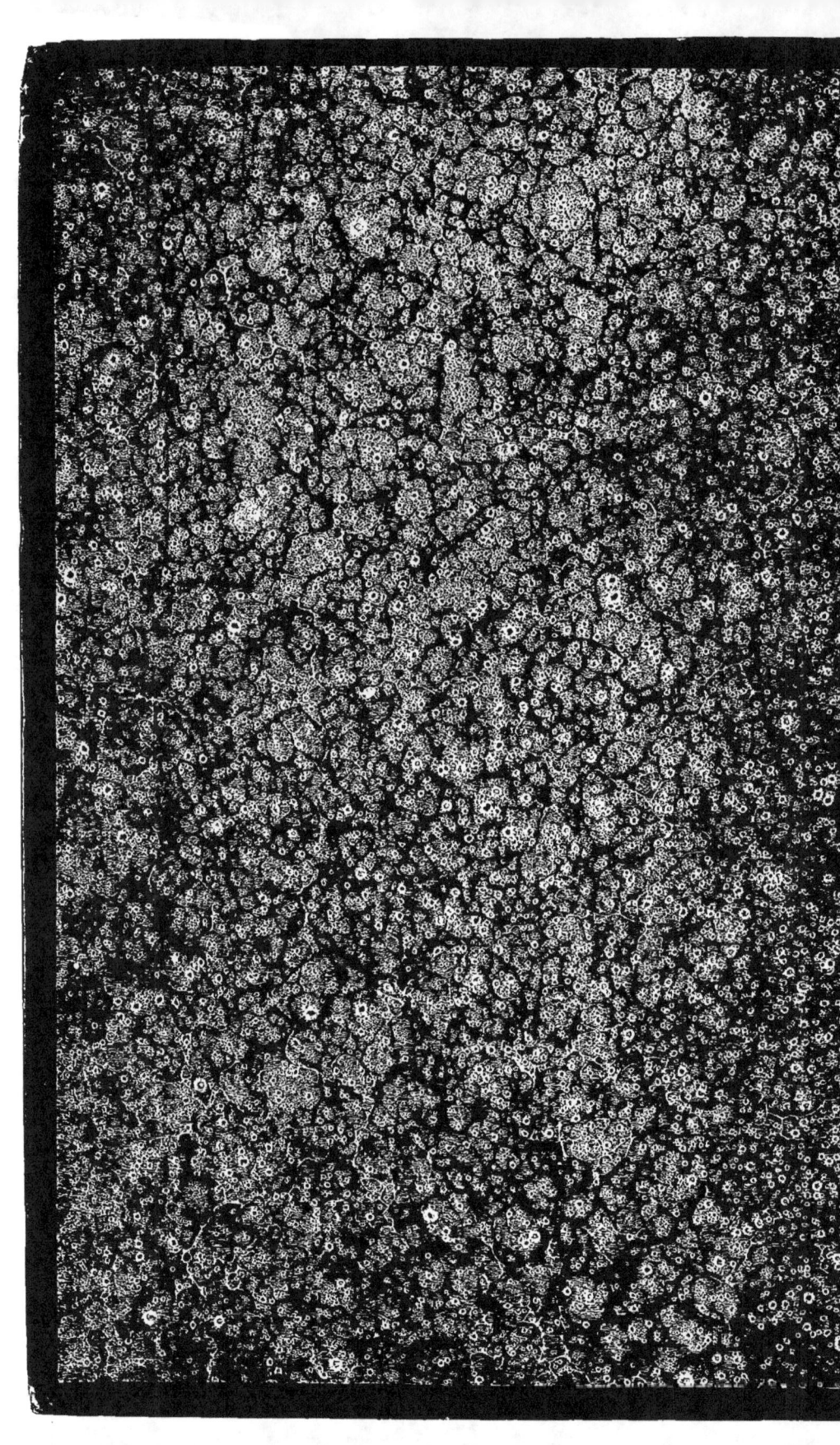

SOUVENIRS
MILITAIRES.

IMPRIMERIE DE COSSE ET J. DUMAINE,
rue Christine, 2.

SOUVENIRS MILITAIRES

DE LA

RÉPUBLIQUE ET DE L'EMPIRE

PAR

LE BARON **BERTHEZÈNE**,

LIEUTENANT GÉNÉRAL,

PAIR DE FRANCE, GRAND-CROIX DE LA LÉGION D'HONNEUR, ETC.

PUBLIÉS PAR SON FILS

ET

DÉDIÉS A S. M. L'EMPEREUR NAPOLÉON III.

TOME SECOND.

PARIS,
LIBRAIRIE MILITAIRE,
J. DUMAINE, LIBRAIRE-ÉDITEUR DE L'EMPEREUR,
Rue et Passage Dauphine, 30.

1855

Tout exemplaire non revêtu de la signature du fils de l'auteur sera réputé contrefait.

SOUVENIRS MILITAIRES.

SUITE

DE LA CAMPAGNE DE RUSSIE

EN 1812.

OPÉRATIONS DU CORPS AUTRICHIEN.

SOMMAIRE : Les Autrichiens passent le Bug. — Leur marche sur Slonim. — Ils y font leur jonction avec le 7ᵉ corps, qui se porte sur Kobrin. — Thormassow y attaque une brigade saxonne et la fait prisonnière. — Mouvement de Thormassow après ce combat. — Position qu'il prend. — Les Austro-Saxons l'y attaquent. — Combat de Ghorodetschna.—Retraite des Russes sur la Muchawetz et ensuite derrière le Styr.

Afin de ménager la susceptibilité du corps autrichien, et peut-être aussi afin de s'assurer de sa fidélité, il avait été décidé d'abord qu'il agirait sous les ordres immédiats de l'Empereur. Mais des mouvements offensifs de Thormassow, renforcé par deux divisions de l'armée de Bagration, et l'échec que les Saxons éprouvèrent à Kobrin, firent changer cette première résolution, et ce fut un grand malheur, comme nous le verrons dans la suite de la campagne. Napoléon envoya donc au prince de Schwartzemberg l'ordre de rester dans les provinces de l'ancienne Pologne, où il aurait sans doute préféré n'employer que des Polonais et des Saxons. Il ne pouvait guère en effet se dissimuler que cette nouvelle destination de l'armée autrichienne était fort mal appropriée aux lieux et aux circonstances ; car, d'un côté, les soldats d'une puissance spoliatrice de la Pologne et jouissant encore du fruit de son iniquité devaient être un objet d'animadversion et de haine pour les habitants des provinces polonaises, et, de l'autre, il devait entrer nécessairement dans les vues de cette puissance d'étouffer le patriotisme dans un pays dont l'exemple pouvait devenir contagieux pour la Gallicie. Il eût donc fallu être étrangement aveuglé pour compter sur une coopération franche de l'Autriche, agissant au loin, seule et sans surveillants.

En laissant au contraire dans ces provinces l'armée polonaise, Napoléon aurait paré à tous les inconvénients : la guerre s'y serait faite avec le plus grand succès ; la présence de ses compatriotes, leurs discours, leur exemple, auraient porté l'élan du peuple au plus haut degré ; il aurait couru aux armes ; la désertion aurait ruiné le corps russe, formé des nouvelles levées du pays ; aucun de ses mouvements n'aurait échappé au prince Poniatowski, et la Wolhynie et la Podolie auraient été conquises sans coup férir. Ces avantages ne sont nullement hypothétiques : ils eussent été la conséquence naturelle des sentiments connus et déjà manifestés par la population tout entière ; ils sont d'ailleurs avoués par le prince de Schwartzemberg, et la même lettre au comte de Saint-Priest, dont j'ai parlé plus haut, exprime toutes ses craintes à cet égard. Quoique les événements eussent modifié les résolutions de Napoléon, il semble qu'il pouvait encore sans inconvénient, après le combat de Mohilow, faire exécuter au prince Poniatowsky une contre-marche, le porter de Mohilow sur Pinsk, et reprendre de cette manière l'exécution de ses premiers projets. Il ne le fit pas, et je crois qu'il s'en est repenti plus tard. J'aurai d'autres occasions de remarquer, dans le cours de cette campagne, qu'il négligea beaucoup de mesures qui eussent été fort utiles au succès de son entreprise. Une autre observation m'a souvent frappé : c'est que les événements ont prouvé que sa première idée était toujours la meilleure et la plus juste, et qu'il eût évité bien des malheurs s'il s'y fût attaché plus fortement.

Les Autrichiens, partis de Lemberg, où ils s'étaient rassemblés, passèrent le Bug, le 1er juillet, à Droghitschin, et arrivèrent le 13 à Proujani, d'où ils continuèrent leur mouvement sur Kossow, Slonim et Neswij, après avoir occupé l'importante position de Pinsk. Nous avons déjà vu que le 7ᵉ corps, composé des Saxons et commandé par Reynier, avait reçu l'ordre de rétrograder, afin de couvrir Varsovie. Un ordre postérieur l'ayant mis à la disposition de M. de Schwartzemberg, il quitta Slonim, où il se trouvait, pour aller relever les troupes autrichiennes qui étaient sur la Pina. Son avant-garde, commandée par le général Klingel, était arrivée à Kobrin et avait poussé des reconnaissances et des postes sur Pinsk et Brestlitow ou Brjezclitewsky; le gros des troupes était à Khomsk.

Cependant Thormassow, parti de Kowel, où il avait fait sa jonction avec les deux divisions dont nous avons avons parlé plus haut, se portait sur la Muchawetz pour couvrir la Wolhynie. Informé qu'une brigade saxonne occupait Kobrin, et jugeant qu'elle était trop éloignée du reste de l'armée pour pouvoir être secourue, il forma le projet de l'enlever. En conséquence, il marcha sur Kobrin, le 25 juillet, par les routes d'Antopol et de Divin, avec environ 30,000 hommes, et, après avoir reconnu la position de Klingel, il profita de sa grande supériorité pour l'entourer et lui couper la retraite. Les Saxons se défendirent vaillamment ; mais enfin, après un combat de neuf heures, dans lequel ils avaient perdu le tiers de leur monde, ils furent forcés de se rendre : leur perte fut d'environ 1,000 hommes tués ou blessés, 2,000 prisonniers et 8 pièces de canon; celle des Russes se monta à plus de 2,000 hommes. Le général Reynier ayant appris le mouvement de Thormassow, s'était hâté de marcher au secours de son avant-garde : mais il avait trop de chemin à parcourir ; arrivé à Antopol, il apprit la prise de Kobrin, et ne voulant pas se hasarder dans un combat trop inégal, il rétrograda sur Slonim, où il arriva le 30 juillet. Thormassow le fit suivre jusqu'à Seletz, pendant qu'il se portait lui-même directement sur Proujani et qu'il faisait occuper la digue de Khomsk, ainsi que les défilés et positions avantageuses qui s'étendent jusqu'à Proujani.

Mais Schwartzemberg, dont les forces réunies étaient bien supérieures à celles de l'ennemi, se mit en devoir d'arrêter sa marche et de mériter les faveurs de Napoléon. Le temps des défections n'était pas encore arrivé ; tout présageait à la guerre une heureuse issue et nul n'aurait osé trahir ses devoirs d'une manière ostensible. Il partit donc de Slonim le 4 août, se dirigea sur Kossow et passa la Jasiolda à Kartouskaberiouza, afin de menacer la droite de l'armée russe, pendant que le 7ᵉ corps se portait sur Veliki-Selo. Les Autrichiens, poursuivant leur route sur Seghnevischi, rencontrèrent l'ennemi près de Dedel-hof-Bluden, le battirent et le forcèrent à se retirer à Khomsk ; après ce combat, ils marchèrent sur Proujani, où ils firent leur jonction avec le 7ᵉ corps, qui, de son côté, avait battu une avant-garde russe près de Véliki-Selo.

Dès que le général Thormassow apprit le mouvement de l'armée autrichienne, il s'arrêta et prit position à Ghorodetschna, où il fut joint par celles de ses troupes qui avaient été forcées à Proujani et à Kosibrod ; son armée occupait les hauteurs en arrière de Ghorodetschna, étendant sa gauche vers Podubnie et appuyant sa droite à Karky, sur la route de Proujani à Kobrin ; il avait placé sa réserve sur une seconde ligne de hauteurs, qui se prolongeaient vers Strajnick. Cette position était forte naturellement ; elle était protégée sur son front par des marais impraticables, qui séparaient les villages de Podubnie, Jabin et Ghorodetschna de ceux de Zambioszcz et Karky ; on ne pouvait traverser ces marais qu'au moyen de deux digues qui, de Ghorodetschna et Podubnie, conduisaient à Kobrin ; la gauche était couverte et comme enveloppée par un bois considérable, près duquel commençaient les marais et qui s'étendait au loin, le long de la route de Cherechev, jusqu'à la hauteur de Zavjouvie. Ainsi posté, le général russe, se regardant comme inattaquable, se contenta de garnir d'artillerie le débouché des digues et attendit, plein de sécurité, l'armée austro-saxonne.

Elle parut, le 11 août, devant Ghorodetschna ; deux divisions autrichiennes prirent position derrière ce village ; le 7ᵉ corps se plaça près de Jabin, et une troisième division autrichienne s'établit à sa droite, derrière Podubnie. Le général Reynier s'aperçut bien vite que l'ennemi avait négligé d'occuper le bois ainsi que le village et la ferme de Podubnie, au débouché de la digue ; il voulut mettre à profit cette faute grave : dès le soir même il fit occuper la ferme et, sur son avis, il fut résolu que le 7ᵉ corps, soutenu par des troupes autrichiennes, déboucherait du bois sur la gauche des Russes. Mais le lendemain 12, Thormassow sentant de quelle importance était la possession de la ferme, dirigea sur elle un feu d'artillerie si foudroyant que les Saxons ne purent s'y maintenir; il est vrai que lorsque les Russes voulurent déboucher à leur tour, ils furent arrêtés et rejetés sur leur position. Après ce premier combat, Reynier se mit en devoir d'exécuter le projet dont il était l'auteur; il tourna le marais à sa naissance, s'avança au travers du bois sur la route de Cherechev, où il se forma en bataille, et commença de suite l'attaque avec une brigade d'infanterie. Quoique Thormassow se trouvât surpris par ce mouvement qu'il n'avait pas prévu, il prit sur-le-champ des mesures pour y parer; il fit exécuter un changement de front à une partie de ses troupes et les plaça en potence sur sa gauche, en les appuyant par une nombreuse artillerie et par de la cavalerie qu'il étendit jusque près de Zavjouvie, afin de déborder la droite des Saxons; il pouvait, sans se compromettre, dégarnir son front et il n'y manqua pas. Toute la journée se passa en tentatives réitérées et infructueuses, de notre part, pour enlever les hauteurs qui dominent le chemin de Podubnie à Kobrin, et de la sienne, pour nous repousser au delà du bois et s'en rendre maître. Vers le soir, les Russes ayant échoué dans une nouvelle attaque qu'ils avaient essayée sur notre droite, le général Reynier saisit ce moment pour faire un dernier effort contre les hauteurs; le succès le couronna, mais l'obscurité ne permit pas d'en tirer avantage, et l'ennemi profita de la nuit pour faire sa retraite sur Kobrin.

Il est évident, pour tout lecteur capable de réflexion, que le général Thormassow avait commis deux fautes capitales : la première, de ne pas occuper en force Podubnie, et la seconde, de ne pas garder le bois ; ces fautes étaient telles, qu'elles devaient entraîner sa perte totale. Il ne lui eût cependant pas été difficile de prévoir que les Austro-Saxons chercheraient à tourner sa position, que le point de Podubnie leur paraîtrait le plus favorable pour le tenter, et que cette manœuvre le mettrait dans la situation la plus critique ; nous avons vu, en effet, que le général Reynier en conçut tout d'abord l'idée, et que si elle eût été exécutée avec la célérité et les moyens convenables, l'armée russe eût trouvé son tombeau dans les marais de Ghorodetschna. Heureusement pour elle, on fit plusieurs fautes : on déboucha trop tard sur ses derrières, où l'on aurait dû se trouver à la pointe du jour ; on attaqua avec trop peu de monde, quand il aurait fallu se présenter avec une masse considérable d'infanterie. De plus, puisque le front de l'ennemi était impraticable pour nous, le nôtre l'était également pour lui et nous ne courions aucun danger à le dégarnir ; alors son aile gauche, attaquée brusquement et avec vigueur par la plus grande partie de nos forces, n'aurait pas eu le temps d'être secourue ; elle eût été complétement défaite, et le reste de son armée, acculé dans les marais, n'aurait eu aucune chance de salut. Ce combat peut être comparé à celui de Salta-Naka : dans l'un et dans l'autre, les armées se trouvaient dans une bonne position et sur la défensive ; si les résultats n'ont pas été les mêmes, c'est que, dans le premier, le général français attaqué avait prévu les mouvements auxquels son antagoniste ne pensa pas, tandis que, dans celui-ci, le général russe attaqué ne prévit aucune des manœuvres que le général français, plus habile, conçut rapidement. Au reste, ces deux combats fournissent une nouvelle preuve que les positions très-couvertes et très-entourées, qu'une opinion commune, mais peu réfléchie, fait regarder comme si avantageuses et si sûres, deviennent au contraire fort précaires et fort dangereuses, lorsqu'on a en tête un ennemi actif et manœuvrier.

Le lendemain on suivit les Russes assez vivement pour qu'ils n'eussent pas le temps de détruire le pont de la Muchawetz, et l'on entra à Kobrin sans résistance, pendant qu'ils se retiraient sur Ratno, par la route de Divin. Les deux corps autrichien et saxon campèrent sur la Muchawetz, s'étendant à droite jusqu'à Brestlitow et à gauche jusqu'à Pinsk. Après quelques jours de repos, le 7ᵉ corps se porta sur Szatsk par Brestlitow ; son avant-garde arriva le 23 à Luboml, et continua sa route sur Wladimir, tandis que les Autrichiens marchaient vers Szatsk. Ce mouvement obligea le général russe à continuer sa retraite sur Kowel et Lutzk, où il passa le Styr et prit position, pour attendre l'arrivée de l'armée de Tchitchagow. Le prince de Schwartzemberg se plaça parallèlement à lui; le 7ᵉ corps était vers Torezin, et les Autrichiens vers Kiselin et Tockazi; Ratno et Pinsk étaient occupés chacun par une brigade autrichienne, et Wladimir par une brigade polonaise, dont le 7ᵉ corps avait été renforcé.

SUITE

DES OPÉRATIONS DU CENTRE DE L'ARMÉE.

SOMMAIRE : Sébastiani est surpris à Inkovo. — L'armée lève ses cantonnements. — Passage du Borysthène. — Combat de Krasnoï. — Bataille et prise de Smolensk. — Retraite des Russes. — Combat de Valoutina-Ghora. — Désobéissance de Junot. — Marche offensive de l'armée française.—Motifs pour s'arrêter à Smolensk. — Camp des Russes à Borodino. — Combat du 5 septembre. — Bataille de la Moskowa. — Retraite des Russes. — Marche sur Moscou. — Les Russes l'évacuent. — Incendie. — Rastopchin. — Réflexions sur l'incendie et sur notre séjour dans cette ville.

Pendant que le centre de l'armée française était arrêté entre le Dnieper et la Dwina, l'ennemi entreprit de l'inquiéter au moyen de ses troupes légères. Un parti se présenta devant Velij, dans l'espoir de surprendre cette ville à la faveur de la nuit ; mais la garnison était sous les armes, et les Cosaques prirent la fuite aux premiers coups de fusil. Ils furent plus heureux contre la division de cavalerie commandée par Sébastiani. Le 8 août, l'hetmann Platow s'approcha de cette division placée près d'Inkovo ; la profonde sécurité à laquelle elle se livrait et la négligence avec laquelle elle se gardait, permirent à l'ennemi d'arriver jusque dans son camp sans être aperçu ; nos troupes, surprises, ne purent opposer qu'une faible résistance et leur déroute paraissait inévitable, lorsque, par bonheur, un corps de lanciers, campé non loin de là, vint à leur secours et les dégagea. Les Cosaques emmenèrent néanmoins quelques pièces de canon et un certain nombre de chevaux et de prisonniers, parmi lesquels se trouva une compagnie d'infanterie légère.

Ces tentatives réitérées attirèrent l'attention de Napoléon ; il jugea que l'ennemi, à l'abri derrière sa nombreuse cavalerie, préparait quelque mouvement offensif : il devinait juste. Depuis que Barclay-de-Tolly avait fait sa jonction avec Bagration, il se croyait assez fort pour tenter le sort des combats et se flattait de surprendre nos cantonnements et de les battre, avant que l'Empereur ne pût réunir son armée. Dans cette espérance, il forma le projet de s'avancer sur Witepsk par Roudnia ; il dirigea Platow sur Inkovo et Bagration sur Nadva, tandis que lui-même se portait en avant du lac Kasplia. Mais au milieu de ces mouvements, qui ne se faisaient qu'avec lenteur et incertitude, Napoléon prit rapidement son parti ; il conçut la pensée audacieuse de marcher sur Smolensk, d'atteindre cette place avant les Russes et, par cette manœuvre savante et hardie, qui le plaçait sur leur flanc et sur leurs derrières, de leur couper la route de Moscou et les communications avec les provinces méridionales de l'empire.

Le 10, toute l'armée leva ses cantonnements et, couverte par la forêt de Babinowitchi, se dirigea sur le Dnieper ; le 13, elle passa ce fleuve sur cinq ponts, à Rasasna et à Khomino (1). Le 1ᵉʳ corps était alors à Dobrowna ; le 3ᵉ et la cavalerie de Murat vis-à-vis de Khomino ; le 4ᵉ corps à Rasasna, avec le 3ᵉ de cavalerie ; le cinquième arrivait à Romanow ; il avait laissé la division Dombrowski à Mohilow, d'où elle se porta à Swislotsch, pour observer Bobruisk et la réserve de Mozir. Ce même jour, Napoléon quittait Witepsk et se portait avec la Garde, par Babinowitchi, à Rasasna, où il franchit le Dnieper. Il avait laissé à Witepsk, pour en former la garnison, un régiment de flanqueurs de 4 à 500 hommes, les écloppés de la Garde et ceux des autres corps qu'on avait pu y réunir. Le 3ᵉ corps et la cavalerie du roi de Naples arrivèrent le 14 au soir devant Krasnoï : c'était la première ville russe, et nos misères allaient augmenter encore ; ici nous ne trouvions plus d'amis, et surtout

---

(1) On avait jeté trois ponts à Rasasna et deux à Khomino.

plus de Juifs (1), ce qui était un malheur plus réel. En Pologne, au contraire, les Juifs sont très-nombreux, et ce sont eux qui exercent toutes les branches de commerce; ils nous avaient été très-utiles pour la subsistance de l'armée, et l'auraient été bien davantage si l'on avait su les y intéresser. Je suis persuadé qu'eux seuls possédaient les moyens de nous pourvoir de tout, mais il aurait fallu leur donner de l'or.

Notre avant-garde trouva en position à Krasnoï un corps russe, qui sans doute était destiné à surveiller les mouvements de Davoust pendant les opérations offensives de Barclay-de-Tolly; il était fort de 8 ou 10,000 hommes d'infanterie et de 1200 chevaux, et muni d'une douzaine de pièces de canon. L'Empereur, qui s'était rendu aux avant-postes, ordonna de le débusquer : cet ordre fut exécuté avec beaucoup de vigueur par la tête de colonne de la division Ledru. Malgré une vive résistance, l'ennemi ne put soutenir le choc; chassé de sa position, il se forma en carré ou plutôt il se groupa en une masse compacte, et continua ainsi sa retraite sur Smolensk. Le défaut d'artillerie, restée en arrière par suite de la rapidité de nos mouvements, empêcha seul de l'écraser et de le détruire en entier.

---

(1) Depuis que j'ai écrit ceci, j'ai vu dans l'*Histoire de Charles XII*, par Adlerfeld, que, dans la campagne de 1706, les Juifs avaient rendu, sous ce rapport, de grands services à l'armée suédoise.

Si cependant, lorsque la division Ledru attaquait de front, le roi de Naples, ainsi que le conseillait le maréchal Ney, eût passé la rivière avec sa cavalerie et se fût porté sur les derrières de cette troupe isolée et sans appui, elle eût été facilement enveloppée ; mais il craignit une embuscade dans les bois qui étaient sur notre droite, et prudent, peut-être pour la première fois de sa vie, il laissa échapper l'occasion qui s'offrait à lui. Bientôt pourtant il se mit à la poursuite des Russes, les atteignit près de Katova et les entoura ; mais leur masse épaisse faisait face de tous côtés, et il ne put venir à bout de la rompre, étant privé du secours de l'infanterie ; il leur fit toutefois beaucoup de mal, leur prit 1200 hommes, après en avoir blessé ou tué autant, et leur enleva 8 pièces bien attelées. Il cessa la poursuite au défilé de Kanosava.

La marche de l'armée sur Smolensk s'exécuta sans trouver d'autres obstacles. Le 3e corps continua à faire l'avant-garde ; il arriva le 16 août devant cette place. Le maréchal Ney, qui s'était avancé à la tête de deux bataillons du 46e pour reconnaître la citadelle, fut salué de quelques coups de canon, appuyés d'un bon feu de mousqueterie, qui l'obligèrent à rétrograder. Après avoir inutilement tenté de faire évacuer à l'ennemi le retranchement extérieur qu'il occupait sous la protection de la citadelle, et après avoir jeté en avant un rideau de tirailleurs qui prolongèrent le combat jusqu'à la nuit, il fit prendre position à ses troupes. Elles furent rejointes successivement par les 1er,

5ᵉ et 8ᵉ corps, par la réserve de cavalerie et par la Garde. Le 4ᵉ corps, une partie de la cavalerie et une division de la jeune Garde étaient restés échelonnés depuis Siniaky jusqu'à Koritnia, afin d'observer les mouvements de l'armée russe sur la rive droite du Borysthène, et de s'opposer à ses entreprises contre notre flanc gauche.

Cependant Barclay-de-Tolly, informé du passage du Borysthène par l'Empereur et de sa marche sur Smolensk, abandonna ses projets offensifs et se hâta de voler au secours de cette place; il y arriva presque en même temps que nous. Le 17, il envoya Bagration à Dorogobuj (1), se réservant à lui-même le soin de défendre la ville et de nous combattre. Il est difficile de s'expliquer pourquoi, à la veille d'une action, il s'affaiblissait ainsi sans nécessité; cependant on peut présumer que, sous l'impression du danger auquel il venait récemment d'échapper, il eut peur que, par quelque grande manœuvre stratégique, Napoléon ne le coupât des provinces méridionales et ne lui rendît impossible la retraite sur Moscou.

Smolensk était divisé par le Borysthène en deux parties, qu'on pourrait appeler, l'une la ville militaire, et l'autre la ville marchande; un pont de bois les réunissait. La ville militaire, bâtie sur la rive gau-

---

(1) Dorogobuj est à plus de vingt lieues de Smolensk, sur la route de Moscou.

che, était revêtue de hautes et fortes murailles en briques, flanquées de tours de distance en distance, et environnées d'un large fossé et d'un chemin couvert. Sur certains points de leur circonférence, ces murailles étaient dégradées; quelques ouvertures y étaient même pratiquées pour communiquer à des maisons qui s'étendaient jusque près de la rivière. A notre approche, on avait masqué ces ouvertures à la hâte, mais très-imparfaitement, car je les ai traversées plusieurs fois. L'épaisseur des murailles, dans la partie que j'ai mesurée à la main, pouvait être de 13 à 14 pieds, mais sur aucun point il n'eût été possible d'établir du canon ; autant que je me le rappelle, on ne montait que par les tours et par des escaliers fort étroits et fort raides sur le parapet, qui, par sa forme, ne pouvait servir qu'imparfaitement à placer des tirailleurs.

A l'ouest, entre la route de Krasnoï et le Borysthène, la ville était munie d'une petite citadelle, mais, comme plusieurs parties de cette citadelle étaient aussi dégradées, on l'avait couverte d'une redoute extérieure, qu'elle protégeait à son tour par ses feux. Au nord, un retranchement élevé sur les bords du fleuve, au-dessous et à côté du pont, battait la rive droite, ainsi que les routes de Saint-Pétersbourg et de Moscou, et couvrait cette partie de la ville. Au midi, se trouvaient les routes de Krasnoï, de Mohilow et celle de Roslawl, dans laquelle se confondait celle d'Elnia, à environ trois lieues de Smolensk ; on avait couvert la porte où aboutissaient ces trois routes, au moyen d'un petit ouvrage en terre, mal fait à la vérité et ayant peu de développement, mais qui n'augmentait pas moins les difficultés de l'attaque. Enfin, des ravins profonds et escarpés, au fond desquels étaient quelques maisons, rendaient, à l'est et à l'ouest, l'approche de la ville presque impossible. Des groupes de maisons, de jardins et de vergers s'étendaient sur son front, le long des routes, et formaient ses principaux faubourgs. Une enceinte en planches environnait celui placé entre les routes de Mohilow et de Roslawl, et en facilitait la défense. C'était dans la ville militaire que se trouvaient les arsenaux, les établissements publics et un grand édifice destiné à la conservation des archives et aux réunions de la noblesse de la province. Décidé, pour obéir aux ordres de son souverain, à défendre Smolensk, qu'il pouvait d'ailleurs regarder comme une bonne position et une excellente tête de pont, le général en chef russe avait établi de grosses réserves sur la rive droite et avait jeté des forces considérables, tant dans les faubourgs que dans les bois taillis qui bordaient la route par où nous arrivions.

Après avoir reconnu avec soin la place et ses environs, Napoléon fit ses dispositions d'attaque. Le 3e corps resta à la gauche, entre la route de Krasnoï et le Dnieper; trois divisions du 1er corps furent placées de la route de Krasnoï à celle de Roslawl, et deux restèrent en réserve : celle de Compans entre les routes de Krasnoï et de Mohilow, et celle de Desaix entre les routes de Mohilow et de Roslawl. Le 5e corps fut établi au delà de cette dernière route, s'étendant vers la droite, où se déployait la cavalerie du roi de Naples. La Garde impériale était en réserve au centre, derrière le petit ruisseau de la Jesenaïa. Le 8ᵉ corps, composé des Westphaliens et commandé par Junot, devait former l'extrême droite, mais son chef s'égara, ou plutôt ne voulut pas arriver. Il était en effet difficile de croire qu'il eût pu perdre de vue les clochers de Smolensk, ou que sa tête se fût assez brouillée pour lui faire oublier la direction du Dnieper; mais c'était un de ces hommes privilégiés, qui avaient le droit de faire impunément toute espèce de sottises, droit acquis trop souvent, comme on sait, aux familiers des princes. Au reste, son corps était déjà tellement réduit, que sa coopération ne devait pas avoir une grande influence sur le destin de la journée.

Nous avons déjà vu combien le climat avait été funeste aux Bavarois et aux Wurtembergeois (ces derniers ne s'élevaient plus, à Smolensk, au delà de 1800 hommes); nous ferons remarquer ici que tous les Allemands en éprouvèrent les mêmes effets. Sans échapper entièrement à son influence, les troupes françaises y résistèrent beaucoup mieux, et c'est une nouvelle preuve de l'expérience faite depuis longtemps, que le tempérament français supporte mieux les variations atmosphériques et les fatigues que le tempérament allemand. Il paraîtrait, ainsi que l'a observé un judicieux écrivain, Volney, que *notre fibre a plus d'élasticité et de vie qu la leur, et que la balance penche encore de notre côté par le vice de leur régime diététique et par l'abus qu'ils font des spiritueux.*

Après avoir terminé ses dispositions préparatoires, Napoléon avait attendu que les généraux russes l'attaquassent ; mais voyant que la journée s'écoulait sans qu'ils parussent en avoir envie, et ne voulant pas perdre un temps précieux, il se porta, vers les deux heures, auprès du 5ᵉ corps, et lui fit faire un changement de front, l'aile droite en avant ; la cavalerie suivit ce mouvement. En même temps, il fit placer de nombreuses batteries au-dessus de la ville pour éloigner les réserves ennemies et rompre les ponts, ou tout au moins pour en rendre le passage difficile ; ensuite il ordonna l'attaque. Au premier signal, notre infanterie s'élança au combat avec une impétuosité et une valeur qui lui attirèrent l'admiration générale ; les Russes furent culbutés sur tous les points, malgré la plus opiniâtre résistance, et tous les obstacles furent vaincus. Le maréchal Ney s'empara de la redoute extérieure ; le 1ᵉʳ corps chassa l'ennemi des faubourgs à coups de baïonnette, et le poursuivit jusque sur les glacis : le bois tailli, les faubourgs, les jardins et les fossés étaient jonchés de morts, de blessés et de débris d'armes et d'équipement. Les Polonais avaient rivalisé de bravoure avec nos soldats ; plusieurs se firent tuer dans les fossés de la place ; ils perdirent un officier fort estimable, le brave général Grabowski.

Cependant les Russes restaient toujours maîtres de Smolensk, et il était d'autant plus difficile de les en chasser (1), qu'ils avaient le moyen d'en alimenter continuellement la garnison, et que nous ne pouvions battre les remparts en brèche, étant privés d'artillerie de siége. Il fallut se borner à jeter quelques obus dans la ville ; le général Gudin essaya, il est vrai, de se servir de ses pièces de 12, mais il fut bientôt convaincu que leur effet était nul : le boulet laissait à peine sa trace sur les briques. Pour forcer l'ennemi à quitter la ville, l'Empereur fit mine de vouloir passer le fleuve et augmenta en même temps les batteries destinées à rompre les ponts qui formaient la communication entre les deux rives ; ces manœuvres réussirent pleinement et Smolensk nous fut abandonné.

Il est vraisemblable que la crainte de compromettre les troupes qui étaient dans la place détermina le général Barclay-de-Tolly à l'évacuer ; mais il est difficile de comprendre pourquoi il ne se maintint pas sur les belles positions de la rive droite, afin d'y tenter le sort d'un combat où toutes les chances de succès

---

(1) Si l'on eût su quelle était la situation de la citadelle, il eût été facile de l'enlever par un coup de main, aussitôt que le 3ᵉ corps fut maître de la redoute, et alors tout ce qui se trouvait dans la ville se fût trouvé pris. Plusieurs fois depuis je suis descendu dans la campagne et je suis remonté dans la citadelle, à travers ses remparts, par une rampe très-praticable à l'infanterie. Mais au moment de l'attaque, personne ne connaissait cet état de dégradation, il n'y a donc à faire de reproches à personne.

eussent été pour lui. Sans doute que la supériorité du génie de son adversaire lui imposa et l'effraya pour ses communications avec Moscou et peut-être même avec Bagration. Pendant la nuit, les Russes évacuèrent la ville, après avoir mis le feu aux magasins et à l'arsenal. Le lendemain, ils brûlèrent aussi le pont et le faubourg ou ville marchande, sans que ni les larmes des habitants, ni les offres du commerce, qui demandait à se racheter, ni la conservation de leurs soldats blessés, dont toutes les maisons étaient remplies, pussent les détourner d'exécuter ce dessein barbare. Tout fut détruit, rien ne resta debout dans ce malheureux faubourg; j'ai vu les cadavres à demi-consumés de ces pauvres blessés, et je ne crains pas d'être accusé d'exagération, en assurant que leur nombre devait s'élever à plusieurs milliers.

C'est ainsi que tomba entre nos mains ce boulevard de l'Empire russe, qui, dans l'opinion des peuples de ces contrées, devait être le tombeau des Français. C'est ainsi que, presque au même jour, les 17 et 18 août, sur le Borysthène et sur la Dwina, à Smolensk et à Polotsk, la fortune toujours propice couronna nos efforts et ajouta un nouveau lustre à nos armes.

Dans cette bataille sanglante, nos pertes furent considérables, surtout en blessés; il est difficile d'expliquer comment l'ennemi eut infiniment plus de morts que nous, et cependant, c'est un fait certain pour quiconque a vu le champ de bataille et surtout le bois taillis près de la route de Krasnoï. Parmi les morts se trouvaient les généraux russes Scalon et Balla; Napoléon leur fit rendre les honneurs funèbres. Les faubourgs et les maisons éparses autour de la ville étaient remplis de blessés des deux partis, sans qu'on pût, dans ces premiers moments, leur porter aucun secours, sans qu'on pût même leur donner un peu d'eau, qu'ils demandaient en grâce. Dans l'intérieur de Smolensk, les Russes n'avaient brûlé que les établissements militaires; la négligence d'un domestique du maréchal Lefèvre occasionna l'incendie du plus beau quartier de la ville, qui fut consumé en dépit de tous nos efforts pour le préserver; nous y perdîmes encore quelques ressources. Une grande partie des habitants s'était enfuie; quant à ceux qui étaient restés, ils se réfugièrent dans l'église cathédrale avec leurs effets les plus précieux; ils y furent respectés, et une garde particulière fut chargée de veiller à la sûreté de leurs personnes et de leurs propriétés.

Un des premiers soins de l'Empereur avait été d'établir des hôpitaux: plusieurs grands locaux, et entre autres la chancellerie, furent consacrés à cet usage. On s'occupa du soin de ramasser les blessés les plus rapprochés de la place; mais un grand nombre d'autres plus éloignés, ou qui s'étaient traînés dans des endroits écartés, périrent sans être secourus. Au reste, ceux qu'on avait recueillis n'étaient guères plus heureux: sans médicaments, sans bouillon, sans pain, sans linge, sans charpie et même sans paille, ils n'avaient en mourant d'autre consolation que de voir leurs camarades s'intéresser à leur triste sort. J'ai déjà dit qu'on avait réuni des approvisionnements immenses de médicaments et de linge à pansements, mais les marches forcées, le manque de chevaux, la pesanteur des voitures et l'incurie de l'administration les ayant fait abandonner en route, ils étaient devenus inutiles. Les administrations militaires, j'en fais l'observation à regret, loin de montrer le zèle actif et le dévoûment qui, à la vue des grandes misères, doublent les moyens et créent des ressources nouvelles, ne remplirent leurs devoirs les plus sacrés, dans ces cruelles circonstances, qu'avec une mollesse et une négligence qu'on pouvait justement qualifier de criminelles : le fait que je vais citer en sera une preuve bien frappante. Un major de la Garde avait découvert dans un moulin à vent, près de la route de Mohilow, environ 180 blessés, et s'était hâté d'aller en prévenir l'administration. Ce ne fut pas sans peine qu'il réussit à pénétrer jusqu'à l'ordonnateur chargé de cette partie du service, et toutes ses démarches en faveur de ces malheureux furent vaines pendant deux jours ; enfin, il menaça de s'adresser à l'Empereur. Cette menace produisit son effet, et l'on se décida à leur porter quelques secours, mais il n'en restait plus en vie que 18 ou 20.

Après avoir évacué Smolensk, l'ennemi se mit en retraite sur deux colonnes, dans la nuit du 18 au 19. Pour nous dérober sa marche et nous tromper sur son véritable but, il prit la route de Saint-Pétersbourg, sur laquelle il s'éleva jusqu'à une certaine hauteur; faisant ensuite tête de colonne à droite, il gagna la grande route de Moscou, manœuvre imprudente et d'autant plus dangereuse, que les chemins de traverse où il s'engageait étaient plus mauvais et plus difficiles. Une faible arrière-garde, sous les ordres du général Korff, était chargée de couvrir ce mouvement et de ralentir notre poursuite; elle ne commença sa retraite qu'un peu avant le jour. Dès qu'il eût paru, et avant même que les ponts ne fussent entièrement établis, le 3ᵉ corps et la cavalerie du roi de Naples passèrent le Borysthène, en partie à gué; le 3ᵉ corps suivit les traces de l'ennemi, et le roi de Naples s'avança par la route de Moscou, sur laquelle on savait que Bagration était placé. En même temps, le 8ᵉ corps remonta le fleuve par la rive gauche et dut le passer à Proditchew, pour déborder l'armée russe et menacer ses derrières. Aux environs de Garbounovo, le maréchal Ney apprit qu'elle se dirigeait vers la route de Moscou, et s'y porta lui-même.

Cependant Barclay-de-Tolly, effrayé des dangers auxquels l'exposaient les lenteurs de sa marche au travers des difficultés où il s'était engagé, et comprenant bien que le faible corps de Cosaques que commandait le général Karpoff sur la route de Moscou, ne pouvait suffire à couvrir ses débouchés, envoya en toute hâte une division d'infanterie pour l'appuyer. Vers les onze heures, Ney se trouva en présence de ces troupes, les attaqua sans délai, les chassa de la position qu'elles avaient prise sur la Stabna, malgré leurs efforts pour la conserver, et les mena battant jusqu'à Valoutina-Ghora. Mais le général en chef russe, dont la position devenait à chaque instant plus critique, et qui sentait la nécessité de nous arrêter à tout prix, avait changé la direction de sa 2e colonne et la faisait arriver successivement sur ce point; bientôt, plus de 25,000 hommes se trouvèrent réunis sur les hauteurs de la Kolodnia.

Parvenu en face de cette position, et ne doutant pas, à la vue des renforts que l'ennemi recevait incessamment, que la majeure partie des forces russes ne lui tombât avant peu sur les bras, le maréchal Ney rendit compte à l'Empereur de la situation des choses et demanda du secours, afin de ne pas être compromis dans un combat trop inégal. Napoléon s'était porté entre les routes de Moscou et de Saint-Pétersbourg, pour avoir plus promptement des nouvelles; dès qu'il eût appris que Ney éprouvait une vive résistance, il envoya la division Gudin à son aide, en même temps qu'il faisait marcher une autre division du 1er corps dans l'intervalle des deux routes, afin de déborder la droite de l'ennemi. Dès que le maréchal Ney se vit renforcé par la division Gudin, il se décida à attaquer; il pensait sans doute que son mouvement serait appuyé par le roi de Naples et le duc d'Abrantès, mais ni l'un ni l'autre ne se montrèrent. Nous verrons tout à l'heure que le dernier refusa obstinément d'obéir aux ordres réitérés qui lui furent donnés;

quant à Murat, je ne connais d'autre motif de son inaction que les difficultés des chemins et peut-être la crainte de s'aventurer sans infanterie sur le flanc gauche des Russes.

La position que l'ennemi occupait était forte et avantageuse : il était placé sur un plateau assez élevé et qui barrait la route; son front était couvert par le ravin escarpé et les marécages étendus que forme la Kolodnia; un petit pont de bois, sur lequel il fallait passer ce ruisseau, était le seul point par où il pût être abordé, et une nombreuse artillerie battait en tous sens cet étroit défilé; à sa gauche, il avait le Borysthène, et à sa droite des terrains montueux et escarpés; enfin, des bouquets d'arbres assez nombreux, surtout à sa gauche, masquaient ses mouvements et servaient d'abri à ses tirailleurs. Pour vaincre tant de difficultés, nous n'avions que la bravoure de nos soldats; car la nature des lieux nous forçait à une attaque de front, que nous ne pouvions pas même faire appuyer par notre artillerie. Les dispositions à prendre étaient donc fort simples; le maréchal Ney les eut bientôt faites : il forma les divisions Razout et Gudin en colonnes par peloton, et leur donna pour réserve les deux autres divisions du 3ᵉ corps.

Sur les cinq heures du soir, la division Gudin s'avança vers le défilé et le passa avec une telle résolution et une telle assurance, que l'ennemi se crut attaqué par la Garde. A peine eût-elle franchi le ruisseau, qu'elle aborda le centre des Russes et porta ses plus grands efforts contre la hauteur que défendaient leurs principales forces. C'est au milieu de cette opération audacieuse que le général Gudin tomba, la cuisse fracassée par un obus; il fut remplacé par le général Gérard, et l'attaque ne perdit rien de son impétuosité; mais ce ne fut qu'après avoir vaincu bien des obstacles et affronté bien des dangers, que ces braves troupes parvinrent enfin au sommet du mamelon; là, le combat devint encore plus sanglant; on ne tirait plus, on se battait corps à corps et à coups de baïonnettes. Après une résistance longue et meurtrière, l'ennemi finit par se retirer, mais l'obscurité de la nuit et la lassitude des troupes ne nous permirent pas de le poursuivre.

Dans ce mémorable combat, beaucoup de belles actions, qui auraient mérité d'être citées, ont été couvertes par les ombres de la nuit; je n'ai pu en recueillir qu'une seule, et je me fais un devoir de la consigner ici. Au moment d'une des plus sanglantes mêlées de la journée, un lieutenant du 12e régiment de ligne, appelé Étienne, se trouva en face du général Touskoff, qui menait à la charge un corps de grenadiers et les animait par son exemple; n'écoutant que son courage et le désir de se distinguer aux yeux de ses camarades, ce jeune officier s'élança sur le général russe et, après l'avoir blessé de plusieurs coups de sabre, le saisit au milieu de sa troupe et l'emmena prisonnier.

Quand le jour vint éclairer le champ de bataille, on eut un horrible spectacle : les morts étaient amoncelés en si grand nombre qu'à notre retour de Moscou l'air en était encore infecté. Il serait difficile de décider de quel côté la perte fut la plus grande : sur la hauteur, on comptait sans contredit beaucoup plus de Russes, mais dans le fond, vers le fleuve, on trouvait plus de Français. On porta à 6,000 hommes notre perte en tués et blessés. Si ce calcul n'est pas exagéré, cette échauffourée nous coûta presque autant de braves que la bataille de Smolensk. Le général Gudin, un des officiers les plus distingués de notre armée, fut enterré sur un des bastions de la citadelle de Smolensk ; il emporta les regrets et l'estime de toute l'armée. On crut reconnaître parmi les morts les corps de plusieurs généraux russes. Napoléon se rendit de très-grand matin sur le terrain ; en arrivant à la position de l'ennemi, et voyant que le nombre de ses morts était bien supérieur à celui des Français : « Voilà, dit-il, un plateau bien couronné ; quatre Russes pour un Français ! » Il passa ensuite la revue des troupes qui avaient si vaillamment combattu (7e léger, 12e, 21e et 127e de ligne), leur distribua des éloges et des récompenses (1), et accorda au 127e une aigle, honneur qu'il n'avait pas encore gagné.

Quelque brillant qu'eût été le fait d'armes de Va-

---

(1) Dans cette occasion, Napoléon accorda les récompenses, comme au temps de la République, sur la désignation des officiers, des sous-officiers et des soldats, seule manière de rendre vaines la faveur et la protection.

Ioutina-Ghora, il fut loin d'avoir sur le sort de la campagne l'influence qu'il aurait dû exercer ; l'indiscipline d'un des généraux rendit inutiles toutes les prévisions du génie et tous les efforts de la valeur. Junot, qui commandait le 8ᵉ corps, avait été chargé, comme nous l'avons déjà dit, de remonter le Borysthène par la rive gauche, de passer sur la rive droite au-dessus de l'ennemi, de le déborder et de menacer ses derrières ; au lieu d'exécuter ces ordres (et l'ennemi était trop occupé pour pouvoir s'y opposer), il oublia tout à fait sa destination et s'éloigna du lieu de l'action. Il est de la dernière évidence que la plus simple démonstration de sa part eût forcé les Russes à une retraite précipitée, et que, s'ils se fussent obstinés à combattre, ils n'auraient pu échapper à une entière destruction ; leurs troupes, harassées de fatigue et n'arrivant sur le terrain que les unes après les autres, devaient y tomber successivement entre nos mains, car il ne leur serait resté aucune issue possible. Mais encore une fois Junot *s'égara*, ou plutôt la vérité est qu'il refusa plusieurs fois d'obéir aux ordres du roi de Naples et de coordonner ses mouvements avec les siens. Personne n'ignore la haine mortelle que ces deux hommes se portaient et la cause qui l'avait fait naître. Chez tout autre général, une désobéissance aussi criminelle eût été justement punie de mort : Junot ne fut pas même remplacé, malgré le mécontentement de Napoléon !

Dans les journées des 19 et 20 août, l'armée acheva

de passer le Dnieper, à l'exception de la Garde, qui resta à Smolensk. Le 4ᵉ corps prit d'abord position près d'un grand couvent, sur la route de Saint-Pétersbourg, d'où il se porta vers Doukhovchtchina, qu'il laissa à sa gauche pour se diriger sur Dorogobuj. On continua à suivre les Russes dans la direction de Moscou. Le roi de Naples, les 1ᵉʳ et 3ᵉ corps marchaient au centre par la grande route. Le 4ᵉ corps flanquait la gauche, et le 5ᵉ la droite, en remontant le fleuve sur sa rive gauche. Ces trois avant-gardes devaient marcher à la même hauteur et à portée les unes des autres, de manière à pouvoir agir simultanément contre l'ennemi et à l'attaquer à la fois de front et sur ses flancs, s'il essayait de prendre position.

Cette marche sur Moscou étant, selon moi, la cause première, ou, si on l'aime mieux, la cause occasionnelle de tous nos désastres dans la guerre de 1812, il est juste que j'expose les raisons sur lesquelles je fonde mon opinion ; mais je dois d'abord énumérer les motifs qui ont pu déterminer l'Empereur à ce mouvement.

Jusqu'alors les Russes avaient évité avec soin une action générale ; les affaires plus ou moins sanglantes, plus ou moins considérables qu'ils avaient engagées, n'étaient que des affaires partielles, et il était fort désirable de les amener à une grande bataille, où toutes leurs forces fussent mises en jeu et qui décidât du sort de la campagne. On ne pouvait les y forcer qu'en marchant sur Moscou ou sur Saint-Pétersbourg, car il fallait évidemment un puissant motif pour les contraindre à cette lutte suprême. De Smolensk à Moscou il y avait environ cent lieues, c'est-à-dire vingt ou vingt-cinq marches; on était au 20 août, on pouvait encore compter sur cinquante jours ou deux mois de beau temps, il était donc permis de penser qu'on obligerait l'ennemi à en venir aux mains avant la mauvaise saison. La composition de notre armée, sa force morale, la confiance qu'elle avait dans son chef, l'ascendant que le génie de l'Empereur exerçait sur les Russes eux-mêmes, tout donnait la certitude morale du succès, et personne parmi nous ne le mettait en doute. Napoléon pouvait se flatter en outre qu'une grande victoire remportée par lui ramènerait le cabinet de Saint-Pétersbourg à des sentiments pacifiques, et la connaissance particulière qu'il avait du caractère d'Alexandre était de nature à accroître cette espérance, tandis qu'il devait craindre que la paix ne fût impossible ou du moins très-improbable tant que l'ennemi n'aurait pas éprouvé de grands revers.

On ne saurait méconnaître la justesse de ces calculs et l'importance de ces motifs; mais on va juger si d'autres considérations d'une nature non moins grave n'étaient pas capables de les balancer et peut-être même de faire prendre une détermination contraire. L'armée était sans doute formidable, encore nombreuse et pleine du sentiment de sa force; cependant, à examiner les choses de près et attentivement, sa situation commençait à donner lieu à de sérieuses réflexions : les marches, les chaleurs, les fatigues, le manque de vivres ou leur mauvaise qualité, la nature malsaine des eaux et l'influence du climat, lui avaient fait éprouver des pertes considérables, et déjà elle se trouvait bien diminuée. Chaque jour ses souffrances s'aggravaient, chaque jour les hommes et les chevaux s'épuisaient davantage, et chaque jour la disette des vivres devenait plus grande, par la concentration des troupes sur un plus petit espace et par le système de dévastation et d'incendie adopté par l'ennemi. Si, dans un pays ami, où elle pouvait s'étendre en liberté, l'armée avait eu tant de peine à vivre, comment pourvoirait-elle à ses besoins dans une contrée hostile, peu peuplée, où les Russes ne laissaient ni habitants ni ressources? Comment dans une telle contrée établirait-elle des hôpitaux? Comment ferait-elle donner aux malades et aux blessés les premiers secours indispensables à leur conservation? Comment enfin parviendrait-elle, sans moyens de transport, à les évacuer sur ses derrières? Si cet état de choses était incontestable, si les difficultés inhérentes à notre position étaient déjà presque invincibles, ne faisaient-elles pas un devoir à Napoléon d'ajourner une expédition plus lointaine, afin de prendre le temps de donner du repos aux troupes, d'assurer leur subsistance et de rallier sous les drapeaux tous les hommes qui, sous différents prétextes, avaient abandonné les rangs? En séjournant à Smolensk et en établissant des camps pour chaque corps d'armée, comme il avait fait dans ses précédentes campagnes, il aurait obtenu tous les avantages qu'il pouvait souhaiter; car ces camps eussent également servi à couvrir nos conquêtes, à resserrer les liens de la discipline, à rétablir la santé des soldats, à les faire vivre en pleine sécurité, en les mettant à l'abri des insultes des troupes légères ennemies, et à préparer ainsi les succès d'une seconde campagne.

A ces motifs déjà si puissants, qu'avait l'Empereur pour s'arrêter, s'en joignaient d'autres, non moins impérieux, s'il portait ses regards sur les portions de l'armée qui agissaient isolément. Macdonald, avec 30,000 hommes, bien nourris et bien approvisionnés, était paralysé par la faible garnison de Riga, dont il se tenait à une distance respectueuse. Son inaction était si complète et sa coopération si nulle, qu'il ne se liait même pas avec le 2ᵉ corps; nous en verrons bientôt la preuve, quand nous parlerons de la marche du général russe Steinheil sur Polotsk. Saint-Cyr avait à la vérité battu Wittgenstein, mais l'épuisement de ses soldats, non moins que la supériorité numérique de son adversaire, qui se renforçait continuellement, l'obligeait à se tenir sur la défensive; il avait de plus des raisons particulières de soupçonner la fidélité du général de Wrède, qui commandait sous ses ordres le corps bavarois. Quant à Schwartzenberg, malgré son triomphe à Ghorodeczna, il laissait Thormassow parfaitement tranquille en Wolhinie, et, s'il était possible de se faire illusion sur ses intentions personnelles, les dispositions de ses troupes n'étaient pas équivoques, car on entendait les officiers autrichiens dire hautement que les Russes n'étaient pas leurs ennemis et qu'ils ne leur avaient fait aucun mal. Il était évident que la présence de Napoléon pouvait seule entretenir une certaine harmonie entre des éléments si hétérogènes et les faire concourir au but qu'il se proposait.

Indépendamment de ces considérations, et envisagée uniquement comme opération militaire, cette marche sur Moscou me semble encore susceptible de blâme. On conçoit en effet difficilement que le centre d'une armée fasse en avant une pointe de cent lieues, lorsque ses ailes restent stationnaires et sur la défensive; elle s'exposerait ainsi à de trop graves dangers. D'ailleurs, de quelques succès que Napoléon se flattât, quelque certitude morale qu'il eût de les obtenir, il n'était pas également certain des conséquences qui les suivraient, et si la Russie, malgré ses défaites, se refusait toujours à la paix, il faudrait bien, tôt ou tard, qu'il se décidât à revenir sur ses pas. Ajoutez à cela que, même après une victoire, il n'était pas en son pouvoir d'empêcher la nombreuse cavalerie légère de l'ennemi d'infester nos derrières, d'interrompre ou de rendre très-difficiles nos communications et nos moyens de subsistance; qu'enfin l'arrivée prochaine de l'armée de Moldavie, commandée par Tchitchagow, lui était connue, et que si Schwartzenberg était resté en observation devant l'armée de Wolhinie seule, il pouvait prévoir aisément que le général autrichien serait obligé à la retraite ou ferait semblant de l'être, dès que la jonction de ces deux armées aurait eu lieu. Je sais bien qu'il avait calculé que, renforcé par la division Durutte, Schwartzenberg pouvait tenir tête au général Tchitchagow, et que le 9ᵉ corps, la division Dombrowski, la division Loison et les bataillons de marche, qui arrivaient à Smolensk et à Wilna, offraient une réunion de forces plus que suffisantes pour assurer sa base d'opérations et maintenir ses communications. Sans aucun doute ce calcul eût été juste, s'il fût resté lui-même sur les lieux, ou s'il eût confié le commandement supérieur de tous ces corps à un homme énergique et capable; mais ne devait-il pas s'attendre à la désunion qui pouvait se mettre parmi tant de chefs indépendants et jaloux les uns des autres, et dès lors à combien de dangers ne s'exposait-il pas de gaîté de cœur, si, se divisant entre eux, ils venaient à être battus séparément? En gardant au contraire l'excellente position de Smolensk, non-seulement il parait à tous les inconvénients que je viens d'énumérer, mais encore il se donnait toutes les chances du plus heureux avenir. L'armée, reposée, rafraîchie, renforcée de toutes les troupes arrivant de France, de tous les hommes sortis des hôpitaux et des levées de la Lithuanie, était dans la situation la plus favorable ; elle dominait à la fois le Borysthène et la Dwina ; elle entravait tous les mouvements de l'ennemi et se trouvait placée de manière à menacer un de ses flancs et ses derrières, s'il osait entreprendre quelque opération sur l'un ou sur l'autre fleuve.

En résumé, je suis convaincu que, sous presque tous les rapports, il eût été avantageux à l'Empereur de s'arrêter au point où il était parvenu, et de remettre à l'année suivante la continuation de la guerre; je crois fermement qu'il n'avait de raison bien réelle pour marcher en avant que le souci de la réputation de ses armes et la crainte de paraître reculer devant les obstacles. Cependant il me semble qu'il aurait pu sans honte faire une halte, et qu'il avait tout lieu d'être satisfait du résultat de ses travaux et de trouver que sa gloire était suffisamment sauvegardée. En moins de deux mois il s'était rendu maître des plus belles provinces de l'empire russe, et Smolensk, la vieille cité si chère au peuple moscovite, était tombée entre ses mains. La Lithuanie, la Samogitie et la Courlande, qu'il avait conquises, lui offraient une population amie et affectionnée de quatre millions d'âmes et des ressources immenses, mais sa présence était indispensable pour les mettre en œuvre. Il aurait pu aussi tirer de grands avantages de la disposition des esprits dans la province de Smolensk. Notre présence avait fait une vive impression sur les habitants et réveillé dans leurs cœurs le sentiment de la liberté : ils disaient hautement que là où il y avait des Français il n'y avait plus d'esclaves, et un grand nombre de serfs avaient brisé leurs fers et contraint leurs maîtres de chercher un asile dans les bois ou au milieu de nos camps. Il eût suffi de les encourager pour créer un foyer d'insurrection, qui de proche en proche pouvait embraser toute la Russie; mais Napoléon ordonna de protéger les nobles et de leur donner des sauvegardes (1). Il est vraisemblable qu'il ne voulait pas compromettre la dignité de sa couronne en acceptant de tels auxiliaires, ou qu'il recula devant l'idée de se voir traiter de révolutionnaire, comme si les proclamations d'Alexandre aux troupes allemandes et la croisade qu'il faisait prêcher contre nous ne justifiaient pas d'avance toutes les représailles. Quoi qu'il en fût, et malgré les chances si bien fondées que l'avenir lui promettait, s'il s'était résigné à attendre, il prit le parti de marcher sur Moscou, dans l'espoir incertain de terminer par un coup immédiat et décisif sa gigantesque entreprise (2).

---

(1) Je recueillis moi-même, dans mon camp, des seigneurs et des dames, qui s'étaient enfuis de leurs châteaux, dans lesquels je les fis reconduire.

(2) On serait dans une grave erreur, si on inférait de ce que je viens de dire que je prévisse alors tous les malheurs qui ont suivi ce mouvement; mais, m'occupant beaucoup du soldat et le voyant de près, je connaissais ses souffrances, ses privations, son épuisement, je voyais les corps se fondre rapidement, et il me semblait nécessaire de nous arrêter; peut-être aussi étais-je effrayé à l'idée de nouvelles fatigues; cependant je finissais par dire comme tout le monde : « *Il en sait plus que nous! Il saura bien nous en tirer!* » Car tels étaient le pouvoir magique qu'il exerçait sur l'armée et la confiance sans bornes qu'il lui avait inspirée! Et c'est à mourir de

Revenons à la suite des événements. Avant de quitter Smolensk, l'Empereur y ordonna quelques travaux, et confia le gouvernement de la province au général Baraguey-d'Hilliers. Une brigade de la Jeune Garde resta momentanément dans la place, pour la couvrir contre les entreprises de Platow et de Wintzingerode, qui rôdaient avec leurs Cosaques entre le Dniéper et la Dwina. Grâce au zèle plein d'humanité du général Lanusse, qui commandait cette brigade, nos malheureux blessés reçurent pendant son séjour quelques soulagements ; il leur procura un peu de pain, et les soldats de la Garde leur prodiguèrent les soins les plus soutenus et remplirent auprès d'eux les pénibles fonctions dévolues aux infirmiers, dont les hôpitaux manquaient entièrement. Dans notre marche en avant, il n'y eut que quelques coups de canon échangés avec les arrière-gardes ennemies à Slakovo, à Kanouchkino et à Ribki (1); si les Russes opposè-

---

rire que d'entendre à présent certaines gens se poser en incrédules et inventer des situations pour faire parade d'un courage et d'une indépendance qu'ils n'ont jamais eus. Au temps dont il s'agit, ils eussent été les premiers à traiter de crime le moindre doute, et à crier anathème contre l'audacieux qui en eût été capable. Le général de brigade Viviès, connu par ses saillies, disait au commencement de cette campagne, en parlant d'un très-haut personnage : « Si l'Em- « reur lui ordonnait d'aller en France à plat-ventre, il prendrait le « galop ! » et ce qu'il disait de l'un d'eux eût pu s'appliquer à beaucoup d'autres.

(1) Un de ces combats fut remarquable par la scène indécente que

rent un peu plus de résistance à Wiasma, afin d'avoir le temps d'incendier cette ville, ils ne prolongèrent pas beaucoup la lutte et se retirèrent dès qu'ils eurent mis le feu aux principaux édifices. Notre avant-garde eut le bonheur d'éteindre l'incendie et de sauver un bon nombre de maisons. L'armée russe se retirait ainsi, sans chercher à défendre aucune position; elle se trouvait, le 29 août, à Tzarévozalomitché, lorsque le prince Kutusow vint en prendre le commandement. Le 30, elle passa par Ghjat et continua sa marche jusqu'à Borodino, où son nouveau général avait résolu de nous livrer bataille; elle laissait une forte arrière-garde à Ghridneva. Napoléon était parti de Smolensk le 23; il arriva le même jour à Uswiaté et le lendemain à Dorogobuj; il en repartit le 25, et, le 1er septembre, il atteignit Ghjat, où il établit son quartier général. Cette petite ville n'avait point souffert et nous y trouvâmes des ressources : l'ennemi, trop pressé et n'ayant pu l'incendier, y avait laissé un approvisionnement considérable, surtout en fourrages; nous dûmes encore à sa retraite précipitée l'heureuse

---

le maréchal Davoust fit au roi de Naples, en présence de toute l'avant-garde : elle affligea les amis de la discipline, et Napoléon dut y intervenir. Cependant elle n'eut pas de suites fâcheuses, et même Davoust, pour effacer ses torts, offrit à Murat une carte de la province, plus détaillée et meilleure que celle que nous avait donnée le dépôt de la guerre; le général Compans, que l'Empereur avait mandé près de lui, ne fut pas étranger à cet heureux dénoûment.

conservation d'un moulin à vent, dont nous fîmes un usage très-profitable pour notre subsistance. Plus tard, il est vrai, Ghjat subit le sort commun et fut brûlé, mais accidentellement et par suite d'un feu que des blessés avaient allumé près d'une maison.

Présumant bien que Kutusow voudrait signaler son arrivée par quelque entreprise éclatante, l'Empereur donna deux ou trois jours de repos à ses troupes pour préparer leurs armes et se disposer au combat. Il les plaça dans l'ordre où elles avaient marché : le roi de Naples à l'avant-garde, un peu en avant de Ghjat, sur la route de Mojaïsk ; la Garde, le 1er et le 3e corps dans la ville, le 4e à Paulowa, et le 5e à Boudaiewo, sur la route de Kalouga à Zubtzow. Le 4 septembre, nous nous remîmes en route pour nous rapprocher de la position que faisait retrancher le général russe. Il avait été rejoint par des renforts considérables. S'il fallait en croire une proclamation de Rostopchin, ces renforts se seraient élevés à 54,000 hommes d'infanterie, 3,800 chevaux et 80 pièces de canon, mais il est vraisemblable que ces chiffres étaient exagérés à dessein, afin de dissiper les craintes des habitants de Moscou. La cavalerie du roi de Naples, toujours renforcée par une division d'infanterie du 1er corps, trouva l'arrière-garde russe postée derrière le ravin de Ghridneva, le combat s'engagea de suite et l'ennemi opposa une forte résistance; mais se voyant près d'être débordé, il se retira sur Kolotzkoï et, le lendemain de très-bonne heure, sur la Kologha. Ce même jour, 5, notre armée déboucha devant lui, l'avant-garde par Gholovina, le 5ᵉ corps par la vieille route de Smolensk, un peu en arrière d'Elnia, et le 4ᵉ, à la gauche de la grande route de Moscou ; ce dernier corps se porta immédiatement sur les hauteurs en face de Borodino, que l'Empereur ordonna de fortifier.

Napoléon n'avait pas tardé à arriver aux avant-postes ; il alla de suite examiner la position ennemie. Forte par la nature du terrain et les ouvrages de l'art, elle formait une ligne brisée, dont l'angle saillant était près de Borodino. Sa droite s'étendait au delà de la grande route de Moscou, vers la Moskowa : elle était couverte à son extrémité, en face de la Moskowa et du village de Maslowa, par un grand retranchement et des abatis ; quatre redoutes, élevées le long de la Kologha jusqu'au village de Gorka, défendaient son front et battaient les chemins qui, de Novoé-Sélo (1) et des autres petits villages placés sur la rive gauche, viennent aboutir à la grande route ; enfin, le village de Gorka, que traverse cette même route, était fortifié, et sur les hauteurs environnantes se trouvaient con-

---

(1) La carte du dépôt de la guerre ne porte que les noms de Staroé, Maloé et Novoé ; une autre carte, que j'ai sous les yeux, ajoute à chaque nom le mot *Sélo*, et je crois que c'est ainsi qu'il faut lire, parce que les trois premiers noms n'étant que des adjectifs qui signifient **vieux**, **petit** et **nouveau**, réclament un substantif.

centrées les principales réserves russes. Le centre était défendu par deux grandes batteries, séparées l'une de l'autre par un ravin, mais se protégeant mutuellement; la gauche, appuyée à un bois taillis que traverse la vieille route de Smolensk, était également défendue par trois redoutes ou redans : une devant le village de Semenskoé, qui avait été brûlé à dessein, une autre vers le milieu, et la troisième, à l'entrée du bois. Le front de ces trois redoutes était protégé par un ravin assez profond et de difficile accès, qui prenait naissance au bois et allait se perdre dans la Kologha. Afin de renforcer cette partie, qu'il sentait bien être son côté faible, Kutusow avait fait construire une autre grande redoute en avant de son front, au delà du village de Chewarino, entre la vieille route de Smolensk et la Kologha (1). Enfin, par surcroît de précaution et pour échapper au danger d'être tourné, il avait fait couronner d'artillerie et garder par un corps séparé un mamelon situé sur la vieille route, un peu au delà de Passarewo. Tout ce terrain était coupé de ravins plus ou moins profonds et parsemé de mamelons plus ou moins élevés.

Napoléon, ayant reconnu d'un coup d'œil la partie faible de cette position, ordonna sur-le-champ l'attaque de la redoute établie en avant de Chewarino.

---

(1) Cette redoute était placée presque entre quatre villages, mais plus près de Chewarino ou Chewardino.

Mais le général ennemi, qui en appréciait toute l'importance, avait disposé sur ses flancs et en arrière des masses considérables d'infanterie, de cavalerie et d'artillerie. C'était donc une opération importante et pour laquelle il fallait de la capacité et de la résolution ; le général Compans en fut chargé. Les Polonais, placés sur la vieille route, devaient le soutenir, en pénétrant par le bois qui s'étendait vers la redoute ; mais les abatis multipliés qu'ils y rencontrèrent rendirent leur mouvement fort lent et leur secours peu efficace. A deux heures de l'après-midi, deux villages, occupés par l'arrière-garde russe, furent attaqués et pris, et cette arrière-garde, poursuivie et chassée d'un bois où elle voulait se maintenir, se retira sur un autre bois, vers Passarewo.

Kutusow, voyant le danger que courait la redoute, sur laquelle il paraissait avoir fondé tant d'espérances, se hâta d'envoyer une division de grenadiers et un corps de cuirassiers pour en renforcer la défense. Malgré ces nouveaux obstacles, le général Compans continuait à gagner du terrain et à s'approcher de la redoute ; remarquant alors que l'ennemi avait négligé d'occuper un mamelon élevé, qui n'en était qu'à une très-petite portée de fusil et dont le sommet offrait une assez grande concavité, il s'en empara sur-le-champ et le garnit de tirailleurs, qui, à l'abri de ce parapet naturel, eurent bientôt fait taire vis-à-vis d'eux les feux de la redoute. Pour profiter de ce succès, le général Compans appuya sur sa droite, afin d'attaquer les troupes qui défendaient le flanc gauche de la redoute ; mais la cavalerie du roi de Naples, qui devait protéger son opération et balayer tout ce qui se trouvait entre le bois et sa droite, ayant été repoussée, il se vit inquiété dans son mouvement par les cuirassiers russes ; néanmoins, profitant habilement des accidents du terrain, il parvint à la fois à conserver ses avantages et à contenir cette cavalerie, jusqu'à ce que l'arrivée du maréchal Bessières la forçât à la retraite. Libre désormais d'user de tous ses moyens, il s'avança rapidement et se trouva peu d'instants après en face de l'infanterie ennemie, avec laquelle il engagea un feu meurtrier presque à bout portant. Mais comme elle tenait ferme et qu'il jugea avec raison que cette boucherie ne déciderait rien, il se mit à la tête d'une partie de ses troupes et marcha sur l'extrême gauche des Russes. Après avoir fait jouer contre eux la mitraille de quatre pièces de canon, qu'il démasqua au dernier moment, il les aborda à la baïonnette ; tout fut culbuté et, après des pertes énormes, ils nous abandonnèrent la redoute et les sept pièces dont elle était armée.

Cependant la nuit était venue ; les cuirassiers russes en profitèrent pour s'approcher du 111ᵉ régiment, laissé en réserve à notre gauche, en face de la redoute. A la faveur de leur coiffure, qui les fit prendre pour des alliés, ils le surprirent, lui firent éprouver une perte assez forte et lui enlevèrent trois pièces de 3 de son artillerie régimentaire. Malgré cette petite échauffourée, nous avions préludé à la sanglante bataille de la Moskowa par un combat brillant, qui coûta au moins 6,000 hommes à l'ennemi et à nous plus de 3,000. Les Russes retirèrent leurs postes derrière le ravin, qui est en avant de Semenskoé, et sous le canon de leurs batteries. Notre armée s'établit : le 1ᵉʳ corps, entre le 4ᵉ et la redoute qui venait d'être prise, la cavalerie sous la redoute, le 5ᵉ corps en arrière, les 3ᵉ et 8ᵉ en réserve, entre Gholovina et Kolotskoï, la Garde à Wolonieva, sur la grande route.

Le 6 septembre, de très-bonne heure, Napoléon était à cheval. Après avoir parcouru toute la ligne et vu tous les corps, il se tint longtemps dans la redoute, afin de mieux juger de la situation des Russes : c'est de ce point élevé qu'il fit ses dispositions d'attaque. Dès qu'elles furent réglées, les troupes occupèrent les positions d'où elles devaient entrer en action ; voici quel fut l'ordre de bataille. Le 4ᵉ corps resta sur la rive gauche de la Kologha ; il fut renforcé à droite de deux divisions du 1ᵉʳ corps, ainsi que du 3ᵉ corps de cavalerie. Ces forces étaient destinées à menacer le centre de l'ennemi, à le tenir en échec et à faciliter ainsi les opérations de la droite. Le reste du 1ᵉʳ corps fut établi entre Chewarino et le bois qui s'étend jusqu'à la vieille route de Smolensk. Le 3ᵉ corps se plaça sur les hauteurs, à gauche du 1ᵉʳ, et le 8ᵉ, en seconde ligne derrière le 3ᵉ ; le 5ᵉ ne fit aucun mouvement. Les trois corps de cavalerie du roi de Naples étaient en arrière et sur les flancs de l'infanterie. Les hauteurs en avant de Chewarino furent armées de 180 pièces de canon, dont 60 servies par l'artillerie de la Garde, et le plateau, sur lequel était posté le 4ᵉ corps, fut également muni d'artillerie et de quelques redans, pour appuyer les mouvements offensifs de ce corps.

L'ensemble de ces dispositions, qui faisait assez connaître que l'Empereur porterait ses efforts sur sa droite, obligea Kutusow à renforcer sa gauche; cependant il ne put dégarnir considérablement ni sa droite, ni son centre, menacé par les forces réunies en face de Borodino et de la grande redoute. Après avoir terminé ses préparatifs militaires, il eut recours au fanatisme pour enflammer le courage de ses troupes. Il les fit mettre sous les armes, et précédé des popes portant la sainte image, miraculeusement sauvée, disait-on, à Smolensk, des mains sacriléges des Français, il les passa en revue et les harangua. On dit que ses exhortations et la bénédiction des prêtres atteignirent le but qu'il s'était proposé et portèrent l'enthousiasme des soldats à son comble; il adressa ensuite à son armée une proclamation, qui dut paraître bien sublime à des têtes exaltées, car elle était bien violente et bien absurde.

La journée du 6 septembre avait été employée de part et d'autre à ces préparatifs. Dans la nuit du 6 au 7, Napoléon donna aux maréchaux ses derniers ordres de vive voix, et, à la pointe du jour, il s'établit au milieu de sa Garde, près de la redoute prise le 5, la division des fusiliers en avant de lui et la Vieille

Garde en arrière (1). Les troupes de la Garde étaient, comme de coutume en pareille circonstance, en grande tenue ; elles furent formées en colonnes par bataillon, espacées à des distances considérables, afin de tromper l'ennemi sur la vraie force de cette réserve. On lut en même temps à l'armée la proclamation suivante :
« Soldats ! voilà la bataille que vous avez tant désirée ;
« désormais la victoire dépend de vous ; elle vous est
« nécessaire ; elle vous donnera l'abondance, de bons
« quartiers d'hiver et un prompt retour dans la patrie.
« Conduisez-vous comme à Austerlitz, à Friedland, à
« Witepsk, à Smolensk, et que la postérité la plus
« reculée cite avec orgueil votre conduite dans cette
« journée ; que l'on dise de vous : Il était à cette grande
« bataille sous les murs de Moscou ! » Le temps était brumeux ; tout à coup un soleil radieux dissipa le brouillard et nous éclaira : « C'est le soleil d'Auster-
« litz ! » s'écria l'Empereur ; le mot passa de bouche en bouche et chacun le regarda comme un heureux présage. Il était six heures ; un coup de canon tiré par la batterie de la Garde, donna le signal de la bataille et les troupes partirent de leurs bivouacs.

Les divisions Compans et Desaix, du 1er corps, formant la droite, se dirigèrent, appuyées par une forte artillerie et suivies du 1er corps de cavalerie, sur la

---

(1) La division de Jeune Garde était encore en route, venant de Smolensk.

redoute de l'extrême gauche. Bientôt le bois taillis, au travers duquel elles devaient passer, rendit leur marche fort difficile et leur aurait fait perdre la direction, si le canon et la fusillade ne l'eussent indiquée. Le général Compans fut blessé par un biscaïen (1); le général Desaix, qui lui succéda, fut également blessé, ainsi que le maréchal Davoust, dont le cheval fut tué : la perte de tant de chefs, presque coup sur coup, était un grand malheur, celle du général Compans était surtout fatale. Spécialement chargé par Napoléon lui-même de prendre la redoute contre laquelle on marchait, il avait fait prévaloir (2) son opinion sur la manière de l'attaquer, il avait étudié avec soin le terrain où il devait opérer, et connaissait parfaitement les intentions et les vues de l'Empereur : aussi sa blessure fit-elle languir l'attaque ; il y eut de l'hésitation dans les troupes, et nous n'obtînmes pas sur ce point tous les succès que

---

(1) Trois généraux furent blessés à la tête de cette division.

(2) Napoléon, satisfait de l'habileté et de la résolution qu'avait montrées le général Compans dans la journée du 5, l'appela, le 6, pour lui donner ses instructions et le charger de l'attaque de la gauche. Contrairement à l'opinion du maréchal Ney, Compans fit adopter l'avis de mener les troupes à travers le bois pour éviter la mitraille, assurant qu'il était praticable ; mais il ajouta qu'il craignait que l'ennemi ne s'en emparât et ne s'établît sur sa droite, entre lui et Poniatowski. « Vous avez raison, répliqua Napoléon, et, pour « parer à cet inconvénient, je mets la division Desaix à votre dispo- « sition. »

nous pouvions espérer. Cependant l'impulsion était donnée : on parvint jusqu'à la redoute, et le 57e, qui depuis si longtemps avait mérité le surnom de *Terrible*, l'aborda et s'en empara malgré tous les efforts de l'ennemi ; presque en même temps la division Desaix y arrivait par le côté opposé. Néanmoins l'hésitation du 1er corps, dont on a vu plus haut la cause, avait engagé Napoléon à porter le 8e, qui servait de réserve au 3e, sur la droite du 1er, tant pour appuyer ce dernier que pour le lier au 5e, qui marchait par la vieille route de Smolensk et formait notre extrême droite. En même temps, le 3e corps, qui s'avançait à la gauche du 1er, se dirigeait, appuyé par le 4e corps de cavalerie, sur la seconde redoute ; ses tirailleurs s'en emparèrent, mais, chargés par un corps de grenadiers et un régiment de cuirassiers, ils furent obligés de l'abandonner. Bientôt, attaqués à leur tour par la division Razout et assaillis en flanc par notre cavalerie, les Russes furent repoussés et la redoute fut occupée ; il était environ huit heures. L'ennemi fit plusieurs tentatives pour reprendre les deux redoutes qu'il venait de perdre, mais elles furent toutes infructueuses. La division Friant du 1er corps, restée en réserve, arriva dans ce moment ; elle était chargée d'occuper l'importante position de Semenskoé. Elle remplit heureusement sa mission, passa audacieusement le ravin, en face de la redoute qui défendait ce village, s'en empara, repoussa les Russes sur le plateau en arrière et prit poste.

A la gauche, le Vice-Roi avait fait attaquer Borodino, que l'ennemi évacua après y avoir mis le feu ; un de nos régiments, emporté par son ardeur, et ayant passé le pont de Borodino, eût été écrasé par les troupes sorties de Gorka, si le 92e n'eût volé à son secours : le général Plauzonne fut tué dans cette mêlée. Enfin le prince Eugène, ayant franchi la Kologha avec trois divisions et la Garde royale, fit attaquer la grande redoute ou batterie du centre par la division Morand. Le général Bonamy s'en empara, mais il ne put la conserver ; criblé de blessures, il resta lui-même au pouvoir de l'ennemi, et les troupes qu'il commandait, attaquées de front et de flanc par des forces bien supérieures, eussent été accablées, si la division Gérard ne fût accourue promptement à leur secours. La reprise de la grande redoute permettait à Kutusow de songer aux moyens de réparer ses premiers échecs et de reprendre l'offensive. Pour assurer, autant qu'il était en lui, la réussite d'une entreprise aussi difficile, il voulut nous obliger à une forte diversion, et, pendant qu'il réunissait ses réserves et les dirigeait sur Semenskoé, il fit attaquer notre extrême gauche par des masses considérables de cavalerie, qui obtinrent un succès momentané, battirent la cavalerie du général Ornano, qui couvrait cette aile, et obligèrent l'infanterie à se former en carré pour leur résister ; mais le Vice-Roi, attentif aux mouvements de l'ennemi, passa en toute hâte la Kologha et vint en aide à nos troupes.

Cependant Napoléon, qui, après la prise de Semenskoé, s'était porté à cette position, voyant les préparatifs de Kutusow et devinant facilement ses projets, fit marcher l'artillerie de réserve au secours de la division Friant et porta en avant les fusiliers de la Garde, sous les ordres du général Roguet. En même temps il ordonnait : d'une part, à Murat et à Ney, de soutenir le général Friant, contre qui l'ennemi semblait diriger ses principales forces; de l'autre, au Vice-Roi, d'enlever la grande redoute, après avoir repoussé l'attaque de Platow, et il le renforçait, par précaution, avec la légion de la Vistule, qui faisait partie de la réserve. Ces divers mouvements furent exécutés avec autant d'ordre que de précision. Tandis que nous faisions ces dispositions, la manœuvre offensive du général russe se prononçait plus distinctement. Bagration, renforcé du corps de Baggawout et d'une division de la Garde, avançait couvert par une nombreuse artillerie, et marchait audacieusement, serré en masse, contre Semenskoé; mais, arrêté par la vigoureuse résistance de la division Friant, et foudroyé pendant deux heures par notre mitraille, il eut beau multiplier ses charges, elles furent constamment repoussées. Enfin, rebuté de tant d'efforts inutiles, affaibli par des pertes énormes et près d'être débordé par le maréchal Ney, qui débouchait à droite de Semenskoé, il se vit forcé à la retraite. La division Friant le suivit et le chassa d'un dernier mamelon qu'il voulait conserver. Il continua son mouvement de retraite jusqu'à un bois, à trois quarts de lieue de là, où il fit halte, étendant obliquement sa droite vers Gorka, pour se lier avec Doctorow, qui y était resté.

L'ennemi étant vaincu sur ce point important et se trouvant hors d'état de rien entreprendre, le roi de Naples, pour faciliter les opérations du prince Eugène et coopérer à la prise de la grande redoute, ordonna au 2e corps de cavalerie, placé de manière à remplir l'intervalle entre Semenskoé et la division Gérard, de franchir le ravin et, par un changement de front, l'aile droite en avant, de se porter sur le flanc des troupes russes qui défendaient la gauche de cette redoute. Cet ordre fut exécuté avec un plein succès : à la suite d'une charge des plus brillantes et malgré toute leur opiniâtreté, les Russes furent enfoncés, leur première ligne fut culbutée sur la seconde, et les cuirassiers entrèrent dans la grande batterie par la gorge ; il est vrai que, écrasés par le feu de la seconde redoute et de l'infanterie placée derrière le ravin qui séparait les deux batteries, ils furent bientôt obligés de l'évacuer. Le général Caulaincourt, qui commandait la charge, avait été tué d'un coup de canon. Mais pendant ce temps, l'attaque dirigée par le prince Eugène avançait toujours, et, après avoir surmonté beaucoup d'obstacles, il finit par rester maître de la redoute ; tout ce qui la défendait y périt, et l'on y trouva 21 pièces de canon. Le prince poursuivit ses avantages, passa le ravin, et, après un combat sanglant, força le centre de l'armée russe à la retraite. La nuit approchait ; l'Empereur donna l'ordre de cesser le feu et de prendre position ; de son côté, l'ennemi s'arrêta, la droite à Gorka, et la gauche, comme nous l'avons déjà vu, aux bois entre les deux routes de Moscou.

Le 5ᵉ corps, dont nous n'avons pas parlé pour ne pas rompre le fil de la narration, s'était mis en mouvement comme les autres, au signal du coup de canon, et avait marché par la vieille route de Smolensk contre la réserve que le général Kutusow y avait établie, sous les ordres de Tutchkow. Il en rencontra l'avant-garde en avant de Passarewo et la fit reculer, mais il trouva tant d'obstacles sur son chemin, qu'il ne put avancer qu'avec lenteur et qu'on se crut obligé de le faire appuyer par le 8ᵉ corps. L'action se soutint avec des chances diverses : le mamelon que les Russes avaient couronné d'artillerie fut pris et repris plusieurs fois ; enfin, vers les deux heures, Poniatowski, instruit des succès obtenus par le reste de l'armée, le fit attaquer de nouveau, s'en empara et le garda. Tutchkow, repoussé, se retira en désordre, poursuivi fort longtemps par la cavalerie polonaise.

Ainsi se termina cette bataille, l'une des plus sanglantes des temps modernes. Notre perte en tués et blessés s'éleva de 20 à 25,000 hommes, dont 1,300 officiers de tout grade et bon nombre d'officiers généraux (1). Parmi les morts on compta les généraux

---

(1) Une des causes de la perte de tant de généraux fut l'essai

de division Caulaincourt et Montbrun, et les généraux de brigade Plauzonne, Huard, Marion, Lanabère, etc., tous officiers distingués sous plusieurs rapports. Les Russes perdirent aussi plusieurs généraux de distinction ; parmi les morts furent Bagration (il mourut peu après de ses blessures), Tutchkow, Kanownitzin, et parmi les blessés, Rajewski, Gortchakow, Woronzow, le prince de Wurtemberg, etc. L'ensemble de leurs pertes, que nous fûmes à portée d'apprécier par le nombre de leurs morts sur le terrain et par celui de leurs blessés que nous trouvâmes sur la route de Moscou et dans cette ville, dut s'élever à 40 ou 50,000 hommes; jamais on n'avait vu tant de cadavres amoncelés. La Garde russe avait été écrasée ; l'Empereur, en parcourant le champ de bataille le lendemain, voulut juger par lui-même des pertes que ce corps d'élite avait faites : sur tous les points où il avait combattu, on trouvait les preuves de sa bravoure et de sa destruction ; le régiment *Preobrazinski*

---

qu'on avait fait dans quelques corps d'en placer un à la tête de chaque régiment. Les états de situation donnés par les corps font monter nos pertes à 22,600 hommes ; mais, si l'on fait attention que les colonels profitaient de l'occasion d'une bataille pour faire disparaître des contrôles les hommes restés en arrière sous mille prétextes, on reconnaîtra que j'ai dû diminuer ce chiffre de plusieurs milliers. On comptait en outre dans les rapports, comme blessés, 4 ou 5,000 hommes, qui n'avaient reçu que des égratignures et qui suivirent l'armée à Moscou.

seul ne se voyait nulle part; on en était surpris, on le chercha et on le trouva couché presque en entier sur la même place. En revenant de cette visite, Napoléon assura que, maintenant qu'il connaissait mieux le terrain, il ferait encore les mêmes dispositions, s'il avait à recommencer.

Une grande partie de nos blessés fut réunie dans l'abbaye de Kolotzkoï, où les chirurgiens leur donnèrent tous les secours qui dépendaient de leur art. Mais si à Smolensk, ville considérable et voisine de la Pologne, les blessés avaient dû souffrir tant de privations, qu'on juge du dénûment affreux auquel ils furent réduits dans le désert où cette bataille s'était livrée: aussi presque tous périrent-ils dans les douleurs d'une longue et cruelle agonie. Heureux ceux qui, capables de marcher, purent se diriger sur Ghjat et atteindre cette ville! Le sort des blessés russes était encore pire, si la chose était possible : beaucoup d'entre eux s'étaient traînés dans les maisons voisines du champ de bataille; ils y devinrent la proie du feu qu'ils avaient allumé pour se garantir du froid. Du reste, les soldats ennemis blessés reçurent de nos officiers de santé tous les soins que les circonstances permettaient de leur donner.

On voit, à la première inspection de la carte, qu'il eût été facile à Napoléon, si cette combinaison fût entrée dans ses vues, de forcer le prince Kutusow à abandonner sa position, en manœuvrant sur sa gauche et sur ses derrières; mais alors la bataille n'aurait pas eu lieu, et tout lui faisait un devoir d'en venir à une affaire décisive, car, d'une part, la saison avançait et il avait gelé à glace dans la nuit du 6 au 7, et de l'autre, nos troupes étaient fatiguées et diminuaient à vue d'œil. On a assuré que, pendant la bataille et au moment où Bagration se mettait en retraite, le maréchal Ney avait fait demander à l'Empereur la Moyenne Garde et une partie de la cavalerie, afin de pousser vivement les ennemis; que l'Empereur avait d'abord goûté cette idée, mais qu'il avait ensuite contremandé l'ordre, à l'instant où ces troupes se mettaient en mouvement. Ce qu'il y a de sûr, c'est qu'à l'époque même, et lorsque les pertes des Russes nous furent connues, j'ai entendu blâmer bien bas Napoléon d'avoir laissé sa Garde dans l'inaction pendant cette grande journée. Il semble en effet hors de doute que des troupes fraîches, et surtout celles de la Garde, qui fussent tombées sur l'ennemi, alors accablé de fatigue et épuisé par la lutte, auraient achevé de l'écraser et auraient rendu sa retraite bien difficile au défilé de Mojaïsk. Cependant, si l'on fait attention que les Russes étaient au centre de leur empire et qu'ils pouvaient à tout moment recevoir des renforts, tandis que nous étions à sept ou huit cents lieues de nos frontières, on conviendra qu'il était sage et prudent de conserver intact un corps d'élite qui pût parer à tous les événements. D'un autre côté, personne n'ignore que ce n'est pas pendant l'action même qu'on peut connaître toutes les pertes de l'ennemi, et que par conséquent il serait injuste d'exiger qu'un général se conduisît d'après cette connaissance. Ce jour-là, l'Empereur ne croyait pas, je suis fondé à le penser, que la Garde russe eût été engagée, et ce qui le prouve, c'est la recherche qu'il en fit faire sur le champ de bataille. D'après ces diverses considérations, on peut conclure, ce me semble, qu'il eût sans aucun doute été utile de faire donner la Garde, mais qu'on ne peut blâmer Napoléon de ne l'avoir pas fait.

Suivant l'usage ordinaire de sa nation, Kutusow s'attribua la victoire : à Pétersbourg, on chanta un *Te Deum*, on tira le canon, on illumina la ville et *le vainqueur de Borodino* fut nommé feld-maréchal. Tout ce charlatanisme était bon pour amuser le peuple, mais ce que l'on ne comprend pas, c'est que ces vanteries de leur collègue aient réussi à jeter dans une erreur qui pouvait leur devenir funeste les généraux en chef des armées détachées.

Kutusow exécuta sa retraite pendant la nuit, pour ne pas être acculé sur la Moskowa et coupé de la route de Mojaïsk ; il se couvrit par une forte arrière-garde et dirigea un autre corps par Svenighorod, pour éclairer nos mouvements sur cette route. Napoléon se mit en devoir de le suivre de près. La Garde, le 1er et le 3e corps, précédés par le roi de Naples, prirent la grande route de Moscou. Le 4e corps se porta à gauche, par Rouza, et le 5e, à droite, par la route de Kalougha, qu'il rejoignit à Fominskoé. Le 8e corps resta en position à Mojaïsk. Le 9 septembre, on atteignit l'arrière-garde russe, en arrière de Mojaïsk, vers Zelkowa (1), où elle avait pris position. Le roi de Naples crut devoir la déloger de vive force, mais elle fit ferme; la division Friant, qui marchait à l'avant-garde, fut maltraitée, et, sans le secours de la légion de la Vistule (2), elle eût été forcée à la retraite; enfin, après un combat opiniâtre, les Russes se retirèrent. Depuis ce jour jusqu'à notre entrée à Moscou, il n'y eut plus que des escarmouches insignifiantes. De leur côté, le Vice-Roi et Poniatowski n'avaient pas trouvé de résistance sérieuse sur les routes qu'ils parcouraient.

Nous poursuivions notre marche sur Moscou, à travers des déserts et des villages réduits en cendres ou encore embrasés, qui nous forçaient à des détours fré-

---

(1) Il était souvent très-difficile de savoir au juste les noms des villages; l'absence des habitants et l'imperfection de nos cartes nous obligeaient à en juger par des à peu près : ainsi, dans cette circonstance, je ne voudrais pas affirmer que ce fût Zelkowa ou Chelkóvka, mais c'était dans ces environs.

(2) Ce combat, que Murat aurait pu sans inconvénient ne pas engager, me rappelle une petite anecdote relative au général Claparède; elle n'étonnera personne de ceux qui l'ont connu, mais elle est caractéristique. Il avait sous ses ordres la légion de la Vistule : au moment où la division Friant était le plus vivement pressée, le roi de Naples lui ordonna de marcher sur le flanc de l'ennemi et de l'aborder franchement. « Colonel ! dit Claparède à l'officier qui com-« mandait en second, vous entendez les ordres du Roi ! » Et il resta imperturbablement auprès de Murat stupéfait de tant d'effronterie.

quents; sur plusieurs points nous trouvions des défilés retranchés, mais que l'ennemi n'essayait pas de défendre. C'est ainsi que nous parvînmes, le 14 septembre, vers trois heures, à une demie-lieue de Moscou, sur la hauteur dite *des Moineaux*, où l'on avait commencé à remuer de la terre. Notre avant-garde était arrivée, vers midi, à la barrière de Mojaïsk; elle avait fait avec l'arrière-garde russe une convention, par suite de laquelle on ne devait pas se battre dans la ville. Les 1er et 3e corps restèrent en position sur la hauteur des Moineaux; la Garde fut placée, partie dans l'intérieur de la barrière, et partie à l'extérieur; le 4e corps était vers la barrière de Zvenighorod. A notre arrivée sur la hauteur, Moscou nous était apparue éclairée par les rayons du soleil couchant. Vue de ce point, elle offrait un coup d'œil pittoresque et enchanteur : sa vaste enceinte, ses immenses et nombreux palais, ses dômes dorés, ses tours innombrables de toutes les formes et de toutes les couleurs, ses clochers ornés de croix et de croissants (1), nous frappèrent d'une vive admiration, qu'augmentait encore le contraste du pays sauvage que nous venions de traverser, joint au sentiment de nos misères et à l'espoir de les voir adoucir; peut-être aussi le souvenir de la puissance des tzars se mêlait-il à nos sensations !

---

(1) Ces croissants désignaient, m'a-t-on assuré, les églises qui existaient sous la domination des Tatars.

Que s'était-il passé dans cette ville avant notre arrivée? Quoique le général Kutusow eût pris son parti de l'abandonner, il n'en avait pas moins déclaré hautement le dessein de la défendre, et le gouverneur, Rostopchin, qui était dans sa confidence et l'agent le plus actif de ses projets, accréditait cette opinion de tout son pouvoir. Tout en continuant à affirmer que nous avions été défaits à Borodino, il annonçait, le 11, que le prince Kutusow se rapprochait de Moscou et qu'il le défendrait jusqu'à la dernière goutte de son sang. « Armez-vous bien de haches et de piques, ajoutait-il, « prenez des fourches à trois dents; le Français n'est pas « plus lourd qu'une gerbe de blé! Demain j'irai voir « les blessés à l'hôpital Sainte-Catherine; j'y ferai dire « une messe et bénir l'eau pour leur prompte guéri- « son. Pour moi, je me porte bien; j'avais mal à un « œil, mais maintenant je vois très-bien des deux (1). » Malgré cette belle résolution, Kutusow, après avoir paru devant Moscou le 13, l'avait quitté le 14 au matin, par la route de Kolomna; il suivit cette

---

(1) Ce style burlesque est une nouvelle preuve du peu de progrès des Russes dans la civilisation. Sans avoir les pièces officielles de la guerre de plume, lors de l'invasion de Charles XII, nous savons qu'elles devaient être à peu près semblables. L'historien de ce roi, Gustave Adlerfeld, en parlant de quelques lettres du tzar, destinées à être rendues publiques, dit qu'elles étaient *remplies d'invectives dignes de la populace et pleines de rodomontades moscovites;* il ajoute que Charles XII en rit beaucoup.

direction jusqu'à l'embouchure de la Packra ; là il passa sur la rive droite de la Moskowa et, couvert de la Packra, se dirigea sur Podol et Krasnoï, où il arriva le 19 (1).

Ce crochet qu'avait fait l'armée russe, et le soin qu'elle avait eu de laisser un gros corps de Cosaques sur la route de Kolomna, trompèrent le roi de Naples et rendirent son mouvement incertain pendant plusieurs jours ; ce ne fut que vers le 24 ou le 25 qu'il rejoignit l'arrière-garde ennemie sur la route de Podol. Cependant Napoléon n'avait pas tardé à soupçonner la marche du général russe, et, pour parer à ses projets, il avait porté vers Desna un corps d'observation sous les ordres du maréchal Bessières, et il avait établi Poniatowski sur la route de Moscou à Podol. La position que prenait Kutusow avait sans doute pour but de couvrir les provinces du midi, de communiquer facilement avec l'armée de Wolhinie, de surveiller de plus près l'armée française et d'inquiéter ses derrières ; il atteignit complétement ce dernier ré-

---

(1) Au moment du départ de l'armée russe, 8 ou 10,000 soldats d'infanterie désertèrent. Ils étaient restés dans les jardins, vers la barrière de Wladimir ; on les y arrêta quatre ou cinq jours après, par les ordres du maréchal Mortier. Le capitaine Crevel, aide de camp du général Berthézène, les avait découverts et fut chargé de les réunir ; ils furent parqués et mal nourris ; un bon nombre mourut avant notre retraite ; les autres, confiés à la garde des Espagnols et des Portugais, furent décimés par ces étrangers.

sultat. A peine fut-il établi vers Podol et Krasnoï, qu'il envoya des partis considérables, munis d'artillerie, sur la route de Mojaïsk. Le 22 septembre, le général Lanusse, venant de Smolensk avec une brigade de la Garde et plusieurs détachements de différents corps, fut attaqué entre cette ville et Moscou, et ce ne fut qu'après un combat assez vif qu'il vint à bout de passer. Enfin, l'ennemi fit des entreprises si multipliées et si hardies, qu'elles nécessitèrent des mesures sérieuses, et qu'une division d'infanterie, les dragons et les chasseurs de la Garde, furent échelonnés sur la route de Smolensk.

Malgré tout cela, cette marche de l'armée russe autour de Moscou, presque à notre vue, pour revenir sur ses pas et prendre position à la hauteur de Mojaïsk, était peu militaire et fort dangereuse. On a dit pour la justifier que Kutusow avait un motif politique et qu'il voulait montrer à ses soldats l'incendie de l'ancienne capitale de l'empire, afin d'exciter dans leur âme une haine furieuse contre les Français, qu'il avait grand soin de leur représenter comme les auteurs de ce désastre. Mais en dépit de cette assertion, qui, tout absurde qu'elle soit, n'a été, comme beaucoup d'autres, imaginée qu'après coup et pour l'honneur et la gloire des armes moscovites, il me semble hors de doute que, si Napoléon n'eût point voulu laisser reposer son armée et recompléter ses approvisionnements de guerre (ce que son adversaire ne pouvait deviner), cette marche de flanc du général russe devant une armée victorieuse, lorsqu'il avouait lui-même dans ses dépêches à son souverain qu'il était hors d'état de lui livrer bataille, devait entraîner sa perte totale. Ce malheur ne lui est pas arrivé et par là il s'est trouvé justifié aux yeux de beaucoup de personnes ; cependant l'examen de sa conduite n'en est pas moins du ressort de la critique militaire.

A la fin de septembre, Kutusow leva son camp retranché de Krasnoï et quitta la position de la Packra ; il suivit la route de Kalougha et s'arrêta dans le camp qu'il avait choisi et fait fortifier derrière la Nara, entre Taroutino et Letachewo. Les démonstrations qu'il fit pour couvrir son mouvement donnèrent à croire à Murat et à Bessières, établis à Garky et à Podol, qu'ils allaient être attaqués ; mais ils furent bientôt détrompés, et le roi de Naples se mit en mesure de suivre l'armée russe avec sa cavalerie, le 5ᵉ corps et la légion de la Vistule. Il eut, pendant cette marche, quelques engagements avec l'arrière-garde ennemie : les plus considérables furent ceux de Czérikovo, près de Krasnoï, et de Vinkovo ; à Czerikovo, Miloradowitz, se sentant trop pressé, nous attaqua pour retarder notre poursuite, mais ce fut sans succès ; il fut encore battu à Vinkovo et obligé de se retirer sur le gros de l'armée.

Revenons à Moscou. Nous y étions entrés sans combat, comme je l'ai déjà dit, et rien ne nous empêcha d'en prendre possession. Il y eut seulement quelques misérables de la plus vile populace, ivres et fanatisés, qui se réunirent au Kremlin et voulurent s'y défendre ; mais ils furent promptement dissipés, et l'Empereur s'établit dans la vaste enceinte de ses murailles. En pénétrant dans la ville, nous fûmes très-surpris de la trouver inhabitée ; les rues étaient désertes, les maisons fermées ; à peine çà et là rencontrions-nous quelques esclaves, quelques vieilles femmes et quelques étrangers. Nous apprîmes que, frappée de terreur à notre approche, la malheureuse population s'était enfuie dans les forêts et dans les villes voisines, sans rien emporter avec elle et sans songer même aux moyens qu'elle aurait de pourvoir à sa subsistance.

Le même jour, 14, vers minuit, une fusée lumineuse s'éleva au-dessus de Moscou (1), et à l'instant l'incendie éclata dans le *Kitay-Ghorod* et sur plusieurs autres points de la ville ; un grand magasin de liquides spiritueux en fut la première proie ; il brûla toute la nuit, et, le 15 au matin, le feu avait déjà gagné beaucoup de terrain et consumé plusieurs maisons. Cependant on conçut l'espoir de le maîtriser ; on établit des gardes et un cordon de sentinelles autour du bazar ; on fit des coupures pour isoler les bâtiments enflammés ; des patrouilles parcoururent les rues, enfin, on prit toutes les mesures possibles de

---

(1) J'étais campé hors de la barrière de Mojaïsk ; les hommes de garde m'en ayant rendu compte sur-le-champ, je sortis pour examiner l'état des choses, et je me trouvai de cette manière témoin des premières lueurs de l'incendie.

conservation. On aimait à croire que ces incendies étaient l'effet du hasard ou de quelques imprudences, mais cette erreur ne fut pas de longue durée, et bientôt on eut la certitude que le feu avait été mis de dessein prémédité : des hommes, des femmes, des officiers déguisés, furent arrêtés en flagrant délit, attachant des torches incendiaires ou attisant les flammes ; plusieurs furent jugés et punis de mort, et d'autres furent jetés dans le feu qu'ils venaient d'allumer. Ces mesures de rigueur ralentissaient un peu l'incendie pendant le jour, mais la nuit, il redoublait de furie, et, de l'extérieur de la ville, on le voyait éclater à la fois sur vingt points différents.

Dès le 16 au soir, tous les quartiers qui avoisinent le Kremlin avaient été la proie des flammes ; déjà elles dévoraient une des tours de son enceinte, lorsqu'on parvint à décider Napoléon à en sortir. Le danger était devenu imminent, des flammèches tombaient sur les étoupes dont la cour était couverte, et dans cette cour était parquée l'artillerie de la Garde. Après avoir vu, en passant, une brigade de la Garde campée hors de la barrière de Mojaïsk, l'Empereur alla s'établir au palais impérial de Péterskoé, d'où il revint quelques jours après, lorsque l'incendie, faute d'aliments, commença à suspendre ses ravages. Dans l'espace de quatre ou cinq jours, les cinq sixièmes de la ville avaient été complétement détruits ; des quartiers entiers avaient totalement disparu, et, sans les cendres qui couvraient le sol, on ne se serait point douté que, peu d'instants auparavant, s'élevaient là de nombreux édifices (1). Dans leur atroce fureur, les incendiaires n'avaient rien épargné : les hôpitaux, que les ennemis eux-mêmes respectent parmi les horreurs d'un siége, éprouvèrent le sort commun, et plusieurs milliers de ces malheureux soldats russes, qui venaient de combattre avec tant de valeur dans les champs de Borodino, y trouvèrent leur tombeau au milieu des flammes. Au reste, cette barbarie ne nous étonna pas ; nos yeux y étaient accoutumés, et depuis Smolensk jusqu'à Moscou, il ne s'était pas trouvé de hameau ou de maison isolée qui ne nous eût offert ce hideux spectacle.

Au moment de l'événement, la voix publique à Moscou accusa de ce crime, car c'est ainsi qu'on le qualifiait, Rostopschin. Kutusow et quelques autres nobles ; on disait que les agents de l'Angleterre n'y étaient pas étrangers, que peut-être ils en étaient les premiers auteurs. Le Gouvernement y avait-il donné son assentiment? Je l'ignore : les dépêches de Kutusow à l'empereur Alexandre, qui nous sont connues, ne sont pas suffisamment claires ; elles cherchent même à excuser cette mesure, en la présentant comme le

---

(1) Cela m'est arrivé à moi-même : le 15, vers midi, j'avais vu la salle de spectacle, qui m'avait paru assez élégante ; quelques jours après, j'eus bien de la peine à déterminer la place qu'elle avait occupée.

sacrifice d'un membre devenu nécessaire à la conservation du corps entier. Cependant, il est difficile de croire que, sans l'aveu au moins tacite du Tzar, on eût osé brûler *la souveraine ville de toutes les Russies*, comme il l'avait appelée lui-même dans sa proclamation du 18 juillet, et, en la détruisant, engloutir dans les flammes des richesses immenses et livrer à la misère et à la mort une population de 200,000 âmes (1). Mais après tout, la chose ne serait pas impossible, car on sait qu'Alexandre était alors dominé par un parti dont il redoutait les fureurs. Quoi qu'il en soit, les mesures qu'avait prises Rostopschin pour assurer l'exécution de ses desseins, rendirent le désastre complet. En juillet, un étranger, connu sous le nom de *Schmidt*, que les uns disaient être Anglais et les autres Allemand, avait été appelé à Moscou ; on l'avait établi au château de Woronzow, sur la route de Kalougha, et l'on avait mis à sa disposition beaucoup d'ouvriers, avec une grande quantité de matières combustibles, destinées à la confection de fusées et torches incendiaires ; mais ostensiblement il travaillait à la construction d'un ballon, qui devait anéantir l'armée française. On donna même au peuple une représentation de cette farce, afin de détourner les soupçons du vrai but qu'on se proposait. J'ai vu plusieurs de ces torches incendiaires dans

---

(1) Selon une statistique trouvée à Moscou, cette ville avait une étendue de 7,386 hectares et une population de 198,914 habitants.

l'hôtel de Rostopschin ; elles ressemblaient assez, par leur forme et leurs dimensions, à une carotte de tabac, de neuf à dix pouces de long sur deux pouces environ de diamètre; une fois allumées, elles brûlaient même dans l'eau.

Cependant, malgré le *Te Deum*, les proclamations, les bulletins et le silence imposé à tout le monde, une partie de la vérité avait transpiré ; la prise et le sort de Smolensk étaient connus, et la crainte de voir Moscou en éprouver un pareil, engageait beaucoup d'habitants à quitter la ville et à mettre leur fortune en sûreté. Rostopschin s'y opposa ; il trompa la population par ses proclamations, la frappa de terreur par ses mesures coercitives, et en assura la ruine par tous les moyens qui étaient en son pouvoir. Quelques nobles, ses complices, reçurent des avis confidentiels, mais aucun étranger, quel qu'il fût, ne put échapper à la proscription. Objets constants de haine et de jalousie, plus les étrangers sont nécessaires à ce pays, dans l'armée, dans l'administration et dans les arts, plus ils sont détestés : la vanité russe ne leur pardonne pas leur supériorité ; elle s'en venge par les humiliations et les vexations dont elle les accable, et Rostopschin était plus Russe que tout autre.

A l'approche des armées, il fit partir les archives et envoya les pompiers et les pompes vers Wladimir ; enfin, le 14 au matin, il tira de prison tous les scélérats qui étaient détenus pour crime capital, afin qu'ils coopérassent au *saint-œuvre !* « Vous autres, mes frè-

« res, leur dit-il, vous expierez vos fredaines en ser-
« vant votre patrie ! » Ils ne trompèrent pas l'attente
du gouverneur et se montrèrent dignes du titre qu'il
leur avait donné! Le riche magasin *Obert* fut pillé
par eux, sur son ordre et en sa présence, et il s'appro-
pria, dit-on, beaucoup d'objets précieux. Il infligea
le knout à plusieurs Français, et il en envoya un plus
grand nombre au Caucase, en les menaçant de les faire
noyer. Enfin, il couronna ces horreurs par un sup-
plice de cannibale : il fit périr sous ses yeux, à coups
de sabres, dont le tranchant n'était pas affilé, un malheureux appelé Vertiaggin, dont le seul crime était
d'avoir traduit, pour un de ses amis, quelques passages d'une gazette allemande relatifs aux opérations
de notre armée.

Je terminerai ce que j'ai à dire sur cet homme,
désormais célèbre à la manière d'Érostrate, en rap-
portant des fragments de deux lettres tirées de sa correspondance tout écrite en français. J'ai eu ces lettres
entre les mains, je les ai lues plusieurs fois, et l'on
peut compter sur la fidélité de ma mémoire pour en
reproduire le sens presque mot à mot ; d'ailleurs,
j'avais eu soin de les transcrire à ma rentrée en
France après la campagne, au mois de janvier 1813,
de peur que le temps ne vînt en affaiblir le souvenir.
Les originaux de cette correspondance étaient destinés à la Bibliothèque nationale : malheureusement,
ils furent perdus pendant la retraite, avec les équipages du général de La Borde, qui, pendant notre

séjour à Moscou, avait logé dans l'hôtel de Rostopschin (1).

La première de ces lettres datait de l'époque où il était ministre de Paul ; on sait qu'il fut disgracié après l'assassinat de ce monarque, comme étant vendu à Bonaparte, dont il avait reçu en cadeau un service de vermeil. Il s'était retiré dans ses terres, où il vécut mécontent et dans l'oubli, jusqu'au moment où on l'éleva au gouvernement de Moscou, soit qu'on voulût par là le gagner, soit que son caractère violent le fît regarder comme propre aux circonstances critiques où l'État allait se trouver. Dans cette lettre, adressée à l'empereur Paul, il disait : « L'ordre de Votre Ma-
« jesté sera exécuté, mais il imprimera une tache inef-
« façable à son règne!... Jusqu'à quand cette chimère
« qui, dès ce monde, vous fait souffrir toutes les pei-
« nes de l'enfer, vous tourmentera-t-elle ? Soyez en
« paix avec vous-même, et vous le serez avec tout le
« monde! » Paul avait répondu au crayon, sur le

---

(1) Il existe encore, au moment où j'écris, plusieurs témoins vivants de ce que j'avance : le général de La Borde, le marquis de Brossard, alors son aide de camp, et le docteur Jouhanneau, attaché aux Invalides. Dans cette correspondance volumineuse, il y avait une lettre fort singulière de Mme Rostopschin, adressée à Twer, à sa sœur ou belle-sœur, espèce d'esprit fort ou de philosophe socinien, à laquelle elle prêchait la foi et envoyait un ouvrage intitulé : *la Démonstration évangélique*. Dans la bibliothèque de Rostopschin, composée de plusieurs mille volumes, on en voyait une soixantaine anglais, une vingtaine russes et quelques italiens ; tous les autres étaient français.

verso de la page : « J'ai reçu le billet du fou de Ros-
« topschin. Il ne sait pas que la chimère, qui, dès ce
« monde, me fait souffrir toutes les peines de l'enfer,
« est ma femme et une *vache* (le mot était souligné) ;
« Je l'attends ce soir à Tzarcoselo. »

Dans l'autre lettre, écrite de Twer à sa femme peu de temps avant l'ouverture de la campagne, après avoir parlé d'affaires de ménage, l'avoir chargée de renvoyer un instituteur qui avait donné de mauvais livres à ses enfants, et l'avoir rassurée sur cette perte, en lui promettant qu'on ne manquerait jamais d'instituteurs suisses ni de cuisiniers français, il en venait aux bruits de guerre qui circulaient dans les cercles de Moscou, et lui disait ces mots remarquables : « Quoi
« qu'on en dise, je ne croirai jamais que Napoléon
« fasse à la Russie l'honneur de lui faire la guerre ;
« mais si cela arrivait, *il proclamerait la liberté des es-*
« *claves, l'indépendance des Cosaques, gagnerait quelques*
« *seigneurs mécontents*, et l'on chercherait ensuite sur
« la carte où est l'Empire russe ! » On voit qu'il connaissait bien le côté vulnérable de son pays, et peut-être eût-il été lui-même un de ces seigneurs mécontents si Napoléon eût dirigé la guerre d'après ces principes.

La destruction de Moscou offrait aux détracteurs du nom français une trop belle occasion pour qu'ils ne se hâtassent pas d'en profiter, en rejetant sur notre armée tout l'odieux de cet épouvantable forfait. La calomnie était absurde, aucun antécédent ne la justifiait; n'importe, elle n'en fut pas moins répandue et accueillie. Qui sait si, même aujourd'hui, elle n'est pas encore crue en Russie? Qui sait si les prêtres, qui ont été si ardents à la propager, n'en font pas un article de foi sous peine de damnation? Il eût suffi sans doute, pour la repousser et pour en prouver, sinon l'impossibilité, du moins toute l'invraisemblance, de réfléchir que ce que les Français devaient souhaiter le plus au monde était précisément la conservation de Moscou, car elle ne pouvait manquer de leur être extrêmement avantageuse; mais la passion, la sottise ou la mauvaise foi raisonnent-elles? Cependant le fait était si clair, les preuves si évidentes et les aveux des généraux russes si positifs, que cette imputation ridicule a fini par tomber; alors on a cherché à faire honneur de cet événement au peuple russe, et on l'a présenté comme un de ces actes de patriotisme et d'abnégation dont on ne trouve que quelques rares exemples dans les annales des nations. Au surplus, que l'on considère l'incendie de l'ancienne capitale des Tzars comme l'œuvre d'une vertu sublime ou d'une politique profonde, d'une erreur déplorable ou d'une fureur en délire, l'éloge ou le blâme qu'on voudra lui donner appartient en entier au parti anglais, dont Rostopschin était l'agent, car c'est lui qui a préparé ce grand sacrifice et qui a présidé à son exécution.

Il reste maintenant à savoir si l'opinion qui se répandit au moment même, et que beaucoup de personnes partagent encore aujourd'hui, que l'embrasement de Moscou a été funeste à notre armée et a puissamment influé sur sa perte, est réellement fondée ; c'est ce que je vais examiner. Si la destruction de l'armée d'invasion eût été la conséquence forcée de ce grand désastre, si, à ce prix seulement, l'empire russe eût pu être sauvé, tout homme équitable devrait sans doute en approuver l'inspiration ; mais c'est ce qui est bien loin d'être démontré. Il me semble prouvé au contraire, que l'incendie de la vieille cité moscovite n'a été aucunement nuisible à l'armée française, qu'il ne l'a privée de rien de ce qui lui était rigoureusement nécessaire, et que, bien plus, il était dans le cas de contribuer à son salut, en offrant à Napoléon un motif légitime et plausible de quitter des ruines. L'exposé des faits en convaincra, je crois, les plus incrédules.

Quels étaient les besoins de l'armée en arrivant à Moscou ? Du repos, des vivres pour les hommes et pour les chevaux, et de la poudre pour les munitions de guerre. Manqua-t-elle de tout cela ? Tant s'en fallut, à coup sûr. Les hommes avaient en abondance du pain, du vin, de l'eau-de-vie, des légumes frais, du sucre, du café, du thé et du poisson mariné. A la vérité, la viande fraîche leur fit souvent défaut, mais on sait qu'elle n'est pas d'une absolue nécessité ; le manque de pain est seul, pour le soldat français, une privation réelle, que rien ne peut remplacer : or la farine et le blé étaient encore abondants, malgré tout ce que l'incendie avait dévoré ; on trouva donc à pourvoir suffisamment aux besoins des hommes. Il en fut de même des chevaux ; ils ne manquèrent ni de paille ni de foin, et, si on ne leur donna pas d'avoine, c'est qu'on le voulut bien, puisqu'en partant on mit le feu à un magasin qui en contenait des dépôts considérables, sans compter celle qui était dans les logements particuliers des officiers. Quant à la poudre, il semblait que Rostopschin eût oublié combien il était facile de nous priver d'un approvisionnement si nécessaire ; il nous en laissa dans les ateliers de confection une si grande quantité, que non-seulement elle suffit à fournir l'armée, mais qu'en outre elle servit à charger les tours du Kremlin, lorsqu'on se décida à le faire sauter ; dans l'arsenal de ce même Kremlin nous trouvâmes 40,000 fusils neufs, et c'était bien au delà de nos besoins. Il est donc évident que le sacrifice de Moscou n'était pas nécessaire, puisque, d'un côté, il n'atteignait pas le but qu'on s'était proposé, de nous enlever des ressources indispensables, et que, de l'autre côté, nous eussions été sauvés si nous ne nous fussions pas obstinés à rester sur les décombres fumants de cette ville.

Dira-t-on au moins que son influence politique fut salutaire et fit courir la population aux armes ? Rêves de l'imagination. Nous savons au contraire positivement que, malgré les puissantes incitations des nobles et les déclamations des prêtres, qui l'appelaient au secours d'une religion que personne n'attaquait, le peuple ne montra aucun empressement à prendre part à la guerre ; que les levées se firent alors plus difficilement que dans les temps ordinaires, et que les recrues envoyées à Kutusow dans son camp de Tarutino, y furent conduites liées deux à deux et sous l'escorte des Cosaques. Cela devait être ainsi en présence des sanglantes défaites des armées russes, défaites qui étaient bien propres à porter le découragement dans les esprits ; et d'ailleurs, comment attendre d'une population esclave, comptée à peine au nombre de l'espèce humaine, ces élans de patriotisme qui, au moment des grands dangers, jaillissent parfois du sein des sociétés libres et enfantent des miracles? Une si noble énergie ne peut exister que parmi des hommes dont le salut et les intérêts les plus chers se confondent avec le salut et les intérêts de la patrie et d'un Gouvernement dont ils sont membres, et certes un pareil état social est loin d'avoir aucune espèce de rapport avec celui de la Russie.

Je sais bien que des écrivains, dévoués à cette puissance, ont beaucoup parlé de l'insurrection des paysans en 1812, et qu'ils l'ont comparée aux guérillas d'Espagne ; mais de telles assertions font pitié, et l'on peut à juste titre leur appliquer le proverbe: *A beau mentir qui vient de loin.* Pour moi, qui suis sorti le dernier de Moscou (1), et qui ai souvent fait l'arrière-garde, j'affirme en toute vérité que je n'ai jamais rien aperçu

---

(1) Le général d'artillerie Lenourry avait été chargé de faire sauter les tours du Kremlin, et j'avais reçu l'ordre de protéger cette opération ; elle fut terminée vers une heure du matin, le 22 octobre.

de semblable. J'ai vu au contraire nos domestiques aller, isolément et sans escorte, fourrager autour de Moscou; j'ai vu des paysans les prévenir de l'approche des Cosaques et de leurs embuscades; j'en ai vu d'autres indiquer les lieux où leurs maîtres avaient caché leurs provisions, et les partager avec nos soldats; enfin j'ai vu et reçu à Mojaïsk (1) des hommes isolés, partis de Moscou dix ou douze heures après les dernières troupes, et qui nous rejoignirent sans que personne les eût molestés en route. Je ne nie pas qu'on n'ait pu rencontrer quelquefois dans les bois des paysans armés et cherchant à défendre ce qu'ils y avaient caché, mais cela était fort rare et n'avait rien de commun avec une insurrection générale ou avec l'incendie de Moscou.

Si Moscou n'eût point été brûlé, nous y eussions levé sans doute de fortes contributions, et nous y eussions trouvé des jouissances dont nous fûmes privés par sa destruction. Mais quel profit réel en eussions-nous retiré? Je ne le vois pas bien, et, comme une prolongation de séjour dans cette ville devait entraîner nécessairement notre perte, on eût dit alors que nous nous étions oubliés dans les délices de Capoue. Supposerait-on, dans cette hypothèse, que l'armée s'y serait établie et qu'elle y aurait passé l'hiver? J'avoue que cette idée considérée, soit politiquement, soit militairement, me paraît tout à fait absurde; admettons-

---

(1) Je relevai à Mojaïsk le duc d'Abrantès.

la toutefois. Eh bien ! que serait devenue l'armée ? N'est-il pas visible que bientôt, resserrée dans l'enceinte de Moscou, sans communication avec la France, sans rapports avec les corps détachés sur ses ailes, sans secours à espérer, elle y eût été réduite à la condition d'une armée assiégée ? Et si elle eût trouvé le moyen d'y vivre pendant sept à huit mois, et qu'il eût convenu à l'ennemi de l'y laisser tranquille, n'est-il pas évident que, vers les mois de mai ou de juin, il lui eût fallu en sortir, et qu'alors, sans cavalerie et sans artillerie, elle eût eu à combattre toutes les forces russes concentrées et tous les obstacles de la nature et de l'art, que Kutusow aurait eu tout le temps d'accumuler contre elle, dans un pays dévasté systématiquement, coupé de ravins, de défilés, de rivières, de ruisseaux, de bois et de marécages ? Dans cet état de choses, je le demande à tout homme de bon sens, lui serait-il resté une seule chance de salut ? Dira-t-on que ses ailes se seraient réunies pour venir à son aide et la délivrer ? L'objection n'est pas sérieuse et les événements y ont déjà répondu.

De tout ce que je viens de dire, je crois pouvoir conclure que l'incendie de Moscou n'eut aucune influence sur notre sort, et que les véritables causes de notre perte furent les rigueurs de la saison, le défaut de vêtements appropriés au climat et surtout le manque de vivres, fléaux auxquels nous eussions échappé en quittant cette ville vingt jours plus tôt, car alors il nous serait resté tout le temps nécessaire pour revenir sur le Borysthène et nous y établir avant les froids.

J'avais écrit ces notes depuis plusieurs années, lorsqu'en 1822, dans un ouvrage ayant pour titre : *Recueil de pièces authentiques sur le captif de Sainte-Hélène*, etc., j'ai lu ce qui suit : « En 1812, Napoléon entra dans « Moscou ; si les Russes n'avaient pas pris le parti de « brûler cette grande ville, parti inouï dans l'histoire « et qu'eux seuls pouvaient exécuter, la prise de Mos- « cou eût entraîné la soumission de la Russie, car le « vainqueur eût trouvé dans cette grande ville : 1° « tout ce qui était nécessaire pour rétablir l'habille- « ment et le matériel d'une armée : 2° les farines, les « légumes, les vins et les eaux-de-vie, et tout ce qu'il « faut pour la subsistance d'une grande armée ; 3° des « chevaux pour remonter la cavalerie, et enfin l'appui « de trente mille affranchis, fils d'affranchis ou es- « claves, jouissant d'une grande fortune, fort impa- « tients du joug de la noblesse......... etc. L'incendie « détruisit tous les magasins, dispersa la popula- « tion, etc., etc. » ...... De ce passage et de ceux qui suivent, on veut inférer que la ruine de Moscou causa la perte de l'armée française et sauva la Russie.

Quelque respect que j'aie pour une opinion qui paraît venir de si haut, j'avoue que je ne saurais y souscrire, d'autant plus qu'elle repose sur des faits erronés ou des assertions très-hasardées ; examinons-les en détail. *Les objets nécessaires à l'habillement* : Malgré l'incendie, les draps et les pelleteries conservés se trouvaient en quantités plus que suffisantes, si l'administration eût porté son attention sur ce point ; je me rappelle que, vers la fin de notre séjour, on découvrit un magasin fort considérable de draps, et que les caves du Kitay-Ghorod étaient pleines de pelleteries. *Le matériel* : il était immense dans notre armée, et on ne manquait ni des bois, ni du fer dont on pouvait avoir besoin pour les légères réparations qui allaient être nécessaires ; ce qui nous manquait à notre arrivée à Moscou, c'étaient les munitions de guerre, et l'on sait que nous y trouvâmes quatre cent milliers de poudre, c'est-à-dire bien au delà de ce qu'il nous fallait. *Les farines, les légumes*, etc. : tant que nous fûmes dans la ville, nous en trouvâmes ; mais leur emploi fut mal administré, ou plutôt, comme chacun pourvoyait à sa subsistance, tandis que les uns étaient dans l'abondance, les autres étaient exposés aux privations. *Le vin et l'eau-de-vie* : le soldat avait autant de vin qu'il voulait, on en faisait même garder plusieurs dépôts qu'on abandonna en partant ; l'eau-de-vie était si abondante que, la veille de l'évacuation, on en fit une distribution de trente rations par homme, et qu'un magasin qui en était rempli et auquel on mit le feu, brûla pendant plusieurs jours. *L'avoine* : elle ne manquait pas non plus, mais on la conserva précieusement au lieu de la donner aux chevaux d'artillerie et de cavalerie, qui étaient aux avant-postes. *Les chevaux*: il est présumable que nous en aurions trouvé pour organiser quelques attelages ; mais en supposant que la ville, restée intacte, nous eût offert des ressources pour la remonte de la cavalerie, l'avantage que nous en eussions tiré eût été nécessairement fort borné, parce qu'après la bataille de la Moskowa, on avait renvoyé sur les derrières beaucoup de cadres sans chevaux et qu'on n'avait réuni à Moscou qu'environ quinze cents cavaliers démontés des différentes armes. Quant aux trente mille affranchis, je n'ai rien à en dire, si ce n'est que, pour en faire usage, il aurait fallu que Napoléon eût adopté à Moscou un système politique diamétralement opposé à celui qu'il avait suivi jusqu'alors ; cela n'eût pas été impossible, mais sa conduite toute récente à Smolensk peut bien en faire douter. Au reste, quand bien même j'admettrais la réalité des faits qui servent de base à l'opinion que je combats, il n'en resterait pas moins démontré ce que j'ai déjà établi : que le séjour seul nous fut fatal et non l'incendie ; car, dans cette hypothèse, puisqu'on ne trouvait aucun des objets dont l'armée avait besoin, aucune des ressources dont on s'était flatté, pourquoi restait-on ? pourquoi perdait-on au milieu des ruines un temps précieux et irréparable ?

Dans le même chapitre, l'auteur professe sur l'importance des capitales une doctrine qui me paraît constituer un préjugé funeste à la conservation des empires. Est-ce donc dans les capitales que sont concentrés les éléments les plus puissants de la défense des États ? Est-ce de leurs produits que les provinces se nourrissent ? Est-ce dans leur sein que se rencontrent les hommes les plus braves, les plus patriotes, les plus patients, les plus sobres, les plus robustes, les plus endurcis aux fatigues, les plus moraux enfin, c'est-à-dire les meilleurs soldats ? Pourquoi donc un empire tout entier subirait-il le sort de sa capitale ? Parce que les ennemis sont à Paris, y a-t-il moins de deux cents lieues jusqu'à Bayonne ? Réveillez le caractère national, vivifiez l'esprit public, et la patrie sera partout ! Sans doute la prise de la capitale est toujours un malheur, ne fût-ce que parce qu'elle déplace l'action du Gouvernement et brise son unité, mais j'ai beau chercher, je ne vois pas pourquoi elle devrait être le signal de la ruine de l'Etat. Nous avons été maîtres de Berlin, de Vienne, de Madrid, et cependant la Prusse, l'Autriche, l'Espagne, sont encore debout.

On a répété à satiété qu'en entrant à Moscou, nous avions livré la ville au pillage ; rien n'est plus inexact. Tant que l'on conserva l'espoir d'éteindre l'incendie, les ordres les plus sévères furent donnés à ce sujet, et ils étaient rigoureusement exécutés : j'ai vu des gardes empêcher un soldat de prendre une aune d'étoffe dans un magasin de drap déjà en proie aux flammes. Il est vrai que lorsque les progrès du feu eurent fait perdre toute espérance d'arrêter ses ravages, on se relâcha de cette surveillance et que pendant deux ou trois jours nous fûmes témoins d'un désordre affligeant ; nous vîmes alors les soldats français, les soldats russes, les paysans, les esclaves, se livrer pêle-mêle à une sorte de pillage, si toutefois on peut qualifier ainsi les efforts que chacun faisait pour s'approprier des objets délaissés, sans maîtres, et que les flammes allaient dévorer. Il est facile de comprendre qu'au milieu d'une telle confusion, il était presque impossible qu'il en fût autrement. On a prétendu encore que le pillage avait été organisé par ordre de nos chefs. Je vais faire voir à quoi se réduit cette assertion, et comment la haine et la mauvaise foi peuvent dénaturer les faits les plus simples. En arrivant dans la ville, nous la trouvions abandonnée par la plus grande partie de ses habitants; il fallait cependant pourvoir à la nourriture de l'armée : c'était le premier et le plus pressant des besoins. Pour y satisfaire et pour maintenir l'ordre en même temps, chaque bataillon fit des détachements de corvée, commandés par des officiers, pour aller chercher des vivres et en procurer aux troupes restées dans les camps. Cette mesure était toute conservatrice, et, à coup sûr, elle était la plus convenable dans la circonstance ; c'est pourtant sur elle qu'on a bâti la plus odieuse des calomnies.

Cependant les désordres dont j'ai parlé cessèrent assez promptement, et, malgré l'embrasement et la destruction presque entière de Moscou, Napoléon ne négligea aucune des mesures capables de rétablir le calme et d'assurer la sécurité des habitants qui étaient restés dans la ville et de ceux qui pouvaient revenir. Il organisa une municipalité, il nomma gouverneur le maréchal Mortier, il établit des commandements particuliers dans chacun des vingt quartiers, il choisit pour intendant de la province le consul général Lesseps, fonctionnaire aimé et estimé dans le pays, il sauva l'hospice des enfants trouvés déjà envahi par les flammes, il ouvrit des asiles aux incendiés, les protégea, les nourrit et leur fit distribuer de l'argent, enfin il eut soin que les différents corps n'entrassent dans la ville que pour y occuper les quartiers qui leur avaient été assignés d'avance.

Pendant sa marche sur Moscou, et particulièrement depuis son départ de Smolensk, l'armée avait beaucoup souffert de la faim. Dans une brigade de la garde, forte au plus de deux mille hommes, on compta quatre-vingt-dix-neuf soldats morts d'inanition dans les bivouacs. La privation de nourriture, les fatigues de la route, les mauvaises eaux et le feu de l'ennemi avaient réduit extraordinairement l'effectif des troupes; les Wurtembergeois, par exemple, n'avaient plus que cent cinquante hommes sous les armes. Enfin je ne crois pas qu'à son arrivée l'armée comptât plus de soixante-dix à quatre-vingt mille combattants. Il me semble qu'on ne s'écarterait guère de la vérité, en estimant les corps comme il suit :

Garde : Infanterie. . .	14,000	hommes.
Premier corps.	14,000	(J'en ai vu passer la revue.)
Troisième corps. . . .	7,000	
Quatrième corps. . . .	16,000	Il avait été rejoint par la division laissée vers Witepsk et qui n'avait pas assisté à la bataille de la Moskowa.
Cinquième corps. . . .	4,000	La division Dombrousky était restée pour observer Bobruisk.
Légion de la Vistule. .	1,800	
Total de l'infanterie.	56,800	hommes.
Cavalerie de la Garde.	4,000	
Cavalerie de Murat. .	10,000	
Ensemble. . . .	70,800	hommes.

Il faut ajouter, il est vrai, l'artillerie et le génie ; mais j'ai la certitude que plusieurs de ces évaluations sont forcées. Par exemple : Murat n'avait pas dix mille chevaux, et le maréchal Ney ne put pas mettre en mouvement plus de quatre à cinq mille hommes, lorsqu'il fit son expédition sur Boghorodsk, le 9 octobre. Aussi ai-je toujours regardé comme exagérée l'estimation de nos forces à la Moskowa ; si elles s'étaient élevées à cent vingt mille hommes, comme on l'a dit, nous aurions dû en avoir encore au moins cent mille à Moscou, attendu que beaucoup de soldats légèrement blessés avaient rejoint leurs corps. C'était là du reste une des causes de la différence qui se trouva entre la force numérique du 3ᵉ corps et sa force disponible, dans la circonstance que je viens de rappeler.

Quoique l'armée, une fois installée à Moscou, y eût trouvé des ressources suffisantes pour ses besoins, elle ne témoignait pas moins le désir de s'en éloigner. Ce désir parut un moment sur le point d'être réalisé, lorsque Kutusow eut pris position sur la Packra, et l'on fit même quelques préparatifs de départ ; malheureusement ils n'eurent aucune suite. On assurait qu'immédiatement après son entrée à Moscou, Napoléon avait fait des propositions de paix, et qu'il s'était leurré de l'espoir qu'elles seraient accueillies par la cour de Russie. Ce fut sans doute pour l'y déterminer plus promptement, qu'il fit semblant de se disposer à passer l'hiver dans sa nouvelle conquête. En conséquence le Kremlin fut réparé et mis en état de défense; les troupes reçurent l'ordre de se pourvoir de vivres pour six mois, et l'administration réunit des approvisionnements considérables de grains, d'avoine, de vin, de sucre, etc. J'ai déjà dit qu'un immense magasin d'eau-de-vie avait échappé aux flammes. On engagea aussi les paysans à apporter du foin et à amener des bestiaux, mais quelques désordres ayant été commis à leur première venue et des partis de cosaques s'étant rapprochés de la ville, nous fûmes privés de cette ressource.

Mais toutes ces ruses n'en imposèrent à personne et encore moins sans doute à l'ennemi (1). Personne ne croyait à la possibilité de passer l'hiver à Moscou ; personne non plus ne partageait la confiance fatale de l'Empereur et de son entourage dans les dispositions pacifiques de la Russie, et ce n'est pas la première fois que, dans des circonstances importantes et difficiles, j'ai vu les masses juger plus sainement les choses que les hommes placés au timon des affaires. On se disait avec raison que si les Russes eussent été disposés à la paix, ils ne se seraient pas décidés au sacrifice d'une ville qui leur coûtait plusieurs milliards et ruinait une si nombreuse population ; mais les courtisans et les hommes initiés aux mystères de la politique ne ré-

---

(1) Je me rappelle que les habitants riaient de nous voir faire ces approvisionnements et qu'ils les regardaient comme devant leur servir un jour.

pondaient que par un sourire de dédain à ces doutes et à ces objections. Sur quoi donc se basait leur confiance? Quelles solides raisons avaient-ils pour espérer? Lauriston avait été envoyé en parlementaire aux avant-postes russes; il y avait été bien accueilli; on lui avait parlé des auteurs de l'incendie avec une sorte d'horreur; on l'avait entretenu du besoin général de la paix; on l'avait ramené dans une belle voiture attelée de quatre chevaux blancs magnifiques. Le moyen après cela de douter de la bonne foi de gens si polis!

Cette mission d'un des aides de camp de Napoléon a été, depuis nos malheurs, un texte sur lequel on a brodé les fables les plus absurdes. Qu'il ait été porteur de lettres d'une nature pacifique pour l'Empereur Alexandre, c'est ce qui est certain; mais il ne l'est pas moins que peu de personnes ont dû savoir dans quels termes avait été ouverte cette négociation, qui, autant par sa nature que par la suite des événements, paraît destinée à rester toujours ignorée. En supposant que Lauriston en ait su le secret, il ne l'a pas publié, et pour ce qui est de la version que les Russes en ont donnée, quand on a connu les différents personnages et qu'on se rappelle quelle était alors la situation respective des deux armées, on peut affirmer sans crainte que les propos attribués à Kutusow ont été imaginés après coup, car ils eussent été opposés à son intérêt et inconvenants dans sa position, leur insolence eût révolté Napoléon, elle l'eût tiré de sa léthargie, et toutes les ruses par lesquelles on cherchait à l'endormir eussent échoué.

Quoi qu'il en soit, si notre départ de Smolensk était déjà une opération fort critiquable, notre long séjour a Moscou ne pouvait véritablement se justifier en aucune manière. Il me semble n'avoir été que l'effet d'un aveuglement déplorable ou d'une tenacité intempestive, qu'une vague espérance de paix ne saurait suffisamment excuser. L'état des troupes, qu'il était urgent d'améliorer, l'époque avancée de la saison, qu'il ne fallait pas oublier, nos communications, qui devenaient tous les jours plus difficiles malgré les blockhaus établis sur la route de distance en distance, tout nous faisait un devoir d'abandonner au plus tôt des ruines, de ne pas y attendre l'arrivée de l'hiver et de prendre en arrière une position plus centrale et plus resserrée. Assurément c'eût été lorsque l'armée française se serait trouvée concentrée, avantageusement établie et renforcée par le 9ᵉ corps qui arrivait de Smolensk, et par toutes les recrues qui venaient de France, que le cabinet de Saint-Pétersbourg aurait voulu la paix et qu'il l'aurait sollicitée de bonne foi. Il me paraît démontré que ce parti eût remédié à tous les inconvénients et répondu à tous les besoins : il ne fut pas pris. Mais quittons pour quelques moments le centre de l'armée, et voyons ce qui se passait aux ailes.

OPÉRATIONS DU 2ᵉ CORPS

JUSQU'A SA JONCTION, LE 24 NOVEMBRE, AVEC L'ARMÉE
REVENANT DE MOSCOU.

SOMMAIRE : Combats des 18, 19 et 20 octobre, sur les deux rives de la Dwina. — Retraite. — Jonction avec le 9ᵉ corps. — Combat de Niemonitza.

Nous avons laissé au 20 août le général Wittgenstein derrière la Drissa. Jusqu'au 16 octobre il ne fit aucun mouvement important ; il s'était contenté de rendre nos subsistances plus difficiles, en étendant au loin sa cavalerie légère. Mais à cette époque, ayant reçu des renforts considérables et se trouvant soutenu par la division Steinheil qui venait de Riga et qui était déjà arrivée à Disna, il se crut assez fort pour attaquer Polotsk et pour exécuter les ordres qu'il avait reçus d'agir sur les derrières de notre armée. Il s'approcha donc de nos lignes, le 17 octobre, et prit position, sa droite occupant les routes de Drissa et de Sebej, son centre placé entre les routes de Sebej et de Nevel, et sa gauche sur cette dernière. Il devait attaquer Polotsk par la rive droite de la Dwina, tandis que le général Steinheil opérerait sur la rive gauche : leurs troupes réunies faisaient, disait-on, 60,000 hommes. Pour résister à cette double attaque, le maréchal Saint-Cyr, dont toutes les forces ne s'élevaient pas au delà de 14 à 15,000 hommes, fit les dispositions suivantes : il plaça sur la rive gauche de la Polota deux divisions ayant à leur droite un corps de cavalerie pour les soutenir ; la division Merle et les Bavarois occupèrent les faubourgs de la rive droite, et une brigade de cavalerie légère, avec quelques bataillons, fut envoyée sur la rive gauche de la Dwina, vers Bononia, pour observer Steinhel.

Le 18, le général Wittgenstein attaqua de très-bonne heure, et en personne, les deux divisions établies sur la rive gauche de la Polota. Les batteries qui les couvraient, assaillies avec vigueur, furent énergiquement disputées ; celle de droite fut prise et reprise plusieurs fois, mais elle finit par rester en notre pouvoir malgré les efforts réitérés de l'ennemi. Il était environ quatre heures, lorsque enfin ses colonnes de droite débouchèrent des défilés de Rapno et se jetèrent vivement sur deux redoutes qui protégeaient ce front. L'intention du maréchal Saint-Cyr avait été de laisser épuiser en vains efforts contre nos défenses l'ardeur des troupes russes ; malheureusement ses ordres ne furent pas exécutés ponctuellement sur ce point ; la division Merle se porta au devant des colonnes d'attaque et leur livra un combat sanglant et acharné, mais enfin, écrasée par le nombre, elle fut forcée à la retraite et repoussée jusque sous les murs de la ville. La nuit mit fin au carnage et l'ennemi prit position hors de la portée de notre canon ; sa perte était énorme, les fossés de nos redoutes étaient comblés par ses morts.

Le lendemain 19, Wittgenstein resta tranquille dans son camp, attendant sans doute, pour commencer l'action, que le général Steinheil parût sur l'autre rive. De son côté, le maréchal Saint-Cyr, qui sentait l'impossibilité de se maintenir dans Polotsk, après la perte de sa position sur la rive droite de la Polota, faisait ses préparatifs de retraite et attendait la nuit pour les mettre à exécution, lorsque, vers dix heures, le général qui commandait sur la rive gauche de la Dwina lui donna l'avis que l'avant-garde de Steinheil passait l'Ouchatsch et le forçait à se replier. Le moment était critique, car, s'il y avait urgence à renforcer le corps de la rive gauche, il n'était pas moins essentiel de dérober ce mouvement à Wittgenstein. Le maréchal y réussit, en retirant de chacune des trois divisions du 2ᵉ corps un régiment, parmi ceux qui étaient le moins à portée de la vue de l'ennemi ; ces renforts ayant passé le fleuve, rencontrèrent le corps de Steinheil au débouché du bois qui se trouve à la gauche du chemin de Disna à Polotsk, l'attaquèrent et le repoussèrent dans le défilé.

Cependant la nuit était venue ; toutes les dispositions pour évacuer Polotsk étaient terminées ; l'artillerie avait été retirée des ouvrages, et les troupes commençaient à défiler en silence. Saint-Cyr, qui avait conçu le projet de se porter contre Steinheil à la pointe du jour et de le détruire, voulait traverser la Dwina dans le plus grand silence et à l'insu de l'ennemi : il avait, en conséquence, recommandé de ne point faire de bruit et, sur toutes choses, de ne point brûler le camp. Mais, pour la seconde fois, ses ordres ne furent point exécutés ; la division Legrand mit le feu à ses baraques et, par cette imprudence, fit échouer une partie des projets du maréchal et compromit le salut de l'armée. L'incendie ayant appris à Wittgenstein notre mouvement de retraite, devint le signal d'une attaque générale ; l'ennemi essaya de mettre le feu à la ville avec ses obus et de détruire le pont sur la Dwina ; ses efforts furent vains, partout il fut repoussé, toute notre artillerie fut sauvée et notre mouvement heureusement terminé vers deux heures après minuit ; le pont fut ensuite complétement détruit. Les Russes entrèrent à Polotsk à trois heures. Ce combat de nuit avait privé les troupes de repos et les avait accablées de fatigues, de sorte que le maréchal ne put en disposer contre le général Steinheil, comme il en avait formé le dessein ; il dut se borner à faire un détachement de celles qui avaient pris le moins de part à l'action ; il en confia le commandement au général de Wrède. Steinheil fut attaqué dans le défilé où il avait été rejeté, et chassé derrière l'Ouchatsch, d'où, après une forte canonnade, il se retira sur Disna, sans attendre qu'une colonne de nos troupes, qui se dirigeait par Roudnia pour le déborder, eût pu prendre part à l'action.

La perte fut grande de part et d'autre dans ces trois journées, mais bien plus grande chez les Russes, par la raison qu'ils étaient plus nombreux, qu'ils comptaient dans leurs rangs beaucoup de nouvelles levées, et qu'il leur fallut attaquer des retranchements bien palissadés et défendus avec valeur; on la porta à 10,000 hommes. Ils eurent hors de combat six généraux, ainsi qu'un chambellan et un sénateur, qui faisaient partie de la milice de Saint-Pétersbourg. Nous fîmes de notre côté une perte irréparable, car le maréchal fut blessé et obligé de quitter l'armée. La modestie du général Legrand ne lui ayant pas permis d'accepter le commandement, Saint-Cyr le confia au général Merle, officier plein d'expérience et d'énergie; il lui fallait en outre du dévouement pour se charger d'un tel fardeau dans des circonstances aussi critiques.

Avant d'aller plus loin, qu'il me soit permis de faire une réflexion. Depuis que la division russe de Steinheil avait quitté Riga, les entreprises des troupes qui restaient dans cette place étaient devenues complètement impuissantes. Pourquoi donc alors maintenait-on inutilement vis-à-vis d'elles des forces considérables? Pourquoi, par exemple, lorsque Steinheil remontait la Dwina pour se réunir à Wittgenstein, la division Grandjean ne suivait-elle pas son mouvement pour le surveiller et paralyser ses conséquences? Dira-t-on pour excuse qu'aucun ordre n'avait été donné à ce sujet ? Je demanderai à mon tour s'il avait pu en être donné par avance, si un général aussi expérimenté que l'était Macdonald ne devait pas interpréter aisément les intentions de Napoléon, qui ne pouvaient être douteuses un seul instant, s'il ne lui était pas en quelque sorte obligatoire de venir au secours du corps de Saint-Cyr, prêt à succomber sous la réunion de forces infiniment supérieures, enfin s'il ne devait pas à tout prix concourir de tous ses moyens à la conservation d'une position aussi nécessaire que celle de Polotsk au salut de l'armée principale ? Son inaction dans une telle circonstance est donc une faute grave et impardonnable ; elle ne peut s'expliquer que par le funeste esprit de jalousie qui régnait parmi les maréchaux ; chacun d'eux ne pensait qu'à soi ; chacun cherchait à éviter les échecs personnels et disait de son voisin : *Qu'il s'arrange !*

Remarquons encore que la division Loison se trouvait à Wilna et le 9ᵉ corps à Smolensk. Ces deux points n'étaient nullement menacés et pouvaient être découverts sans aucun danger : on aurait donc pu et dû envoyer ces troupes à Polotsk et faire agir ainsi contre Wittgenstein au moins 40,000 hommes de plus. Avec une telle masse de monde, on eût d'abord fait échouer tous ses projets, on l'eût ensuite écrasé lui-même, et l'armée eût été sauvée ; mais pour donner à ces différents corps une direction avantageuse, il leur aurait fallu un chef unique, et ils étaient au contraire soumis à trois généraux fort peu disposés à s'entendre. Cet éparpillement de nos forces, au moment où elles auraient dû être concentrées, et leur fâcheuse inaction, quand elles auraient dû frapper de grands coups, étaient encore un malheur attaché à l'éloignement de Napoléon.

Je n'aurai plus pour la suite des opérations du 2ᵉ corps les secours que j'ai eus jusqu'ici. Le journal qu'en avait tenu un général distingué (1) a péri en 1815, à l'époque où l'on massacrait à Nîmes les protestants et les prétendus Bonapartistes et où l'on incendiait leurs habitations. Par une défiance sans doute exagérée de ses souvenirs, il n'a pas voulu recommencer son travail : « Ma mémoire est trop incertaine, m'é- « crivait-il ; entre gens d'honneur, *du positif ou rien !* » Quoiqu'il ne me soit pas possible de remplacer entièrement cette perte, je tâcherai d'y suppléer par d'autres documents que j'ai recueillis avec soin et que je crois dignes de confiance, car je n'en mettrai jamais d'autres sous les yeux du lecteur.

Les 2ᵉ et 6ᵉ corps se retirèrent lentement, le 2ᵉ sur Smoliani, après un engagement peu important à Lepel, et le 6ᵉ sur Dockchitsi, où l'ennemi le laissa tranquille, sans même le faire observer, soit que sa faiblesse le rendît peu redoutable, soit que Wittgenstein se crût sûr du général de Wrède. Cependant le

---

(1) Le général Merle.

9ᵉ corps, commandé par le duc de Bellune, composé de trois divisions d'infanterie et d'une brigade de cavalerie légère, après avoir été organisé tardivement, était arrivé à Tilsit le 14 août et à Smolensk le 26 septembre; il avait quitté cette place le 12 octobre, et, d'après les ordres de l'Empereur, il avait pris poste à Mstislavl et à Orcha, afin de protéger Minsk, de couvrir les derrières de l'armée, d'élargir sa base d'opérations et de secourir, selon le besoin, Saint-Cyr ou Schwartzenberg. Les événements qui se passèrent sur la Dwina ne lui permirent pas de rester longtemps dans cette position; il marcha par Orcha et Sienno au devant du 2ᵉ corps, afin de couvrir Witepsk, devenu si important depuis la perte de Polotsk. La jonction se fit le 30, à Smoliani, près de Tschachniki, derrière la petite rivière Ousveia, qui se jette dans l'Ula; mais on verra bientôt que cette réunion n'eut pas le résultat qu'on devait en attendre. Victor se montra incertain, irrésolu, il perdit son temps et épuisa ses troupes en marches et contremarches sans but arrêté.

Dès le lendemain, le général russe, ayant fait passer la rivière à une partie de son armée, attaqua l'arrièregarde du 2ᵉ corps établie à Tschachniki, et après un combat long et opiniâtre, il la força à la retraite, vers les cinq heures du soir. Il paraît que le général Merle avait fait des dispositions pour appuyer son arrièregarde, et que, Wittgenstein ayant passé l'Ula sans trop de précaution, il espérait pouvoir l'en faire repentir, mais étant réuni au 9ᵉ corps, il n'était plus maître d'agir d'après ses propres inspirations, et le maréchal Victor ne jugea pas l'occasion assez favorable. Il se contenta de tenir ses troupes sous les armes pendant toute la durée du combat, et, dans la nuit, il se retira sur Sienno, qu'il atteignit le 2 novembre. L'ennemi s'établit à Smoliani et s'occupa des moyens de reprendre Witepsk ; le général Laharpe fut chargé de cette opération et placé à Bechenkowitschi, pour l'exécuter au premier moment favorable. Il n'eut pas longtemps à attendre, car le duc de Bellune abandonna Sienno le 4 novembre et se porta sur Vouïssokoi-Ghorodetz, où il arriva le 7.

Ce mouvement, dont on n'aperçoit ni le but ni l'utilité, avait l'inconvénient évident de découvrir le chemin de Witepsk : aussi le général Laharpe s'empressa-t-il d'en profiter pour faire son expédition. Dès le 6, c'est-à-dire lorsque les deux corps français furent assez éloignés de lui pour qu'ils ne pussent faire aucun détachement sur ses flancs ou sur ses derrières, il s'avança rapidement sur Witepsk, par l'une et l'autre rive de la Dwina. Le général de brigade Pouzet, ancien colonel du 26ᵉ léger, était gouverneur de cette ville. Sa garnison se composait d'un bataillon de marche de 400 hommes, d'un autre bataillon de même force du duché de Berg, mais composé de nouvelles levées, de 12 gendarmes, de 5 hussards et de 2 pièces de 4. C'est avec ces faibles moyens qu'il devait défendre une place entièrement ouverte et réunir des approvisionnements pour un corps de 15,000 hommes, ainsi que le lui avait ordonné le major-général.

Le 3 novembre, ne voyant pas arriver les secours que lui avait promis le maréchal Victor, et sentant que sa position devenait chaque jour plus difficile, il avait dirigé sur Smolensk les ambulances et les administrations, sous l'escorte de 200 hommes. D'un autre côté, comme il ne négligeait pas l'exécution de l'ordre du major-général, et qu'il tenait sans cesse des détachements en campagne pour faire rentrer les contributions, il avait envoyé à cette date 200 hommes vers Souraj, de manière que les seules forces qui lui restaient à Witepsk se réduisaient au bataillon de Berg. Le 6, il avait reçu avis par le général Castex, commandant la cavalerie légère du 2e corps, que, si l'armée s'éloignait encore, il en serait prévenu, et qu'alors il pourrait faire sa retraite sur Smolensk par Roudnia. Toutes ces circonstances lui faisant un devoir de redoubler de surveillance, pour être instruit sans retard de nos mouvements et de ceux de l'ennemi, il expédia à Ostrowno, où il avait des intelligences, un officier d'état-major avec ses 5 hussards, il envoya ses 12 gendarmes en reconnaissance sur les routes de Polotsk et de Ghorodok, et il plaça une forte garde en avant du pont sur la Dwina; ce pont devait être brûlé au besoin.

Malgré ces mesures fort bien entendues, il ne fut pas mieux instruit de ce qui se passait. Le général Castex ne lui donna point l'avis qu'il lui avait promis, ou cet avis ne lui parvint pas; l'officier d'état-major fut pris dans une auberge où il buvait son café, et l'officier des troupes de Berg, de garde sur la rive droite de la Dwina, se laissa surprendre le 7 au matin; le général Pouzet y accourut avec une compagnie de voltigeurs, et, après un combat assez vif, dans lequel le capitaine des voltigeurs fut tué, il repoussa l'ennemi et mit le feu au pont. Cette attaque sur la rive droite lui faisant bien juger qu'il ne tarderait pas à être assailli par la rive gauche, il envoya vers Ostrowno un détachement de 100 hommes, sous les ordres de l'adjudant-commandant Chavardu, pour surveiller les débouchés de cette route et rallier les postes qui s'y trouvaient; en même temps il évacua Witepsk et prit position à peu de distance, afin d'attendre le retour de ses détachements. Il apprit bientôt, par quelques soldats fugitifs, que le commandant Chavardu était tombé entre les mains de l'ennemi avec tout son monde, et alors il pensa sérieusement à effectuer sa retraite; il n'avait certainement rien de mieux à faire, mais on lui avait fait perdre du temps; il fut atteint à Falcovitschi par le corps du général Laharpe, fort de 3,000 hommes; le carré qu'il avait formé avec ses 300 soldats fut entamé et sabré, et lui-même fait prisonnier. Dans cette occasion, les juifs de Witepsk montrèrent leur zèle pour les Russes, car ils se hâtèrent de travailler à éteindre l'incendie du pont, lorsque nos troupes avaient à peine quitté la ville.

Cependant le duc de Reggio avait rejoint son corps, et l'Empereur ayant envoyé le 6 novembre, de son quartier général de Mikalewka, au duc de Bellune, l'ordre de reprendre l'offensive avec vigueur et de chasser Wittgenstein derrière la Dwina, les deux maréchaux se concertèrent, et il fut résolu que l'on marcherait sur Smoliani par Tschréia et Lukoml. Après avoir battu et dispersé quelques détachements isolés, ils parurent devant Smoliani le 13, et le lendemain ils y attaquèrent l'avant-garde russe et la repoussèrent derrière la Lukomlia. A la suite de ce premier succès, et de plus en plus pressés par les ordres réitérés de Napoléon, ils résolurent d'attaquer Wittgenstein dans sa position de Tschachniki. Le maréchal Victor devait le déborder par ses deux ailes, tandis que le maréchal Oudinot le contiendrait sur son centre. En conséquence, la division Partouneaux passa l'Ula et se porta au-dessus de Tschachniki, pendant que le reste du 9ᵉ corps opérait sur la droite de l'ennemi ; mais ce mouvement était à peine commencé, que le duc de Reggio, effrayé de l'isolement où il restait vis-à-vis de l'armée russe, et craignant d'être accablé, fit prier Victor à plusieurs reprises de revenir sur ses pas, en déclarant qu'il rejetterait sur lui toute la responsabilité des événements. Pendant ce temps, Wittgenstein, inquiet de nos manœuvres, avait fait divers détachements pour s'y opposer; le combat s'engagea et dura tout le jour sans aucun résultat marquant. Durant la nuit qui suivit, le duc de Bellune rappela la division Partouneaux, réunit son corps à Smoliani et commença sa retraite ; il s'arrêta derrière la petite rivière de Svetscha, à Oulianovitschi, près de Sienno ; le 2ᵉ corps se porta sur la route de Bobr.

Au milieu de ces tergiversations, les ordres de l'Empereur n'avaient pas été exécutés, et les deux maréchaux craignaient le danger personnel attaché à cette désobéissance ; il leur importait beaucoup de la justifier, mais il leur était fort difficile de trouver des raisons plausibles et surtout de s'entendre ensemble. Dans cet embarras, ils feignirent de se donner une preuve de confiance et se communiquèrent leurs rapports, dont ils parurent réciproquement satisfaits ; mais, rentrés chez eux, ils se hâtèrent de les refaire, et, dans ce nouveau travail qui fut envoyé à l'Empereur, ni l'un ni l'autre n'oublia de se justifier aux dépens de son collègue, et de le charger de tous les torts qui avaient fait échouer l'entreprise. Napoléon, en recevant ces rapports à Orcha, ne sut trop que penser de leurs contradictions ; cependant, comme il avait plus de confiance dans Oudinot, il ajouta foi à son récit et dit au colonel qui en avait été le porteur : « *N'est-ce pas que c'est Victor qui n'a pas voulu se battre? J'en étais sûr!* » (1)

Le 19 novembre, le 9ᵉ corps quitta sa position et se porta sur Tschereia, où il arriva le 22 ; comme à cette

---

(1) Je tiens ces détails d'un témoin oculaire, qui y avait joué un rôle, le général Letellier, alors aide de camp du maréchal Oudinot, et qui plus tard fit la campagne de Dresde sous mes ordres.

époque les troupes revenant de Moscou étaient à To-lotschin, la réunion se trouva faite, et désormais les mouvements des 2e et 9e corps seront confondus avec ceux de la Grande Armée.

OPÉRATIONS DU 10ᵉ CORPS

EN COURLANDE.

SOMMAIRE : Tentatives du gouverneur de Riga sur Mittau. — Combat de Garosen. — Retraite des Russes. — La division Steinheil passe sur la rive droite de la Dwina.

Depuis le combat de Schlokhof, le 27 août, ce corps avait été parfaitement tranquille jusque vers la fin de septembre ; mais alors la division Steinheil étant arrivée de la Finlande, le gouverneur de Riga voulut profiter de sa présence pour faire une tentative sur Mittau. En conséquence, il dirigea une partie de ses forces contre cette ville par Olaï, pendant qu'une autre division marchait sur Banske et s'avançait jusqu'à Garosen ; mais les Prussiens, s'étant réunis, vinrent l'y attaquer. Le combat fut fort insignifiant, on perdit quelques hommes de part et d'autre, et, à la faveur de la nuit, les Russes, qu'un détachement de la division Grandjean menaçait de prendre en flanc, se retirèrent sur Dalben-Kirchen. Quant au corps qui s'était porté sur Mittau, il surprit la ville et y fit une cinquantaine de prisonniers; ensuite il se replia derrière la Dwina, et Steinheil continua sa marche par la rive droite de cette rivière, pour se réunir à Wittgenstein.

Le maréchal Macdonald fut témoin de ce mouvement et le laissa exécuter trop patiemment. Comme il est impossible de lui faire l'injure de penser qu'il n'en prévît pas les conséquences, on est réduit, ainsi que je l'ai dit précédemment, à chercher la cause de cette inaction, qui risquait de faire écraser le corps de Saint-Cyr et de compromettre le salut de l'Empereur, dans l'esprit de personnalité coupable qui rendait les maréchaux indifférents au sort de leurs collègues. Macdonald regardait donc le passage de Steinheil sur la rive droite de la Dwina avec autant d'insouciance que s'il n'eût pas marché contre une armée française.

OPÉRATIONS DU CORPS AUSTRO-SAXON.

SOMMAIRE : Retraite derrière le Bug. — Marche offensive des Russes. — Leur mouvement sur Minsk et la Bérésina. — Combats de Novosverjin, de Koïdanow et de Borisow. — Marche de Schwartzenberg sur Slonim. — Combats de Lapenitza et de Wolkowisk. — Retraite du général Sacken derrière la Muchawetz.

Nous avons laissé vers la fin d'août les Russes derrière le Styr et les Austro-Saxons en face, vers Kiselin et Lokaczy, ayant une division à Pinsk et à Ratno. C'est dans cette position du Styr que l'armée de Moldavie se réunit à celle de Thormassow vers la mi-septembre, c'est-à-dire au moment où nous entrions à Moscou. Ces deux armées réunies s'élevaient au delà de 50,000 hommes. L'armée austro-saxonne ne dépassait guère 40,000.

A cette même époque, le général Dombrowsky, chargé d'observer et de resserrer la garnison de Bobruisk, ayant été renforcé de quelques troupes lithuaniennes, avait porté un corps d'environ deux mille hommes à Glusk, et poussé ses postes jusqu'à Ghorbatschevitschi, sur la route de cette forteresse. Mais le général Hertel, qui commandait une réserve à Mozyr, et qui jusquelà était resté spectateur impassible des événements, eut envie d'y prendre quelque part et de venir au secours de la place. Il fit deux divisions de son corps, en dirigea une sur Pinsk, et, se mettant à la tête de la deuxième, se porta sur Glusk; il y arriva le 14, attaqua le détachement du général Dombrowsky, le força à se retirer sur Swislotsch, et, content de son succès, retourna à Mozyr, où il fut rendu le 22. Sa 1re division, portée sur Pinsk, avait trouvé les Autrichiens à Loghichin; ceux-ci, après avoir coupé le pont de la Jasiolda, se replièrent à Pinsk et à Lioubachevo.

Cependant les généraux Thormassow et Tchitchagow, malgré les ordres réitérés et contradictoires de Kutusow, se disposaient à profiter de leur supériorité numérique pour prendre l'offensive. Le 20 septembre, Schwartzenberg, s'étant assuré de leur jonction, commença sa retraite par Wladimir et Turisk; il la continua par Lubolm, où il laissa une arrière-garde saxonne, et, le 29, il repassa le Bug sur les points d'Opalin et de Wlodawa; la division autrichienne, qui était restée à Ratno, se retira à Bialistock par Kobrin et Prujani. Le 22, les deux armées russes passèrent le Styr sur quatre colonnes et se mirent à la recherche des Austro-Saxons; bientôt l'arrière-garde laissée à Lubolm fut attaquée et poussée de façon que l'amiral Tchitchagow acquit la certitude que Schwartzenberg avait passé le Bug; il se dirigea alors sur Brestlitow. Ce fut pendant le cours de cette opération qu'il reçut de l'Empereur Alexandre des instructions pour sa conduite ultérieure. Parmi beaucoup de choses impraticables, et je dirais presque absurdes, que renfermaient ces instructions, on y trouvait clairement exprimé l'ordre de couper de Minsk et du reste de l'armée les corps de Reynier et de Schwartzenberg, et d'occuper cette même ville de Minsk, ainsi que Borisow et le cours de la Bérézina, afin de donner la main à Wittgenstein sur Dockchitsi.

L'amiral ayant donc appris que l'armée austro-saxonne avait repassé le Bug, qu'elle avait pris poste en avant de Brestlitow, la droite à la Muchawetz, la gauche vers la Lesna, et qu'elle couvrait son front d'une ligne de redoutes, se persuada que le général autrichien voulait tenter le sort des combats. En conséquence, le 6 octobre, il réunit ses troupes sur Boulkow, et ordonna à la division qu'il avait envoyée à la suite du corps autrichien qui se retirait vers Bialistock de revenir sur Tschernavtschitschi, pour menacer le flanc gauche de Schwartzenberg. Le 10, il fit passer la Muchawetz à son armée, et le 11, à la pointe du jour, il se mit en mouvement pour attaquer son adversaire, mais il trouva la position évacuée. Le prudent général autrichien avait profité de la nuit et d'un brouillard pour se replier derrière le Bug ; il continua sa marche rétrograde pendant vingt-cinq lieues jusqu'à Wengrow, sur la route de Varsovie.

Le général russe donna quelques jours de repos à ses soldats, tandis que, d'un autre côté, il mettait le

Grand-Duché à contribution par ses partis, et que de l'autre, il en poussait jusqu'à Slonim. Ils surprirent et enlevèrent un régiment lithuanien, qui s'y formait sous les ordres du général Kanopka. En thèse générale, tout officier qui se laisse surprendre mérite d'être blâmé, mais dans cette circonstance le général Kanopka semble excusable : il devait se croire parfaitement à couvert, et par la distance, et par la position intermédiaire du corps autrichien. C'était au prince de Schwartzenberg à le prévenir qu'il laissait tout le pays à la discrétion des Russes ; mais celui-ci ne se préoccupait guère d'un pareil souci, et, tranquille dans son camp de Wengrow, il voyait avec impassibilité la dévastation du territoire polonais. Le général Reynier, moins apathique, obtint de lui la permission de se rendre à Biala pour s'opposer à ces courses ; il y fut attaqué par une division russe et la battit ; cependant l'ennemi ayant réuni des forces capables de l'écraser, il fut obligé de se retirer sur le gros de l'armée.

Nous ferons peu de réflexions sur la conduite du général autrichien; ses étranges promenades militaires s'expliqueraient difficilement, si elles n'étaient la suite des ordres de son cabinet, dont la campagne de 1813 a mis les secrets à découvert. Sans cela, et malgré le proverbe héréditaire attaché à la grande maison de Schwartzenberg(1), sa conduite serait absolument in-

---

(1) Esel wie ein Schwartzenberg.

explicable, car il n'est pas possible de supposer qu'il ne voyait pas toutes les conséquences de sa retraite sur le Grand-Duché. Comme il avait au moins quatre marches d'avance sur l'amiral, et qu'il se trouvait dans un pays qui, par ses rivières, ses bois, ses marécages, présentait une foule d'obstacles naturels dont il était très-facile de tirer parti, il est évident qu'il pouvait, sans s'exposer à aucun hasard fâcheux, se porter sur le point le plus favorable qu'il lui aurait convenu de choisir, pour couvrir Minsk et les derrières de la Grande Armée, ainsi que les ordres formels et les instructions réitérées de Napoléon le lui prescrivaient impérieusement. Et si, de plus, il eût joint à la bonne volonté l'activité indispensable à la guerre, le corps russe, qui s'était avancé au delà de Prujani à la poursuite d'une des divisions autrichiennes, aurait été gravement compromis, et sa défaite aurait rétabli l'équilibre des forces au profit des Austro-Saxons. Je ne doute pas que le général Reynier ne jugeât parfaitement les véritables intentions du prince de Swartzenberg, et qu'il ne se fût séparé de lui, s'il n'avait craint que cette séparation n'amenât de plus grands malheurs, dont on n'aurait pas manqué de le rendre responsable.

Le 27 octobre, le général russe, dont les troupes étaient reposées, fit ses dispositions pour se porter sur la Bérésina, afin de donner la main à Wittgenstein et de fermer la retraite à l'Empereur, qui venait de quitter Moscou. Il laissa sous les ordres du général Sacken un corps d'environ 30,000 hommes, pour observer l'armée autro-saxonne, et se dirigea lui-même avec le reste de son armée sur Minsk, par Neswij. Son départ offrait à Schwartzenberg une belle occasion de réparer toutes ses fautes. Renforcé de la division Durutte, il était bien supérieur aux forces ennemies qui restaient devant lui : il pouvait donc profiter de l'éloignement de Tchitchagow pour tomber sur le général Sacken, le bien battre et ensuite se porter rapidement sur les derrières de l'amiral, qui sans doute ne l'eût pas attendu. C'était ainsi qu'en Suisse, sur la Limmath, dans la campagne de 1799, Masséna, profitant avec habileté de l'éloignement du prince Charles, avait attaqué les Russes avant la jonction de Suwarow et les avait anéantis. Telle n'était pas sans doute la volonté du général autrichien ; cependant son inaction n'ayant plus de prétexte, il repassa le Bug, mais, au lieu d'attaquer le général Sacken, il se porta par Bialistok sur Slonim, où il arriva le 13 novembre, c'est-à-dire cinq jours après que Tchitchagow en était parti.

Le corps saxon et la division Durutte formaient son arrière-garde ; ils n'étaient arrivés qu'à Lapenitza, c'est-à-dire qu'ils étaient éloignés de deux grandes journées du corps autrichien ; c'était une faute grave dont le général Sacken s'aperçut et voulut profiter. Bien qu'il lui fût très-inférieur en nombre, Reynier repoussa d'abord toutes ses attaques, il eut même des succès contre sa cavalerie ; mais n'ayant pu chasser l'infanterie russe d'un bois où elle avait pris position, il se replia sur Wolkowisk et prévint le prince de Schwartzenberg du danger auquel il était exposé. Il fut suivi par l'ennemi, et, dans la nuit du 14 au 15, ses avant-postes s'étant laissé surprendre, il se vit obligé de passer la Rossa et par là se trouva coupé des Autrichiens. Le 16, Sacken l'assaillit dans cette nouvelle position et dirigea ses principaux efforts contre sa gauche, mais ils furent inutiles, et le général saxon Gablentz ayant fait à propos quelques charges de cavalerie, les Russes furent obligés de se retirer. Cependant ils se disposaient à renouveler le combat, lorsqu'ils furent attaqués eux-mêmes par l'avant-garde autrichienne. Averti par le canon du secours qui lui arrivait, Reynier sortit de ses retranchements et se jeta sur la gauche de l'ennemi, pendant que les Autrichiens abordaient la droite. Battu sur tous les points, Sacken se hâta de faire sa retraite ; poursuivi le 17 par la cavalerie et mis dans le plus grand désordre, il précipita sa marche sur Kobrin par Cherchew, en faisant couper tous les ponts. Il avait perdu dans ces deux journées 6,000 hommes dont 3,000 prisonniers, et plusieurs pièces de canon.

Ce jour-là, 16 novembre, la Grande Armée était à Krasnoï et l'avant-garde de Tchitchagow entrait à Minsk ; cependant tout pouvait encore se réparer. Sacken avait été si maltraité qu'il n'était plus du tout à craindre : si donc Schwartzenberg eût fait volte-face et marché en diligence sur Minsk, il eût pu y arriver facilement du 26 au 28, c'est-à-dire au moment où nous passions la Bérésina. Mais, au lieu d'obéir aux injonctions qu'il avait reçues à ce sujet du duc de Bassano au nom de l'Empereur, il persista à poursuivre le corps de Sacken jusqu'au delà de la Muchawetz, le détruisit, lui fit perdre plus de 12,000 hommes et lui prit toute son artillerie. A quoi pouvait servir ce succès ? A rien absolument : il nous était même plus funeste qu'aux Russes, puisqu'il nous privait dans l'instant le plus critique d'un renfort de plus de 40,000 hommes et qu'il pouvait décider l'anéantissement de la Grande Armée. En vérité, quand on considère les manœuvres du général autrichien et sa désobéissance perpétuelle aux ordres les plus précis, on ne peut se défendre de l'idée que sa cour, déjà secrètement d'accord avec la Russie, lui avait prescrit les mesures qu'elle croyait les plus propres à amener notre destruction totale, et surtout la mort ou la captivité de Napoléon (1). On peut aussi s'étonner que le duc de Bassano, qui ne pouvait se faire illusion sur les dispositions du prince de Schwartzenberg, n'eût pas fait connaître au général Reynier les ordres qu'il adressait à son supérieur, et ne lui eût pas commandé de se porter, au moins lui avec ses troupes, sur Minsk, si les Autrichiens ne voulaient pas s'y décider.

---

(1) Dans un des numéros du *Beobachter*, journal officiel autrichien, se trouve un aveu de ces trahisons. On s'y vante d'avoir ourdi et mené à bien le complot de la perte de Napoléon, *sous le masque de l'alliance et de l'amitié* (1ᵉʳ semestre de 1824).

Dès que le mouvement rétrograde de Schwartzenberg avait été connu à Wilna, on avait compris facilement que Tchitchagow en profiterait pour venir se placer sur les communications de l'armée, et le duc de Bassano s'était hâté de prévenir le gouverneur de Minsk, pour qu'il prît les mesures nécessaires à la conservation d'une place si précieuse par ses magasins, ses hôpitaux, et surtout par sa position. Celui-ci, pour ne pas trop se dégarnir de troupes, demanda un régiment au général Dombrowsky ; il y joignit un bataillon de Wurtembergeois et un détachement de cavalerie avec deux pièces de canon, et ayant fait du tout un corps de moins de 3,000 hommes, il l'envoya prendre position à Novo-Sverjin. L'établissement de cette petite troupe en avant du Niémen, qu'elle devait défendre, est si contraire à tous les principes de l'art militaire et à toutes les notions du bon sens, que le général Kochetzky, qui la commandait, serait sans excuse d'avoir pris une telle position, si elle ne lui eût été formellement assignée. Il y fut attaqué par l'avant-garde russe et poussé si vivement qu'il n'eut pas même le temps de couper le pont ; il se retirait sur Minsk pour se joindre au général Dombrowsky, qui s'y rendait par Ighoumen, lorsqu'il reçut l'ordre de s'arrêter à Koïdanow. Vainement assura-t-il que toute l'armée ennemie marchait sur lui, le gouverneur s'obstina à ne croire qu'à la présence d'un parti de Cosaques, et c'est dans ce sens qu'il rendait compte des événements au major-général.

En attendant les Russes avançaient, ils attaquèrent de nouveau le général Kochetzky à Koïdanow et le défirent complétement; ses deux pièces furent prises et deux bataillons lithuaniens de nouvelles levées mirent bas les armes. L'ennemi était aux portes de Minsk, et le gouverneur, persistant dans son aveuglement, affirmait au général Dombrowsky, que son zèle avait engagé à précéder ses troupes, qu'il était en mesure de défendre la place. En même temps il en donnait l'assurance au major-général, et pourtant deux heures après il l'avait évacuée : l'armée russe y entra le 16. La prise de cette ville importante ne laissait plus de doute sur les forces et les projets de Tchitchagow; aussi le général Dombrowsky, pénétré du danger que courait l'Empereur, accélérait sa marche sur Borisow. Il prévint le gouverneur de Minsk, qui s'y était retiré avec le reste de sa garnison, qu'il arriverait pendant la nuit à la tête du pont, et en effet il y arriva; mais n'ayant trouvé personne pour lui indiquer les points à occuper, il choisit, au milieu de l'obscurité, un endroit propre à bivouaquer en attendant le jour, et se plaça entre Borisow et Stachowa. Le régiment qui faisait son arrière-garde ne put le rejoindre de ce côté de la Bérésina, il la passa plus tard à Oukholoda et fit sa jonction sur la rive gauche.

Au milieu de circonstances aussi critiques, le gouverneur, réfugié à Borisow, oubliait les précautions les plus ordinaires; non-seulement il n'avait pas réparé les retranchements que les Russes avaient élevés au commencement de la campagne, mais il ne les faisait même pas occuper; à peine avait-il quelques postes sur la route de Minsk, et on s'y gardait fort négligemment. Le 21, à la pointe du jour, la tête de pont fut assaillie; les troupes qui la défendaient, étant surprises, firent peu de résistance, et l'ennemi serait entré dans la place, si un bataillon wurtembergeois ne s'était jeté dans les retranchements. En même temps la division Dombrowsky était attaquée et séparée du pont; elle eût été perdue si son chef n'eût eu autant de talent que de résolution. Appréciant rapidement l'imminence du danger qui le menaçait, il porta tous ses efforts sur sa gauche contre le corps qui l'avait coupé, le battit après une lutte aussi longue qu'opiniâtre, et gagna vers midi la tête de pont, où il se défendit jusqu'à cinq heures du soir avec moins de 5,000 hommes contre plus de 16,000; ensuite il repassa le pont et prit position à Nemonitza. Dans cette affaire, les Polonais eurent 1500 hommes hors de combat, dont 500 tués; les Russes avouèrent y avoir perdu 2,000 morts; parmi les blessés se trouvait le général Lambert, qui commandait leur avant-garde.

Cependant le maréchal Oudinot, à qui Napoléon avait prescrit, dès le 18, de marcher sur Minsk et de s'assurer du poste important de Borisow, était déjà parvenu à Lochnitza; il espérait atteindre Borisow le jour même, lorsqu'il apprit que le général Dombrowsky avait été battu et que l'armée russe occupait ce point si nécessaire à notre passage : à cette nouvelle, il se hâta de se réunir à la division polonaise à Nemonitra.

Le 23 (1), l'avant-garde ennemie s'avança par la route de Bobr et engagea vivement le combat, mais elle fut battue et rejetée derrière la Bérésina, après avoir perdu tous ses bagages et 700 prisonniers; elle avait eu le temps de couper le pont. Ce jour-là, la Grande Armée arrivait à Bobr.

Qu'il me soit permis en finissant d'appeler de nouveau l'attention du lecteur sur la conduite du gouverneur de Minsk. Elle a été le sujet de beaucoup de réflexions opposées; tandis que les uns n'y ont vu que la suite d'une grande incapacité, les autres l'ont au contraire considérée comme le résultat d'un système réfléchi de trahison. J'avais d'abord partagé cette opinion, mais de nouveaux renseignements m'ont fait revenir au premier avis. Le général Bronikowski n'était pas un traître, c'était seulement un officier médiocre, et qui n'avait dû son avancement qu'à la faveur; mais, de toute façon, sa conduite nous a été très-funeste, elle pouvait même causer notre ruine entière. Sans doute il était hors d'état, avec sa garnison, de résister aux forces ennemies; mais s'il eût prévenu à temps Dombrowski du péril auquel il était exposé, ce général, aussi patriote qu'il était éclairé, au lieu de n'envoyer qu'un régiment à Minsk, se serait porté lui-

---

(1) Le *Moniteur* dit le 24 : je n'ose affirmer le contraire.

même vers le Niémen et y aurait arrêté les Russes assez de temps pour que la Grande Armée arrivât sur la Bérésina, car elle n'en était éloignée que de trois petites journées, lorsque l'ennemi s'empara de Borisow. D'un autre côté, on se demande comment M. de Bassano, qui connaissait toute l'importance de Minsk, ne fit pas marcher la division Loison au secours de cette place; depuis que le corps de Steinheil s'était réuni à Wittgenstein, cette division n'était plus nécessaire à Wilna, et, dans tous les cas, ce qu'il y avait de plus pressé à faire dans un moment aussi critique, c'était à coup sûr de favoriser la retraite de l'armée, en débarrassant sa route de tous les obstacles que l'ennemi pouvait lui susciter. Or, assurément, la conservation de Minsk et surtout la défense vigoureuse du pont de Borisow étaient les moyens les plus propres à obtenir ce résultat. Mais il ne paraît pas que personne s'en soit douté, du moins rien ne l'indique; car à l'absence de toute mesure contre une agression imminente se joignait la négligence la plus punissable dans le service, comme on l'a vu au moment de l'arrivée du général Dombrowski. Je ne peux m'empêcher de penser que, si ce général eût été convenablement établi, dès la nuit même, sur la rive gauche de la Bérésina, il eût conservé la tête de pont et réparé ainsi toutes les fautes qui avaient été commises. J'ai anticipé, comme on voit, sur les événements, pour n'en point rompre le fil; il est temps de retourner à Moscou.

OPÉRATIONS DU CENTRE DE L'ARMÉE.

SOMMAIRE : Départ de Moscou. — Combats de Maloïaroslawetz, de Wiasma, de Krasnoï et de la Bérésina. — Passage de cette rivière. — Évacuation de la Lithuanie. — Retraite sur l'Oder et sur l'Elbe.

Nous avons laissé, au commencement d'octobre, l'armée russe dans son camp retranché derrière la Nara, entre Tarutino et Letachevo. A cette époque, l'armée française était placée de la manière suivante : la Garde, les 1er, 3e et 4e corps à Moscou ; la cavalerie du roi de Naples, le 5e corps (Polonais), et la légion de la Vistule, aux environs de Vinkovo, en face de l'ennemi ; le 8e corps (Westphaliens), à Mojaïsk, occupant Vereïa, enfin, le 9e corps, sous les ordres du duc de Bellune, à Smolensk, où il était arrivé le 29 septembre. Le général Baraguey-d'Hilliers était gouverneur de cette ville et faisait garder par des bataillons de marche Elnia et quelques autres points de cette route (1).

Dans les premiers jours de l'occupation de Moscou, chacun avait pourvu assez facilement à sa subsistance. Malgré l'incendie, on avait trouvé des farines, et les moulins, restés intacts, servaient à moudre les grains que l'on découvrait journellement; d'un autre côté, de petits détachements, et même des hommes isolés, se répandaient dans la campagne et en rapportaient des légumes frais, de la paille et du foin, sans éprouver aucune résistance de la part des paysans. Mais, plus tard, les premiers villages étant épuisés, il fallut étendre le rayon des recherches, les fourrages ne se firent plus sans danger, et tous les jours, des hommes et des chevaux étaient enlevés par les Cosaques. On fut alors obligé de faire accompagner les fourrageurs par des détachements considérables, et, dans le but d'élargir le cercle où l'on se mouvait et d'écarter les partis ennemis, on porta le 4e corps sur Dmitrow et le 3e sur Boghorodsk. Ces mesures eurent le succès qu'on désirait, et les subsistances redevinrent momentanément plus abondantes. Cependant, malgré ces précautions et quoique les Cosaques s'éloignassent d'habitude en toute hâte à l'apparition de quelques baïonnettes, les

---

(1) Il fut remplacé bientôt à Smolensk par le général Charpentier; alors il se porta lui-même sur la route d'Elnia et prit le commandement des troupes qui y étaient établies.

fourrages étaient souvent troublés et produisaient peu de ressources ; le pays épuisé ne nous offrait plus guères que de la paille, et les chevaux d'artillerie et de cavalerie, réduits à cette nourriture insuffisante, dépérissaient chaque jour au lieu de se refaire. Il eut été pourtant facile de leur en fournir une plus substantielle, car l'avoine ne manquait pas ; mais, par une inconséquence difficile à expliquer, on la conservait soigneusement dans des magasins qui furent livrés aux flammes quand on partit.

Au reste, on était loin de jouir de cette espèce de sécurité le long de notre ligne d'opérations ; tant que l'armée russe se maintint sur la Packra, le général Kutusow jeta sur nos derrières des nuées de Cosaques pourvus de canons, qui rendirent fort périlleuses nos communications avec Smolensk. Ils enlevèrent d'abord plusieurs petits convois et même un détachement de cavalerie de la Garde, puis, enhardis par ces succès, ils osèrent attaquer un convoi considérable, quoiqu'il fût escorté par la brigade de Jeune-Garde du général Lanusse. Ils furent repoussés à la vérité et se retirèrent dans les bois, mais deux escadrons de marche, qui faisaient partie de ce convoi, s'étant enfoncés dans les terres pour y chercher des subsistances, se laissèrent surprendre pendant la nuit et furent enlevés. Enfin, des troupes échelonnées sur cette route et l'éloignement des Russes mirent fin à ces entreprises.

Cependant la mauvaise saison approchait, et les espérances de l'ennemi augmentaient à mesure que les nôtres diminuaient. Kutusow, qui connaissait l'avantage que les circonstances lui donnaient, faisait, le 12 octobre, à son souverain, un rapport qui, à quelques exagérations près, retraçait un tableau assez exact de la situation des deux armées : la sienne, disait-il, se renforçait, les régiments recevaient des recrues, les blessés rentraient dans les rangs. la cavalerie se refaisait et les subsistances étaient abondantes dans son camp ; passant ensuite à la nôtre, il ajoutait : qu'éloignée des lieux de sa domination, elle s'affaiblissait journellement, que ses subsistances étaient difficiles et rares, qu'elle était entourée par les partis russes, que ses communications étaient coupées, que ses fourrages ne se faisaient qu'à l'abri de forts détachements, et il concluait, avec assez de vraisemblance, que nous étions peut-être venus chercher notre tombeau à Moscou.

De son côté, Napoléon, qui ne se faisait plus illusion sur le véritable état des choses et sur les intentions secrètes de ses ennemis, et qui sentait la nécessité de se rapprocher de ses magasins et de ses ailes, prenait les mesures nécessaires pour faire sa retraite. Son départ avait été d'abord fixé au 13 octobre, mais il fut retardé de quelques jours. Cependant, dès le 15, une division du 4ᵉ corps se porta vers Fominskoï, sur la route de Borovsk; les malades et les blessés furent dirigés sur Smolensk, ainsi que les trophées pris à Moscou ; environ 3,000 soldats russes, restes de 8 à 9,000 qui avaient été trouvés, comme je l'ai dit, dans cette capitale, furent envoyés par la même route, sous la conduite d'un régiment portugais : enfin, tout fut disposé de manière que l'armée n'eût plus à attendre que le signal du départ. Il fut donné le 18 octobre, vers midi : l'Empereur passait une revue dans le Kremlin, et Berthier s'efforçait de paraître gai (1); tout à coup le vice-roi fut appelé, reçut des ordres et, quelques heures après, quitta la ville avec le reste de son corps.

Le même soir, nous apprîmes que l'ennemi avait passé la Nara, qu'il avait surpris à Vinkovo la division Sébastiani (2) et que le roi de Naples avait couru les plus grands dangers. En effet, sans dénoncer l'espèce d'armistice convenu entre les commandants des avant-postes, le général Benningsen, l'un des assassins de Paul, profitant de la sécurité où était Murat, avait pris ses mesures pour le surprendre. Il le fit attaquer à l'improviste sur toute sa ligne par les 2e, 3e et 4e corps d'infanterie russe, pendant qu'une colonne de cavalerie, précédée d'un essaim de Cosaques, tournait sa

---

(1) Le général Roguet, colonel en second des grenadiers de la Garde, plus au fait que moi des artifices des Cours, me dit ce jour-là : « On a l'air de rire ; il y a de mauvaises nouvelles ! »

(2) On a pu remarquer que, dans cette campagne, Sébastiani se laissa surprendre trois fois : sa belle-mère, Mme de Coigni, disait plaisamment à ce sujet : « Mon gendre me mène de surprise en sur-
« prise. »

gauche, à l'abri d'un bois qu'on avait négligé d'occuper : cette dernière attaque réussit, les troupes, prises au dépourvu, furent battues, et le général Sébastiani perdit une bonne partie de son artillerie. Le roi de Naples, averti du désordre de sa gauche, s'y était porté rapidement, avait chargé les colonnes ennemies et les avait renversées. Cependant Benningsen, voyant le mouvement de Murat, avait fait soutenir sa droite par son 3e corps d'infanterie ; mais ce secours arriva trop tard : le roi de Naples avait lancé les carabiniers contre la tête de colonne du 3e corps russe et l'avait obligé à se retirer. C'est dans cette charge qu'il perdit à ses côtés le général Déry, l'un de ses aides de camp. A la droite et au centre, le prince Poniatowsky soutenait le combat avec avantage; il avait repoussé les attaques du 4e corps russe, et contenu celles du 2e; de sorte que le général Benningsen, convaincu de l'inutilité de ses efforts et de l'impossibilité de s'emparer du défilé de Voronovo, se décida à la retraite : il repassa la Nara et rentra dans son camp. Ce combat sanglant coûta beaucoup de monde aux deux partis; les Russes perdirent les généraux Baggavout et Müller, et les Français, les généraux Déry et Fischer.

Le 19, l'Empereur quitta Moscou, emmenant avec lui la Vieille-Garde et les 1er et 3e corps ; il se dirigea par la route de Kalougha, que couvrait Kutusow. Un auteur anglais, qui a fait cette campagne dans l'armée russe, en porte la force à 100,000 hommes, quand elle quitta son camp de la Nara : à cette époque, la nôtre ne pouvait être évaluée à plus de 70 ou 75,000 hommes. Comme elle n'avait reçu, depuis son entrée à Moscou, que quelques faibles détachements d'infanterie et quelques régiments de cavalerie, les corps qui y avaient séjourné se retrouvaient à leur départ presque de la même force qu'à leur arrivée, les pertes et les gains s'étant à peu près balancés; mais la cavalerie du roi de Naples, le 5ᵉ corps et la légion de la Vistule, qui avaient livré plusieurs combats et qui venaient de soutenir celui de Vinkovo contre un ennemi très-supérieur, avaient éprouvé des pertes considérables, et, par conséquent, nos forces devaient être plutôt diminuées qu'augmentées. Quelques corps étaient réduits presque à rien : les Wurtembergeois, par exemple, ne comptaient pas plus de cent cinquante baïonnettes.

L'Empereur avait laissé dans le Kremlin la division de la Jeune-Garde, faisant environ 3,600 hommes, le 12ᵉ régiment de lanciers, fort de 400 chevaux, et 1200 ou 1400 cavaliers démontés, qu'on avait armés de fusils et organisés en bataillons, et qui avaient été mis sous les ordres du général Charrière, ancien colonel du 57ᵉ. Le maréchal Mortier était chargé du commandement de ces troupes ; il devait faire l'arrière-garde et partir le 21, mais il différa son départ jusqu'à la nuit du 22 au 23, après avoir reçu l'ordre de détruire le Kremlin. Il était de mœurs fort douces et doué de toutes les vertus civiles, aussi n'exécuta-t-il cet ordre rigoureux qu'avec regret et répugnance; il répétait souvent avec amertume : « Pourquoi moi plutôt qu'un autre ? »

Le Kreml ou Kremlin, ancienne habitation des Tzars, était une espèce de forteresse triangulaire, flanquée de tours. La Moskowa baignait au midi le côté opposé au sommet du triangle, et qui avait 350 toises de long; sur la face orientale, longue de 420 toises, et sous la protection de ses remparts, était bâti le quartier marchand, appelé le Kitay-Ghorod ou Ville-Chinoise, et environné lui-même d'un rempart garni de tours; enfin, une esplanade séparait du reste de la ville la face occidentale, plus grande que les autres et présentant un développement de près de 500 toises. A proprement parler, le Kremlin eût été un trapèze plutôt qu'un triangle, mais un des côtés de ce trapèze était si petit, qu'on pouvait n'y faire aucune attention. Les bâtiments les plus remarquables renfermés dans le Kremlin étaient le palais des Tzars, construit en bois, mais recouvert d'un enduit, et la tour Ivan-Veliki, dont le dôme, recouvert en cuivre doré, était surmonté d'une croix énorme, qu'on disait être en argent doré. On la descendit pour l'emporter comme un des trophées de la conquête, mais il se trouva qu'elle était en bois recouvert d'une lame très-mince d'argent doré; d'ailleurs, elle s'était brisée dans l'opération, de sorte que toute la peine prise à ce sujet devint inutile. On trouvait encore dans le Kremlin quelques autres églises, deux grands édifices modernes, dont l'un était, disait-on, le palais du sénat, et l'autre celui des archives, un arsenal et quelques autres constructions moins considérables. On y voyait la fameuse cloche, dont parle Voltaire dans son *Histoire de Pierre le Grand*. Il ne paraissait pas qu'elle eût jamais servi, car elle était cassée et à demi enterrée dans le trou où elle semblait avoir été fondue. On remarquait encore quelques pièces d'artillerie d'un calibre extraordinaire, mais qui ne pouvaient être que des objets de curiosité. Tous les bâtiments étaient surmontés d'un grand nombre de petites tours de diverses formes, mais toutes plus bizarres qu'élégantes.

Dès le 19 au soir, les Cosaques, qui servaient d'éclaireurs au général Winzingerode, n'ayant plus trouvé de gardes aux barrières de Dmitrow et de Twer, avaient pénétré dans la ville. On les en chassa, mais ils revinrent le lendemain, et on tirailla avec eux toute la journée. Le soir, le maréchal fit rentrer les troupes dans le Kremlin, pour éviter une surprise nocturne, et ne laissa hors des murs que quelques postes sur les avenues. Le général Winzingerode, ne pouvant concilier les rapports contradictoires des Cosaques et des paysans, voulut s'assurer par lui-même si réellement il y avait une garnison dans le Kremlin, ou si nous y avions laissé seulement nos malades. Dans ce dessein, et croyant la ville entièrement évacuée, il se porta en avant avec son aide de camp, le capitaine Nariskin ; mais il fut surpris au détour d'une rue par un poste du 5ᵉ de voltigeurs de la Garde, et conduit au maréchal Mortier. Il prétendit qu'on devait le regarder comme parlementaire et non comme prisonnier. L'artifice était trop grossier et l'on n'eut aucun égard à sa réclamation (1).

Les journées des 20 et 21 octobre furent employées à charger de poudre les tours du Kremlin qui regardent la Moskowa, la tour Ivan-Veliki et l'arsenal. Cependant le maréchal, ayant été instruit que plus de 1200 malades étaient restés dans les hôpitaux, quoique le major-général lui eût assuré qu'ils avaient été tous évacués, en fit transporter environ 600 dans l'hôpital russe des orphelins. Le directeur de cet établissement, qui avait été protégé et bien traité pendant notre séjour, promit de les faire respecter par ses compatriotes, mais il faut croire qu'il ne put tenir sa parole, car on assura qu'ils furent assassinés par les milices et les Cosaques, ou qu'ils moururent de froid et de misère. Quant aux autres malades, qui étaient en état de marcher ou de supporter la voiture, on les dirigea sur Mojaïsk; mais, comme on ne pouvait leur donner ni escorte ni vivres, ils périrent presque tous ou tombèrent entre les mains des Cosaques.

---

(1) J'ai causé plusieurs fois, dans notre retraite, avec le général Winzingerode, et c'était ainsi qu'il expliquait le motif de sa conduite. Le brave colonel Sicard fut chargé de le garder jusqu'à notre réunion avec le reste de l'armée, et j'ose affirmer que le général russe, qui fut si mal reçu par Napoléon, n'eut qu'à se louer de la manière dont il fut traité par cet officier et par tous ceux du corps du maréchal Mortier.

Le 22 octobre, à six heures du soir, l'arrière-garde commença son mouvement de retraite ; mais, à cause des nombreux équipages dont elle était embarrassée, à minuit elle n'avait pas encore passé la Moskowa. Elle suivit la route de Mojaïsk jusqu'à Koubinskoë, et se porta ensuite sur Véreïa, où elle rejoignit l'armée. Vers les onze heures, on avait mis le feu aux mèches et l'on s'était éloigné bien vite ; on avait eu soin que les explosions fussent successives, afin que la détonation n'occasionnât aucun accident fâcheux dans l'hôpital des Orphelins. La destruction du Kremlin ne pouvait nous être d'aucune utilité, et semblait être l'effet d'un mouvement de dépit ; dans les circonstances où nous nous trouvions, elle était même impolitique, car elle donnait aux ennemis un prétexte pour maltraiter et égorger peut-être les malades qu'on était forcé de laisser dans la ville ; sous aucun rapport enfin cet ordre n'était digne de Napoléon.

Cependant, après avoir suivi jusqu'au delà de la Packra la route directe de Kalougha, l'armée s'était portée, par un mouvement de flanc, sur celle de Borowsk, débordant ainsi la position de Kutusow en s'établissant sur son flanc gauche sans qu'il pût ou qu'il songeât à s'y opposer. Un corps laissé à gauche, au défilé de Vinkovo, et les Polonais, placés à droite, à Véreïa, couvrirent ce mouvement, jusqu'à ce que toutes les troupes fussent réunies vers Fominskoë. Elles s'avancèrent ensuite jusqu'à Maloïaroslawetz, que le 4ᵉ corps, faisant l'avant-garde, occupa le 23. En apprenant que Napoléon était parti de Moscou, et en recevant la proclamation qu'il avait adressée aux habitants, et dans laquelle il leur disait que l'armée ne faisait point sa retraite, mais qu'elle se portait sur Kalougha, Toula et Briansk, le général Kutusow pensa que son adversaire pouvait avoir le projet de marcher sur Kiow. Pour s'opposer à ce mouvement et pour couvrir la place de Briansk, il envoya un corps prendre position à Jazdra, et en même temps il porta le corps de Doctorow à Aristovo, position intermédiaire entre la Nara et la route de Borowsk. Dès qu'il fut informé que nous occupions cette dernière ville, il jugea que nous nous dirigions sur Kalougha, par Maloïaroslawetz, et, voulant nous prévenir sur ce point, il abandonna son camp retranché de la Nara dans la nuit du 23 au 24, et se dirigea en toute hâte sur Maloïaroslawetz, où il s'était fait précéder par Doctorow.

Ce général y arriva, le 24 au matin, de très-bonne heure, et l'ayant trouvé occupé par deux bataillons de la division Delzons, il les attaqua sur-le-champ ; mais le général Delzons les fit soutenir, et bientôt toute sa division fut engagée. Les choses en étaient là lorsque l'armée russe déboucha tout entière par les deux routes de Moncheva et de Marina ; aussitôt elle mit en batterie sa nombreuse artillerie et enveloppa la ville de ses feux. La division Delzons, accablée, ne put s'y maintenir ; elle perdit du terrain et allait être rejetée derrière la Louja, si le vice-roi, instruit de son danger, ne l'eût fait promptement appuyer par une seconde division. Maloïaroslawetz fut repris ; l'ennemi fut repoussé, et les deux divisions françaises prirent position en avant de la ville et du faubourg, qui en est séparé par un ravin profond. Kutusow les y fit attaquer de front par de nouvelles troupes, en même temps que des batteries établies sur la route de Ghjat les prenaient en flanc et à revers ; alors le vice-roi fit avancer sa troisième division pour couvrir sa droite, et ordonna d'établir sur la rive gauche de la Louja une batterie, qui pût à la fois tenir écartées les colonnes russes et éteindre les feux de leur artillerie. De son côté, le général russe, faisant un mouvement par sa droite, attaqua de front et de flanc notre gauche. Elle pliait sous son effort, lorsque le colonel Peraldi, de la Garde royale italienne, profitant de l'espèce de désordre qui accompagne souvent un succès, se jeta audacieusement sur la tête de colonne ennemie et la força à la retraite ; mais, arrêté lui-même par le ravin, il ne put poursuivre ses avantages et se trouva sous les feux de nombreuses batteries, qui lui firent éprouver de grandes pertes. Cependant les troupes russes se rallièrent et, ayant reçu de nouveaux renforts, elles revinrent à la charge contre notre gauche ; toutes nos réserves étaient épuisées et, malgré la plus opiniâtre résistance, nous aurions été peut-être forcés de céder au nombre, lorsque le 1er corps déboucha du village de Maletschino. L'Empereur, dont le canon avait précipité la marche, était arrivé sur les bords de la Louja et s'était placé sur un mamelon d'où il pou-

9.

vait juger des dispositions de l'ennemi. Il fit passer la rivière aux divisions Compans et Gérard ; la division Gérard se dirigea à droite et prit position vers la route de Ghjat, tandis que le général Compans, ayant gravi le ravin à la gauche du pont, se porta sur la route de Cziurikowa. Ce double mouvement obligea les deux ailes de l'armée russe à se retirer sur leur centre, et alors Kutusow, craignant pour ses batteries, les fit désarmer et commença sa retraite : le combat ne finit qu'à la nuit close.

Cette bataille était un des plus beaux faits d'armes de la campagne, et, selon l'expression de l'Empereur, toute la gloire en était due au 4e corps : seul contre toute l'armée ennemie forte de près de 100,000 hommes, et dont la majeure partie fut engagée, il avait lutté tout le jour et avait conservé ses positions. La malheureuse ville de Maloïaroslawetz, prise et reprise plusieurs fois pendant l'action, avait été incendiée par l'artillerie russe. Nos pertes étaient grandes ; elles devenaient désormais d'autant plus sensibles que, même après la victoire, nous étions forcés de laisser une partie de nos blessés entre les mains de l'ennemi. Le général Delzons, officier de beaucoup de distinction, avait été tué, et les généraux Pino, Fontana, Levié et Gifflenga, aide de camp du vice-roi, avaient été blessés. En rendant hommage sans restriction à la valeur et à la constance des troupes, à l'activité du prince Eugène, à la sagesse de ses dispositions et à la ténacité avec laquelle il défendit un point aussi important, je ne puis m'empêcher cependant de faire observer qu'une grande faute avait été commise dans la manière dont on avait occupé Maloïaroslawetz; que si, au lieu de deux bataillons, l'ennemi eût trouvé en position la division Delzons entière, ses premières attaques eussent été facilement repoussées, que peut-être alors la bataille n'eût pas eu lieu, et que, dans tous les cas, nos pertes eussent été bien moindres et le succès bien plus complet.

Le lendemain 25, à la pointe du jour, l'Empereur se rendait de Ghorodnia sur le champ de bataille, pour faire une reconnaissance, lorsqu'il fut assailli en route par l'hetman Platow, qui avait passé la Louja au-dessus de notre droite. Une faible escorte se trouvait auprès de Napoléon; elle suffit cependant pour contenir les Cosaques, et, après une mêlée peu sanglante, l'approche des escadrons de service les obligea à se retirer et à repasser la rivière, au delà de laquelle ils furent poursuivis. Débarrassé de ces coureurs, Napoléon parcourut soigneusement le terrain, pour s'assurer si l'ennemi était disposé, comme on le disait, à tenter une seconde fois le sort des combats; il en jugea tout autrement et resta persuadé qu'il s'était déjà retiré loin de nous. Il avait raison : Kutusow s'était replié la nuit même par la route de Kalougha et avait pris position en arrière du ruisseau de Korija. Il continua son mouvement le 25 et s'arrêta seulement le 26 à Ghontzarowo, à huit lieues en arrière de Maloïaroslawetz.

Le combat de la veille nous avait donné la mesure

des forces de l'armée russe, et toutes les probabilités de succès étaient en notre faveur; cependant l'Empereur se rendit à l'opinion de ses lieutenants, qui regardaient comme inopportun le projet de livrer bataille et de suivre Kutusow. Ils se fondaient sans doute sur le manque de cavalerie, sur l'impossibilité de compléter une victoire sans le secours de cette arme, sur la triste nécessité d'abandonner nos blessés à la discrétion des Russes, et surtout sur la saison avancée, qui nous faisait un devoir rigoureux de nous rapprocher de nos réserves et de nos magasins. Il est probable que ce furent ces mêmes raisons, jointes à la connaissance imparfaite que l'on avait de l'état des routes, qui empêchèrent Napoléon de se retirer par Medyn, route plus courte, plus directe et sur laquelle du moins nous aurions été à l'abri du fléau de la faim. La retraite une fois résolue, les ordres furent aussitôt donnés et l'armée se dirigea par Borowsk sur Véreïa ; l'arrière-garde fut confiée au 1er corps, et le 5e, déjà posté à Kremenskoë, se trouva chargé de couvrir notre gauche.

La position de ce corps fit croire à Kutusow que Napoléon se portait par Medyn sur Kalougha, et, dans la crainte d'être coupé de cette dernière ville, il vint prendre, le 28, à Polotnianoizavod une position intermédiaire; en même temps il porta son avant-garde à Adamskoë, en arrière de Medyn. Mais, instruit bientôt de notre véritable direction, il se mit en devoir de nous suivre et, le 30, il arriva à Kremenskoë. Son avant-garde, qu'il eut soin de renforcer, dut marcher sur notre flanc droit par Eghorevskoë. Dudino et Semenowskoë, tandis que Platow et ses Cosaques reçurent l'ordre de gagner la grande route de Mojaïsk à Ghjat, pour inquiéter notre gauche et nos derrières : quant à lui, il se dirigea, avec le reste de son armée, sur cette même route, par Soudaiki, Ghjat et Jouknow.

Nous revenions donc sur Smolensk par la route que nous avions parcourue dans notre mouvement offensif. Quoique le temps fût beau, notre position était triste et devenait de plus en plus critique; nous avions épuisé nos provisions et, dès les premiers jours de la retraite, nous éprouvions déjà les atteintes cruelles de la faim et de la misère. Les nuits était froides et le pays, pauvre, dévasté, couvert de ruines et de cendres, n'offrait aucune espèce de ressources à plusieurs lieues à la ronde, de sorte que les soldats, toujours sous les armes, mal vêtus pour le climat et pour la saison, avaient peine à résister aux fatigues et se voyaient réduits à la dure nécessité de se nourrir de la chair des chevaux morts d'épuisement ou enlevés pendant la nuit. Quelques hommes se hasardaient encore à aller à la maraude, mais un bien petit nombre réussissait à rapporter quelques subsistances, et la plupart tombaient entre les mains de l'ennemi. Les chevaux ne souffraient pas moins : privés depuis longtemps d'une nourriture substantielle, et n'en trouvant pas d'autre sur la route qu'un peu de paille ou de foin de fort mauvaise qualité, ils ne pouvaient plus suffire à traîner les chariots et l'artillerie et succombaient sous le poids de la fatigue. Nous étions à peine arrivés à Kolotzkoï, et déjà Napoléon dut ordonner de faire sauter des caissons et de brûler des affûts ; il se chauffa au feu qu'il en fit allumer. Nous trouvâmes encore dans le cloître quelques blessés de la bataille de la Moskowa ; on les transporta jusqu'à Smolensk sur les voitures de l'Empereur, sur les caissons et sur les chariots.

Le pays que nous traversions était montueux et coupé de ruisseaux marécageux, qui formaient autant de défilés ; ces obstacles répétés obligeaient à doubler les attelages, et le défaut de ponts (car on avait négligé d'en établir d'avance et d'adoucir les rampes), joint à la multiplicité des équipages, augmentait considérablement notre peine et retardait notre marche. Il était pourtant de la plus grande importance de l'accélérer et d'arriver à Wiasma avant l'armée russe. Comme elle n'avait à parcourir que la corde de l'arc que nous étions obligés de décrire, il lui était facile d'occuper ce défilé avant ; nous heureusement elle n'en fit rien et nous y arrivâmes le 31.

Après avoir séjourné vingt-quatre heures dans cette ville, pour attendre le reste des troupes, la Garde et l'Empereur en partirent le 9 novembre. Le 3e corps resta en position, tant sur les hauteurs entre les routes de Smolensk et de Jouchnow, sur la rive droite de la Wiasma, que sur la rive gauche, au confluent de l'Ulitza avec cette rivière. Le maréchal Ney eut soin de faire rompre le pont de l'Ulitza, sur la route de

Jouchnow, et d'en établir un autre près du confluent, afin de communiquer facilement de sa droite à sa gauche. On croyait que les 1er, 4e et 5e corps, qui étaient en arrière, arriveraient le jour même à Wiasma, mais il n'en fut pas ainsi ; les 4e et 5e corps s'arrêtèrent à Federowskoë, à environ 3 lieues de Wiasma, et le 1er corps, à une demi-lieue plus loin.

L'avant-garde de Kutusow, forte de 25,000 hommes, s'était dirigée sur la route de Moscou à Smolensk par la ligne la plus courte, et la longeait depuis quelques jours. Dès que le général qui commandait cette portion de l'armée russe se fut aperçu qu'il existait une lacune inoccupée entre Wiasma et Federowskoë, il voulut en profiter pour couper notre arrière-garde. A cet effet, il fit passer l'Ulitza, pendant la nuit du 2 au 3, à la majeure partie de ses forces, et envoya l'autre partie contre le maréchal Ney, pour l'empêcher de porter aucun secours au prince Eugène. Par suite de cette manœuvre, lorsque les premières troupes du 4e corps s'avancèrent le 3 novembre sur Wiasma, elles trouvèrent l'ennemi débouchant sur la grande route, à 2 heures de cette ville, et cherchant à leur en barrer le chemin. Le vice-roi fit prévenir aussitôt Davoust, et, voyant que le combat était inévitable, il s'arrêta pour faire ses dispositions et attendre l'arrivée du 1er corps.

Dès que celui-ci l'eut rejoint, le 4e corps se forma en colonnes à la droite de la grande route, pour tourner la gauche des Russes, laissant une division déployée pour leur faire face. En même temps, la division Compans, qui marchait en tête du 1ᵉʳ corps, se porta en masse contre leur droite, la culbuta sur l'Ulitza, rouvrit ainsi les communications, passa le ravin de Prouditcha et s'y établit face en arrière en bataille, afin de couvrir la ville et de protéger le mouvement des autres divisions, qui vinrent successivement se placer à sa gauche. Dans cette nouvelle position, nos troupes soutinrent les attaques de l'ennemi et, malgré le désavantage des armes et du nombre, rendirent vains tous ses efforts; enfin, après un combat acharné de 5 heures et des pertes considérables, les Russes furent forcés de se retirer, partie sur l'Ulitza et partie sur la route de Sitschevka. A la nuit, nos troupes, à l'exception de la division Compans, qui par sa position put facilement tourner la ville, traversèrent Wiasma et s'établirent, le 4ᵉ corps à Novosielki, et le 1ᵉʳ à Kneghinkino ; le 3ᵉ resta pour faire l'arrière-garde. Averti par le canon et la fusillade, l'Empereur s'était arrêté non loin de Semlewo avec sa Garde, jusqu'à ce qu'il eût connu le résultat de l'affaire.

Ces engagements nous étaient funestes, ils faisaient perdre des hommes qui, chaque jour, nous devenaient plus nécessaires, et ralentissaient nos mouvements, qu'il aurait fallu précipiter : aussi Napoléon témoigna-t-il son mécontentement des lenteurs qui y donnaient lieu. On reprochait généralement au maréchal Davoust de trop s'occuper des Cosaques, et il paraît en effet que, malgré son incontestable habileté et sa grande habitude de la guerre, il ne sentit pas assez le prix du temps. Continuellement harcelé par cette cavalerie irrégulière, il manœuvrait devant elle comme il eût fait devant de bonnes troupes ; il formait ses divisions en bataille, il faisait sa retraite par échelons, il exécutait des passages de ligne, il prenait enfin des précautions excessives, tout à fait inutiles vis-à-vis d'un pareil ennemi et qui avaient le double inconvénient de fatiguer ses soldats et de retarder considérablement la marche de l'armée. De son côté, Davoust rejetait ces reproches sur le prince Eugène, qu'il suivait et aux mouvements duquel il était subordonné. Quoi qu'il en soit de ces plaintes respectives, peut-être également fondées, il est certain que ces deux généraux commirent alors deux fautes graves, qu'on ne saurait excuser dans des hommes aussi expérimentés : la première, de ne pas hâter leur marche, et la seconde, bien plus fatale, de ne pas pousser jusque sur la Wiasma. Ces deux fautes eurent pour résultat, d'abord le combat de Wiasma, et plus tard ceux qui furent livrés jusqu'à Krasnoï, et dont les conséquences furent d'autant plus fâcheuses qu'elles jetèrent dans les corps le découragement et le désordre, malheur plus irréparable que la perte des hommes.

Après cette affaire, nous continuâmes notre retraite sur Smolensk, et l'ennemi nous laissa tranquilles jusqu'au 7. Ce jour-là son avant-garde attaqua le maréchal Ney, campé près de Gorki sur l'Osma, et le suivit jusqu'à Doroghobuj. Là, le maréchal ayant fait ferme et repoussé ses attaques, Miloradowitch, désespérant de le forcer de front, porta sur sa droite une division et le contraignit ainsi à se retirer sur l'Ouja. Satisfait de ce succès, il ne nous fit plus suivre que par des Cosaques et alla rejoindre avec son corps le gros de l'armée de Kutusow.

Cependant, le 4 novembre, fête de St-Charles (1), le froid avait commencé à nous faire sentir ses rigueurs; il acquit en peu de jours une intensité mortelle pour les hommes et pour les chevaux. Déjà exténués de fatigues, de souffrances et de privations, les tempéraments les plus robustes résistaient à peine à ce nouveau fléau ; chaque jour, beaucoup de soldats y succombaient, un plus grand nombre abandonnaient leurs rangs et laissaient échapper de leurs mains engourdies les armes qu'ils n'avaient plus la force d'employer à leur défense ; la foule des isolés et des traîneurs croissait à chaque instant d'une manière effrayante et, lorsque nous arrivâmes à Smolensk le 9, nous étions dans un état bien voisin de la désorganisation. Les chemins, couverts de verglas, étaient si glissants qu'on manquait de tomber à tout moment et qu'on n'avan-

---

(1) Je n'ignore pas que le 29ᵉ bulletin, et plusieurs écrivains, disent le 6 novembre, mais j'ai la certitude que c'était le 4 ; une petite anecdote qui m'est personnelle en a gravé le souvenir dans ma mémoire. Au reste, c'est fort indifférent, et je n'y mets d'autre importance que celle de l'exactitude.

çait qu'avec la plus grande peine ; les chevaux, privés de fers à crampons et de clous à glace, n'avaient plus la force de gravir les montées ni de se soutenir aux descentes, et, à chaque pas, on les voyait se renverser sous le poids des voitures. Cependant, grâce à quelques attelages qui furent amenés de Smolensk, on vint à bout de sauver une grande quantité d'artillerie.

De Doroghobuj, le 4ᵉ corps avait été dirigé, le 7, sur Witepsk par Doukhovchtchina. La faiblesse des hommes, l'épuisement des chevaux et le mauvais état des chemins ne lui permirent pas d'arriver le même jour jusqu'à Zasélé, à une très faible distance ; sa marche était encore retardée par Platow, qui faisait canonner continuellement son arrière-garde. Le surlendemain, 9, il parvint de très bonne heure sur les bords du Wop, mais le pont que le vice-roi avait ordonné de construire n'était pas prêt ; il fallut pratiquer une rampe et passer la rivière à gué, car elle n'était pas assez gelée pour qu'on pût la traverser sur la glace. Quelques pièces de canon passèrent d'abord, mais bientôt celles qui suivaient s'enfoncèrent dans le sol fangeux et rompu, et l'on fut forcé d'abandonner la plus grande partie de l'artillerie. Cependant Platow, qui connaissait l'embarras de notre position, avait attaqué la gauche de notre colonne, qu'il fallut renforcer pour le repousser ; on dût même faire bivouaquer pendant la nuit du 9 au 10 une division sur la rive gauche, afin de le tenir éloigné. Le 10, on continua à marcher sur Doukhovchtchina, toujours suivi par

Platow : on y trouva un corps de Cosaques qu'il y avait envoyé pour l'occuper d'avance ; mais ils ne tinrent pas devant nos soldats, et le 4ᵉ corps entra dans cette petite ville sans beaucoup de difficultés. Il y séjourna le 11 et, comme après le désastre du Wop, il n'était plus guère en état de continuer son expédition sur Witepsk, il se rabattit sur Smolensk, où il arriva le 13.

L'Empereur y était arrivé le 9, et ce même jour, le général de brigade Augereau, établi avec environ 1,600 hommes, dont un tiers de cavalerie, dans un village sur la route d'Elnia, s'était rendu aux Cosaques d'Orlow Denisow ; d'autres dépôts et bon nombre de chevaux du train, cantonnés sur cette route, étaient aussi tombés entre leurs mains. Napoléon en témoigna un si vif ressentiment au général Baraguey-d'Hilliers, sous les ordres duquel était Augereau, que ce malheureux général en mourut de chagrin à Berlin, où il avait été envoyé pour être jugé. Il était assurément impossible que cet acte de pusillanimité de son subordonné lui fût imputé, puisqu'il n'était pas sur les lieux et qu'il ramena intactes les troupes qui étaient avec lui ; mais on pouvait dire que ce malheur ne serait pas arrivé, si, a l'approche des Russes, il eût réuni prudemment ses forces, comme tout lui en faisait un devoir et comme il en avait l'ordre précis. Cette échauffourée nous causa des pertes d'autant plus sensibles qu'elles étaient irréparables.

L'armée regardait Smolensk comme le terme de

ses misères ; elle espérait y trouver le repos et les subsistances dont elle avait un si pressant besoin. Il paraît aussi que l'Empereur, ignorant ce qui se passait sur ses derrières, se flattait de pouvoir conserver sa position et de prendre des cantonnements d'hiver entre la Dwina et le Borysthène ; mais il ne tarda pas à être désabusé. Il apprit, avant d'y arriver, que Schwartzenberg avait découvert Minsk, que Polotsk était évacué et que Witepsk était au pouvoir de l'ennemi ; et, comme si tout se fût réuni pour aggraver ses soucis, il reçut en même temps l'étonnante nouvelle de la conspiration de Mallet.

Le mécompte des troupes ne fut pas moins grand. Etablies autour de la place à leur arrivée, la plupart ne trouvèrent pas d'abri contre les rigueurs de la température, et leur situation se trouva d'autant plus triste, que les distributions peu régulières qu'on leur faisait, malgré les mesures de prévoyance de l'Empereur, étaient bien loin de leur suffire. Dans l'espoir de passer l'hiver en Lithuanie, il avait ordonné d'acheter en Allemagne une grande quantité de bœufs, qu'il avait payés, comme il le disait lui-même, en beaux Napoléons d'or. Mais des fournisseurs infidèles en vendirent une partie aux juifs, qui les firent passer aux Russes; le froid en fit périr une autre partie, surtout sous les hangars de Krasnoï, de manière qu'il n'en arriva qu'un fort petit nombre à l'armée. Cependant les fournisseurs présentèrent des procès-verbaux réguliers, constatant que le reste de ces bœufs avait été enlevé par un parti de Cosaques, et, quoique Napoléon eût la certitude qu'aucun Cosaque n'avait paru sur le point indiqué, ces pièces furent admises comme vraies, parce qu'elles étaient revêtues des formes légales (1). Comme le voisinage des Russes et les événements qui venaient de se passer sur la route d'Elnia rendaient nécessaire la surveillance la plus active, la Jeune-Garde fut chargée de couvrir notre position; à cet effet elle occupa le faubourg de Roslavl et un point intermédiaire, un peu en arrière de l'intersection des routes d'Elnia et de Roslavl. Elle y souffrit beaucoup du froid, qui s'élevait déjà à 16 et 18 degrés et qui lui fit éprouver des pertes assez considérables.

Je me rappelle que, dès qu'on connut la vraie situation des choses, on blâma l'Empereur de s'arrêter à Smolensk. Ce blâme me paraît injuste, car il était nécessaire de donner quelque repos aux troupes, d'attendre le résultat des opérations du 4º corps, de retarder la jonction de Wittgenstein, alors maître de

---

(1) Ceci me rappelle une anecdote qui prouve le respect de l'Empereur pour les lois. Un jour, au camp de Boulogne, il avait ordonné le paiement d'une gratification et l'inspecteur aux revues avait obéi à ses ordres; mais plus tard, la Cour des comptes ayant rejeté la pièce pour vice de formes et laissé la dépense au compte de l'inspecteur, celui-ci réclama auprès de Napoléon lui-même, qui lui répondit: « La Cour des comptes a eu raison ! » et ajouta : « mais, comme « vous avez agi d'après mes ordres, je dois vous dédommager !» Il le fit ensuite rembourser sur sa cassette.

Witepsk, avec la Grande-Armée russe, et de favoriser ainsi les mouvements offensifs qui avaient été ordonnés aux 2ᵉ et 9ᵉ corps.

Le 4ᵉ corps arriva à Smolensk le 13, comme je l'ai dit plus haut, et, le même jour, les équipages, les trophées et le trésor furent dirigés sur Krasnoï, sous l'escorte du 8ᵉ corps. L'Empereur et la Garde partirent le 14 ; le départ des autres troupes devait continuer jusqu'au 16, et les 1ᵉʳ et 3ᵉ corps avaient l'ordre de ne quitter la ville qu'après en avoir détruit les fortifications.

Ce mouvement successif n'était point nécessaire et nous exposait à beaucoup d'inconvénients. A l'époque où nous étions arrivés, les corps d'armée étaient réduits à si peu de chose qu'il eût été bien difficile, en les réunissant tous, de rassembler 20,000 hommes en état de combattre. Le reste des troupes, marchant sans armes et en désordre, ne faisait qu'une masse informe, souvent fort embarrassante. Je crois qu'on peut évaluer de la manière suivante le nombre des combattants : Garde, 7,000 : 4ᵉ et 5ᵉ corps, 5,000 ; 1ᵉʳ, 3,200, et 3ᵉ, 3,000, à quoi il faut ajouter les nombreux convois d'artillerie et d'équipages, qui se trouvaient à notre suite. Quant à la réserve de cavalerie, on a sans doute remarqué que je n'en ai plus fait mention depuis le combat de Vinkovo. La raison en est bien simple, c'est qu'elle n'offrait plus que des débris, que l'on rassembla plus tard pour en former, sous les ordres du général Latour-Maubourg, un corps de quelques milliers ou, plus exactement, de quelques centaines de chevaux. Il eût donc été facile de faire marcher tous les corps réunis et à quelques heures de distance. En les isolant, on les exposait à se voir coupés sur une route aussi remplie de défilés : on n'aurait pas dû oublier ce qui était arrivé à Wiasma. Je sais bien que, privé de cavalerie, Napoléon était dans l'impossibilité de surveiller les mouvements de l'ennemi et de savoir au juste le point où il se trouvait, mais il me semble que cette incertitude, dont j'aurai avant peu l'occasion de donner une preuve, aurait dû précisément l'engager à marcher serré et réuni. Je ne comprends pas, je l'avoue, les motifs qui le déterminèrent à faire des dispositions toutes contraires, à moins qu'il ne voulût donner le change à Kutusow et le tromper sur le véritable état de ses forces. Nous serons bientôt à même de juger combien il eût été heureux qu'après avoir détruit tous les équipages et abandonné les caissons et les pièces d'artillerie mal attelées, l'armée eût marché en une seule colonne. De cette manière elle aurait prévenu de grands malheurs, évité les combats partiels qui furent livrés sur la route de Krasnoï, sauvé une partie de son artillerie et beaucoup d'hommes isolés, et enfin elle serait arrivée sur la Bérésina dans un état respectable et en même temps que l'ennemi, parce qu'étant plus légère, elle eût fait son mouvement avec plus de rapidité et qu'elle n'eût pas eu besoin de séjourner à Krasnoï et à Orcha.

A la suite du combat de Doroghobuj, l'armée russe s'était portée le 9 sur Elnia, et, après avoir balayé cette route, elle avait continué son mouvement vers Krasnoï; elle suivait une direction parallèle à la nôtre, mais en laissant Smolensk à environ dix lieues sur sa droite. Enfin, le 16, elle se trouva groupée tout entière auprès de Krasnoï : l'avant-garde à Merlino, le gros des troupes à Szidowa, au sud-est, un corps à Putkowa, et l'arrière-garde vers Siniaky, à l'ouest, fermant ainsi notre ligne de retraite. Pendant ce temps, l'armée française, partie de Smolensk, s'avançait par la grande route; au delà de Korytnia, les Westphaliens et la légion de la Vistule, qui escortaient les trophées et le trésor, rencontrèrent l'ennemi et furent attaqués, mais quelques coups de canon dissipèrent la cavalerie qui voulait s'opposer à leur passage.

Le 15, la Garde trouva en position, près de Merlino, l'avant-garde de Kutusow, qui barrait la route de Krasnoï, et le combat s'engagea ; il ne fut ni long ni sanglant : les Russes ayant eu quelques hommes et quelques chevaux tués et une pièce de canon démontée, nous laissèrent le chemin libre. Quelques heures plus tard ils firent contre la Jeune-Garde une nouvelle tentative qui ne fut pas plus heureuse, car aux premiers coups de canon ils se retirèrent, et nous arrivâmes sans autre obstacle en vue de Krasnoï. Cependant Napoléon, voulant avoir des nouvelles certaines et s'assurer si, comme l'avançaient quelques Polonais qui se trouvaient auprès de lui, il n'avait affaire qu'à des corps légers, fit attaquer pendant la nuit du 15 au 16, par les fusiliers de la Garde aux ordres du général

Roguet, un petit village que les Russes occupaient à une demi-lieue au sud-est de la ville. L'ennemi fut surpris; on lui fit quelques prisonniers d'infanterie, on lui tua bon nombre d'hommes et on le força à la retraite. Ce combat confirma les conjectures de Napoléon et lui montra toute l'étendue et toute l'imminence du danger qui le menaçait.

Le lendemain 16, les communications avec les autres corps restés en arrière ayant été interrompues, l'Empereur chargea le général du génie Kirchener de les rouvrir avec un bataillon des grenadiers rouges de la Garde (les Hollandais); mais ce corps, ayant à peine 150 hommes sous les armes, ne put dépasser Katowa. Napoléon, jugeant alors que des forces considérables s'étaient interposées entre lui et le reste de l'armée, résolut de se mettre à la tête des troupes qu'il avait sous sa main, pour aller dégager ses derniers corps. Les ordres à cet effet furent donnés vers minuit et, à deux heures du matin, la Garde se mit en marche, la gauche en tête; mais, comme elle rencontra, sur les trois heures, en avant de Kenzowa, les premières troupes du 4ᵉ corps, elle s'arrêta et prit position. Du reste son mouvement eut un résultat utile, celui d'obliger l'avant-garde russe à laisser la route libre et à se replier sur le centre de son armée.

Le 4ᵉ corps avait été arrêté dans sa marche à la hauteur de Merlino, par cette même avant-garde. Le vice-roi avait été sommé de se rendre, et l'aide de camp de Miloradowitch, chargé de ce message, avait bien osé lui affirmer que Napoléon et la Garde Impériale avaient été battus. Le prince Eugène n'avait répondu à ces fanfaronnades qu'en attaquant les Russes, après avoir formé en carré le peu de troupes qui lui restaient. Il avait combattu ainsi jusqu'à la nuit, repoussant avec succès toutes les tentatives de l'ennemi, et profitant alors de l'obscurité, il avait appuyé à droite, le long du ravin au bord duquel il avait soutenu le combat, il s'était élevé au-dessus de Fomina, et, tournant la gauche de Miloradowitch, il avait rejoint la grande route près de Katowa; mais il avait dû abandonner son artillerie et ses équipages, tant à cause du manque absolu de chemins praticables, qu'en raison des ravages que le canon russe avait faits dans ses convois, en tuant les chevaux et en démontant les voitures. Par suite de ce mouvement, beaucoup de traîneurs qui accompagnaient sa colonne et qui n'avaient pas voulu quitter les feux qu'ils avaient allumés, n'étant plus protégés par lui, étaient tombés au pouvoir de l'ennemi.

Le 17 novembre, à la pointe du jour, les troupes de la Garde, postées vers Woskresenia et Loginowa, ayant été attaquées, la division de la Jeune-Garde, restée en position en avant de la Szinka, près de Katowa, se porta par un mouvement de flanc en face de Woskresenia, pour les soutenir (1). Ce village fut pris et repris plu-

---

(1) J'ai déjà fait observer ailleurs que l'imperfection de nos cartes nous mettait souvent dans l'impossibilité de savoir exactement le nom

sieurs fois, et les grenadiers hollandais s'y battirent avec acharnement ; il fallut cependant le céder aux Russes, qui réunirent contre lui des forces nombreuses et une artillerie formidable, à laquelle nous n'avions à opposer que cinq pièces fort mal attelées. Vers dix heures, Napoléon, voyant qu'une partie des troupes ennemies se portait vers Dobroë et menaçait de couper la route de Liady, quitta Krasnoï avec la Vieille-Garde et les débris du 4ᵉ corps, laissant à Dobroë, derrière le ruisseau, un bataillon et deux pièces de canon, afin de conserver les communications. Les Russes furent enhardis par ce mouvement de retraite et redoublèrent d'efforts pour s'emparer de Krasnoï, mais ils échouèrent contre l'intrépidité de nos jeunes soldats.

Le 1ᵉʳ régiment de voltigeurs de la Jeune-Garde, fort d'environ 400 hommes, placé un peu à droite et en arrière de Woskresenia, se distingua d'une manière éclatante. Longtemps exposé au feu de la mousqueterie et de la mitraille, il fut deux fois enveloppé et chargé sur toutes ses faces par la cavalerie, sans se laisser jamais entamer. Il eût pu se retirer et se rapprocher de la seconde ligne, qu'on tenait un peu éloignée pour la mettre à l'abri du canon, mais il ne le voulut pas. Cependant ses rangs s'éclaircissaient à vue d'œil et l'ennemi, profitant des ravages qu'y avait faits la mi-

---

des lieux où les affaires se passaient. Je suis ici dans ce cas et j'en juge par à peu près.

traille, tenta une troisième charge qui lui réussit mieux que les précédentes : ces braves gens succombèrent au cri de *vive l'Empereur!* Il eût sans doute été possible de les soutenir ; on s'en avisa trop tard, et le régiment qui marcha à leur secours n'arriva qu'après leur destruction : 64 hommes seulement étaient restés vivants, mais blessés ; ils furent sauvés.

D'après les dispositions ordonnées par l'Empereur, la Jeune-Garde devait être remplacée par le 1er corps et suivre le mouvement de la Vieille ; cela lui fut impossible. Le 1er corps avait été attaqué près de Kenzowa ; il fit peu de résistance, ou du moins il ne fit pas toute celle qu'on en attendait : la seule division Compans se forma à la gauche de la Jeune-Garde. A peine put-on réunir environ 150 hommes d'une autre division près du pont de Krasnoï, tandis que le reste, doublant le marais de Kenzowa et ceux qui environnent la ville, se dirigeait en désordre vers la route de Liady. Cependant l'ennemi enveloppait notre gauche et son canon approchait de Krasnoï ; d'un autre côté, ses colonnes appuyant à gauche menaçaient de couper notre chemin de retraite. La position devenait fort critique : nous n'étions pas 5,000 combattants, nous étions sans artillerie et sans cavalerie, et nous avions en tête toute l'armée russe, où ces deux armes étaient nombreuses. Vers deux heures nous nous mîmes en retraite sur Liady, où nous arrivâmes dans la nuit ; pendant notre mouvement, l'ennemi se contenta de nous canonner ; la division Compans fit l'arrière-garde.

Notre perte fut considérable, eu égard au petit nombre des combattants : elle pouvait s'élever à environ 1,200 hommes, dont plus de 400 morts (1). De ce nombre, hélas! fut mon malheureux frère, brave et bon jeune homme qui me servait d'aide de camp! Dans ce combat, nous n'eûmes à montrer que de la constance ; mais elle fut grande, car nous restâmes enchaînés sur le terrain pendant près de huit heures, recevant patiemment des coups auxquels nous ne pouvions pas riposter. Quant à l'ennemi, il ne montra ni talent, ni résolution, et ne sut profiter ni de l'occasion, ni de la grande supériorité de ses forces. Voilà quel fut l'unique résultat de l'affaire que les Russes ont appelée la bataille de Krasnoï et qui a été l'objet de tant de mensonges et de fanfaronnades de la part du général Kutusow, quoique en dernière analyse il se fût borné à nous accabler de coups de canon et à faire quelques charges de cavalerie, car il n'osa jamais mettre son infanterie en action.

Le lendemain, l'armée continua sa route sur Doubrowna ; l'Empereur s'y installa avec la Vieille-Garde ; la Jeune Garde fut placée à droite de cette petite ville,

---

(1) En voici le détail :
Vieille-Garde : le régiment de grenadiers hollandais, qui était fort de 305 hommes et n'en sauva que 36, perdit   269 hommes.
Jeune-Garde   712
Division Compans.   250

                                    1,231

sur la route de Babinovitchi, et les débris armés du 1er corps restèrent en arrière vers Malo-Savino. Pendant la nuit quelques Cosaques vinrent insulter le quartier général ; les postes furent presque surpris et l'on crut même observer de l'hésitation parmi les troupes de la Garde. Napoléon en fut justement alarmé, car l'état de dissolution où étaient réduits les autres corps ne lui offrait plus aucun moyen de résistance en cas d'attaque sérieuse : il ne devait plus compter que sur sa Garde, et il crut d'autant plus urgent de la préserver de l'abattement moral qui s'emparait de tous les cœurs, d'entretenir en elle le sentiment de sa force et de l'exalter encore, s'il était possible. Il réunit donc autour de lui la Vieille-Garde et la harangua brièvement. Après lui avoir parlé des malheurs qui pesaient sur nous et des dangers qui nous menaçaient, il lui rappela sa gloire, ce que l'armée, la France et lui-même attendaient de sa constance et de l'esprit qui l'animait ; puis il la fit souvenir de l'attachement particulier qu'il avait pour elle, et finit par ces mots : « *Je compte sur vous ! Jurez de ne pas abandonner votre Empereur !* » Ce serment était dans l'âme de tous ; il fut fait aux cris de : vive l'Empereur ! Pendant ce temps le comte de Lobau se rendit auprès de la Jeune-Garde et lui demanda le même serment, qu'elle prêta avec joie. On raffermit ainsi l'énergie de ces troupes, mais cette précaution dévoila toute notre détresse. Nous reprîmes ensuite notre marche sur Orcha et, le 20, nous repassâmes le Borysthène.

Au moment de notre départ, vers quatre heures du soir, on eut des nouvelles du maréchal Ney, et le prince Eugène fit un mouvement à droite pour lui donner la main. Au milieu de ses désastres, ce fut une vive satisfaction pour l'armée entière de revoir cet intrépide général, qu'elle avait regardé comme perdu. Napoléon l'avait laissé à Smolensk, pour en détruire les fortifications, qu'il ne voulait pas abandonner à l'ennemi. Il est vraisemblable que, comptant sur la résistance du gouverneur de Minsk pour arrêter pendant quelques jours l'armée de Moldavie, il croyait arriver sur la Bérésina avant les Russes, ou que tout au moins il espérait que les troupes de Dombrowsky, jointes à celles de la garnison de Minsk, ne seraient pas forcées dans les retranchements de Borisow, et que dès lors il conserverait la possibilité de se maintenir sur cette ligne. L'état des forces dont il pouvait disposer encore, et la situation de l'armée ennemie, rendaient cette opinion très-plausible (1), et dans l'hiver de 1807, il avait tenu la ligne de la Passarge dans des conditions bien moins favora-

---

(1) Parvenu derrière la Bérésina sans nouvel échec, il pouvait disposer des 2e et 9e corps, des débris de l'armée de Moscou, de la division Dombrowsky, de la division Loison, restée intacte à Wilna, de tout le corps de Macdonald, qui n'avait souffert en aucune manière, et certainement alors Schwartzenberg n'aurait pas osé désobéir à ses ordres. D'un autre côté, quoique les armées russes réunies fussent nombreuses, elles avaient tant souffert, et surtout la grande armée, qu'elles n'eussent pas osé tenter le passage devant lui : la mollesse de leurs attaques à Krasnoï le prouve surabondamment.

bles. D'après cela on conçoit aisément que la destruction des remparts et des ouvrages de Smolensk devenait fort intéressante pour le succès de la campagne suivante; mais cette opération eût pu s'accomplir sans laisser un corps à plusieurs journées en arrière. Qui empêchait de la faire exécuter par l'arrière-garde, le jour même du départ de l'armée? Son mouvement n'eût été retardé que de quelques heures au lieu de l'être de trois jours.

A cette époque, le corps du maréchal Ney ne comptait pas plus de 3,000 combattants; une division du 1er corps, forte de 800 hommes, lui avait été prêtée et était passée sous ses ordres. Le désir de laisser ses soldats prendre du repos et de la nourriture, après tant de fatigues et de privations, retarda d'un jour son départ; il mit trop d'intervalle entre lui et Davoust qui le précédait, et ce fut une faute grave qui entraîna presque sa perte et celle du 1er corps, tandis qu'il est permis de penser que réunis ils auraient atteint Krasnoï sans être entamés. Kutusow, ayant appris par une lettre interceptée que le 3e corps ne quitterait Smolensk que le 17, résolut de prendre sur lui sa revanche du peu de succès qu'il venait d'avoir contre l'Empereur. En conséquence, il fit occuper par un corps Sirokorenié et Tschernitz, à l'embouchure de la Szinka; un second corps fut placé près de Fomina, et Miloradowitch prit position à cheval sur la grande route, en avant de Katowa, avec deux autres corps appuyés par une batterie de 40 pièces de canon.

Cependant l'avant-garde du 3ᵉ corps avançait; parvenue le 18 près de cette batterie, elle en reçut brusquement tout le feu, et cette canonnade inattendue l'obligea à se replier, en attendant le reste des troupes. Aussitôt que le maréchal Ney fut arrivé, il reconnut l'ennemi et ordonna de l'attaquer; la division de Davoust ayant été repoussée, il se mit lui-même à la tête de son corps, passa le ravin qui couvrait les Russes, renversa leur première ligne et couronna leur position. De ce point il put juger facilement de toutes les forces qui lui étaient opposées et de l'impossibilité où il se trouvait de les combattre avec avantage; prenant alors promptement son parti, il repassa le ravin en bon ordre, avant d'être abordé par la seconde ligne et peut-être culbuté. Le général russe, étonné de son audace et désespérant sans doute de le vaincre, lui envoya un major, pour le sommer de se rendre. Le maréchal fit arrêter ce parlementaire, parce que l'ennemi avait recommencé le feu, pendant qu'il remplissait sa mission; mais, lorsqu'il eut appris de lui que l'armée française avait quitté Krasnoï la veille et qu'ainsi il ne lui restait plus aucune espérance de secours, il fit ses dispositions de retraite. Pour donner le change à Kutusow, il ordonna à son artillerie de retourner vers Smolensk et à ses troupes d'allumer des feux, comme s'il eût voulu passer la nuit sur le terrain, et dès que l'obscurité fut assez profonde, il marcha droit au Borysthène et le franchit sur la glace.

Le 19 au matin, il se vit entouré d'une nuée de

cavalerie légère, qui le canonnait à bout portant, sans qu'il eût aucun moyen de lui répondre : c'étaient les Cosaques de Platow, qui suivaient la rive droite du fleuve pour se réunir à Wittgenstein. Vainement les faisait-il écarter par ses tirailleurs, vainement profitait-il des bois et des défilés pour se dérober à leurs coups, la rapidité de leurs mouvements les mettait à même de ne pas le perdre de vue et de le harceler incessamment. Enfin, après deux jours d'une marche aussi pénible que hardie, les faibles débris de ses troupes, épuisés de fatigues et mourant d'inanition, se croyaient hors d'atteinte et comptaient passer la nuit tranquillement au milieu d'une forêt, lorsqu'une volée de canon, partie d'un monticule qui était en face de leur position, vint les rejeter dans le découragement. Le maréchal seul, toujours indomptable, chercha à relever leur énergie et, se mettant à la tête des plus résolus, gravit le monticule, en chassa l'ennemi et le garda toute la nuit. Le lendemain il nous rejoignit avec le peu d'hommes qu'il avait sauvés : le nombre ne peut en être porté au delà de 4 ou 500, la plupart officiers ou sous-officiers; tout le reste était mort ou était resté mourant au pouvoir de l'ennemi; beaucoup de traîneurs, qui s'étaient ralliés à son corps, tombèrent entre les mains des Cosaques. Je me suis étendu sur les détails de cette retraite du maréchal Ney, parce qu'elle offre aux militaires un rare exemple de fermeté et de résolution, en même temps qu'elle est une nouvelle preuve de la vigueur de caractère et du courage d'esprit de ce vaillant capitaine, à qui la fortune eût dû réserver un destin plus prospère.

En arrivant à Bobr, le 23 novembre, nous apprîmes la fâcheuse nouvelle que l'armée de Moldavie était en position sur la rive droite de la Bérésina et que le pont de Borisow était rompu. C'est à Bobr que l'on organisa l'escadron sacré, c'est-à-dire que l'on réunit en compagnies tous les officiers de cavalerie qui étaient encore montés, afin d'en former une escorte pour l'Empereur. Leurs services furent inutiles et il est très-vraisemblable qu'il n'en eussent rendu que de bien faibles, si les circonstances eussent forcé à y recourir, car, deux jours après, cet escadron improvisé s'était dissous de lui-même. Cela ne me paraît pas du tout étonnant : des corps composés uniquement d'officiers seront toujours de mauvaises troupes ; le seul moyen possible d'en tirer parti serait de les réunir pour un coup de main et au moment même de l'action. L'armée continua sa marche sur Borisow, où elle fit sa jonction avec les 2e et 9e corps. Le 26 elle était entièrement réunie et disposée de la manière suivante : le 2e corps, sur les hauteurs près de Weselovo ; la Garde et les restes de la Grande Armée, entre ce point et Borisow ; deux divisions du 9e corps, à Borisow, et une autre (celle du général Partouneaux) à Lochnitza, où elle avait pris l'arrière-garde et relevé la division du général Compans, qui, depuis le combat de Krasnoï, avait partagé avec la Jeune-Garde la fatigue et les dangers de ce pénible service. Voici quelles étaient alors les positions des armées ennemies. L'armée de Moldavie défendait la Bérésina ; Wittgenstein était à Baran, sur la route de Lepel, à une journée de marche de Lochnitza et de Weselovo ; Platow avait fait sa jonction avec lui et nous suivait sur la route de Bobr ; la grande armée de Kutusow passait le Dnieper à Kopy et se portait sur la Bérésina. Ainsi nous avions en tête l'armée de Moldavie et une rivière difficile à passer ; sur notre flanc droit et sur nos derrières, Wittgenstein et Platow, tandis que notre flanc gauche était menacé par toutes les forces de Kutusow. Malgré les pertes considérables que les Russes avaient éprouvées dans les combats et par les rigueurs de la saison, toutes ces armées réunies devaient offrir une masse d'au moins 80,000 combattants (1), munis d'une nombreuse artillerie. Si l'on jetait ensuite un coup d'œil sur les forces qui nous restaient pour vaincre tant d'obstacles, notre position paraissait désespérée et il semblait qu'il dût nous être impossible d'échapper au sort qui nous menaçait.

On a écrit et répété que, sur les bords de la Bérésina, l'armée française offrait une masse de 80,000 combattants ; mais moi, qui étais présent et qui m'y

---

(1) Je sais bien que, le 28 novembre, lorsque Wittgenstein somma la division Partouneaux de se rendre, il déclara qu'il avait 45,000 hommes sous ses ordres et que Platow en avait 25,000 ; mais on sait qu'en pareil cas les exagérations sont de rigueur.

suis battu, j'affirme que nous n'avions pas en tout plus de 25 ou 28,000 hommes armés et que tout notre espoir se fondait presque uniquement sur les 2e et 9e corps, car l'état où se trouvaient les troupes revenues de Moscou les rendait plus nuisibles qu'utiles. N'ayant plus d'autre cavalerie que celle de la Garde, elles ne comptaient pas au delà de 6 à 8,000 hommes d'infanterie encore armés, tandis que 30 ou 40,000 traîneurs, sans fusils et sans armes quelconques, couverts de haillons et mourant de faim, encombraient leurs colonnes et n'étaient propres qu'à jeter le découragement dans l'âme de leurs camarades et le désordre dans les rangs. On pourrait supposer que j'exagère notre faiblesse, si je ne présentais un calcul approximatif, qui semblera même trop fort à ceux qui ont été témoins de l'excès de nos misères. Je crois pouvoir évaluer le 2e corps, y compris la division Dombrowsky qui s'y était jointe, à 8,000 hommes, et le 9e à 12,000. Le 1er corps n'avait pas 600 combattants ; depuis longtemps la division Compans offrait seule un noyau d'hommes armés. Le 3e corps était réduit à rien : son régiment le plus fort comptait 42 soldats et un autre n'en avait que 11 (1) ; en l'évaluant à 300 hommes, on ne s'éloignera pas beaucoup de la vérité. Depuis Krasnoï, les 4e et 5e corps ne paraissaient plus en ligne. Restait la Garde, qui présentait environ 2,400

---

(1) J'étais présent lorsqu'on les compta et qu'on en fit l'appel.

baïonnettes (1). Il faut ajouter à peu près 2,400 chevaux et l'artillerie des divers corps, c'est-à-dire une centaine de bouches à feu. En récapitulant ces sommes partielles, on trouve un total de 26,000 hommes, et je crois que c'est encore au delà de ce qu'il y avait réellement (2).

Napoléon n'avait pas attendu d'être arrivé sur les bords de la Bérésina, pour s'occuper des moyens de franchir cette rivière. On va voir que, profitant des lenteurs de Kutusow et tenant habilement dans l'incertitude un de ses lieutenants, il réussit à forcer le passage, avant que leur jonction ne se fût opérée. Si elle

---

(1) Vieille-Garde. 1,500
Fusiliers ou Moyenne-Garde. 400
Jeune-Garde. 350
Garde de Hesse-Darmstadt, commandée par le prince Émile et marchant avec la Jeune-Garde. 160
                                            ———
                                            2,410

(2) 1ᵉʳ corps. 600
2ᵉ corps et Dombrowsky. 8,000
5ᵉ corps. 300
9ᵉ corps. 12,000
Garde : Infanterie. 2,400
Cavalerie. 2,400
Artillerie. 1,000
                                            ———
                                            26,700

avait été accomplie, il ne nous serait resté pour ainsi dire aucune chance de salut. Dès le 24, il fit reconnaître par Oudinot les gués de Studzianka, Stachowa et Ukoloda, et le même jour le général Éblé se rendit avec ses pontonniers à l'endroit désigné, pour exécuter les travaux nécessaires à l'établissement des ponts, l'intention de l'Empereur étant de commencer le passage dès le 25. Quelques négligences ou quelques malentendus le retardèrent d'un jour, et tout retard en ce moment était un malheur pour nous. Pour empêcher Wittgenstein de troubler notre opération, le maréchal Victor, qui commandait le 9ᵉ corps, reçut l'ordre de barrer la route de Lepel vers Baran, et de s'établir avec deux divisions à Kostritza : mais cet ordre fut mal compris et resta inexécuté. Comme il était encore plus important pour le succès d'une entreprise aussi difficile et d'où dépendait notre sort que l'amiral Tchitchagow, qui était devant nous, ne pénétrât pas les desseins de l'Empereur et ne pût s'y opposer avec toutes ses forces, pour lui donner le change, on fit des reconnaissances multipliées tant au-dessus qu'au-dessous de Borisow, des matériaux abondants furent réunis en divers endroits et de forts détachements armés se laissèrent voir sur plusieurs points, qu'ils semblaient menacer. Ces démonstrations réussirent à souhait et l'ennemi fut trompé complétement.

Dans la nuit du 25 au 26, l'Empereur se rendit avec l'avant-garde du 2ᵉ corps près de Wésélovo. A la pointe du jour, il fit passer à gué quelques cavaliers et voltigeurs, qui engagèrent la fusillade avec les postes russes établis dans la forêt que traverse la route de Zembin à Borisow par Wésélovo ; en même temps il ordonna d'établir l'artillerie du 2ᵉ corps sur une hauteur dominant les deux rives, afin de battre les marais qui bordent la Bérésina, et il pressa la construction de deux ponts sur chevalets, l'un pour les voitures et l'autre pour les hommes à pied. Ce travail fut long et difficile, tant à cause de la mauvaise qualité des matériaux, qu'en raison de l'intensité du froid et des glaces énormes que charriait la rivière, mais le dévoûment de nos pontonniers triompha de tous les obstacles, et, vers deux heures après midi, le 2ᵉ corps commença à passer. Il attaqua immédiatement la division russe, qui était sur l'autre rive, et la poussa sur la route de Borisow (1). Le passage des troupes et des

---

(1) Un auteur, pour qui le plaisir de faire de l'esprit est un besoin presque aussi grand que celui de nous calomnier, dit en racontant le passage de la Bérésina : « C'était précisément l'endroit même où « Charles XII passa cette rivière, lorsqu'il marchait sur Moscou. » Cette fois, la remarque n'est pas heureuse. Le roi de Suède passa la Bérésina le 16 et non le 25 juin 1708, à Bériza-Sapieska, c'est-à-dire à 15 ou 18 lieues de Wésélovo et au-dessous de Borisow, tandis que nous la passâmes au-dessus de cette ville. Le journal tenu par ordre de ce prince donne l'itinéraire suivant : « 6 juin, le roi dé-
« campa de Radoskovitschi, l'armée était en marche depuis le 1ᵉʳ juin
« vers Logoïsk ; 7, séjour pour attendre l'artillerie ; 8, à Minsk par

équipages continua toute la nuit et, le lendemain 27, la Garde traversa à son tour; l'Empereur se tint presque toujours à la tête des ponts, pour y maintenir l'ordre par sa présence et s'assurer que les voitures d'artillerie passaient à l'exclusion de toutes les autres.

Le maréchal Victor arriva auprès des ponts vers midi, avec deux divisions du 9ᵉ corps, et remplaça dans leurs positions les troupes qui avaient déjà passé la rivière. Sa 3ᵉ division, renforcée de 2 régiments de cavalerie, et forte de près de 4,000 hommes, selon les uns, et de 1,800, selon d'autres, était restée à Borisow et sur la Skha; elle faisait l'arrière-garde et elle était chargée de brûler les ponts et de ramasser les traîneurs. On sent combien il était important de conserver Borisow, tant pour arrêter la marche de Platow que pour empêcher la jonction de ses troupes avec celles de Tchitchagow, jonction que les restes du pont brûlé de cette ville auraient facilitée, et qui, en augmentant les forces de l'amiral, aurait rendu notre passage encore plus difficile et plus dangereux. Malgré ces puissantes considérations, Borisow fut abandonné le 27 au soir, et le général Partouneaux se mit en marche pour rejoindre l'armée; mais peu d'heures

---

« Ghorodok; 9, à Smilovitschi, et les jours suivants par Ighumen
« et Jourswitschi. Nous arrivâmes le 15 juin à la rivière de Béré-
« sina, près de la ville de Bériza-Sapieska. Le 16, 200 hommes la
« passent et le roi fait jeter deux ponts. »

après, sa division entière tomba au pouvoir de l'ennemi. Les récits de cet événement ont été fort divers, et les dires des généraux qui y ont combattu, si contradictoires et si incohérents, que, malgré les informations multipliées que j'ai prises, je ne me flatte pas, en le racontant, d'éviter toute erreur. A travers les nuages dont il est encore enveloppé, voici ce qu'il me paraît avoir été.

Pendant que le général Partouneaux était à Lochnitza, inquiet de la marche de Platow et des mouvements qui se faisaient dans le camp retranché (on sait que ce camp était sur la rive droite de la rivière), il avait placé dans Borisow une de ses brigades, pour protéger ses derrières. Lorsqu'il fit sa retraite, il trouva que cette ville avait été évacuée et que l'ennemi l'avait occupée; il la fit attaquer et rejeta les Russes de l'autre côté de la Bérésina. Après cette petite affaire, il continua son mouvement, laissant devant la ville une brigade pour la masquer, et, plus en arrière sur la Skha, un bataillon, pour en brûler le pont et le moulin, et retarder ainsi les progrès de Platow. La route qui conduisait de Borisow à Wésélovo, où étaient établis nos ponts, se divisait en deux, non loin du Vieux-Borisow (Staroe-Borisow) : celle qui longeait la rivière était la bonne et la vraie, mais elle était étroite, marécageuse et peu praticable, tandis que celle de droite, qui allait aboutir entre Wésélovo et Kholkhovtsi, étant grande et belle, invitait naturellement à la prendre. Il paraît qu'on n'avait pas eu la précaution de mettre un poste à l'embranchement, pour indiquer la véritable direction, et il est vraisemblable que le général Partouneaux suivit la plus belle des deux routes. Il ne tarda pas à trouver devant lui les troupes de Wittgenstein, qui s'était porté le 27 de Baran sur les hauteurs de Staroe-Borisow, où il venait d'arriver. La surprise où cette rencontre inattendue le jeta lui fit sans doute perdre la tête; cependant un peu de réflexion lui aurait fait comprendre qu'il lui suffisait d'appuyer à gauche pour se sauver, et qu'à la faveur de la nuit il pouvait rejoindre facilement les autres divisions de son corps d'armée. Malheureusement, par une erreur trop évidente, il se jeta à droite dans les terres et bientôt après au milieu des bivouacs ennemis, où il fut fait prisonnier avec le général de brigade Billiard, le chef d'état-major J. Boyé et les 2 bataillons qui faisaient la tête de sa colonne. Au lieu de se rejeter à gauche vers la rivière, les débris de ses deux brigades bivouaquèrent sur la route, où ils furent rejoints par la 3ᵉ brigade laissée devant Borisow. A dix heures du soir, l'ennemi les attaqua et se retira après deux heures de combat; plus tard il les fit sommer de se rendre, et voyant que ce moyen ne lui réussissait pas, il renouvela son attaque vers une heure du matin. Elle ne fut pas plus heureuse; mais la division française était réduite à 400 combattants, elle avait épuisé ses munitions et deux des trois généraux de brigade qui la commandaient étaient blessés. Le 28 novembre, à la pointe du jour, elle fut enveloppée de tous côtés par les forces de Wittgenstein et réduite à mettre bas les armes, après que les soldats eurent brisé de douleur la crosse de leurs fusils; au nombre des prisonniers se trouvèrent les généraux Delaître, Camus et Blammouty. Quant au bataillon d'arrière-garde laissé sur la Skha, après avoir rempli sa mission, il eut le bonheur de rejoindre l'armée, en suivant la route de gauche.

La perte de cette division dans une pareille circonstance fut un événement bien funeste pour nous et ne contribua pas peu aux désordres qui eurent lieu à la tête des ponts et aux malheurs qui en furent la suite. Il est facile de voir qu'avec un peu de prévoyance et par l'emploi des précautions habituelles à la guerre, le général Partouneaux eût prévenu ce désastre. Si, usant avec intelligence des deux régiments de cavalerie dont il avait été renforcé, il s'était fait éclairer, non-seulement il n'aurait point couru le risque de se fourvoyer, mais encore il aurait connu les mouvements de l'ennemi et aurait pu lui échapper (1).

---

(1) Les explications que le général Partouneaux a publiées en 1825 me paraissent loin de le justifier. On y lit : que les Russes du camp retranché de Borisow avaient passé la rivière et pénétré dans la ville, ce qui obligea une de ses brigades à l'évacuer; que, les ayant chassés, il se mit en marche pour rejoindre l'armée; qu'ayant trouvé la route interceptée par l'ennemi, il tenta inutilement de passer la rivière; qu'ayant appris que nos ponts avaient été brûlés (ce qui était faux), il se jeta à droite; que, favorisé par la nuit, il traversa, avec les troupes qui le suivaient, *les lignes russes, sans tirer, et qu'après avoir erré plusieurs heures sur des marais, des lacs, et*

Pendant que ces événements se passaient sur la rive gauche de la Bérésina, l'amiral Tchitchagow, qui avait réuni ses forces la veille, déboucha de Stachowa à la pointe du jour, le 28, et attaqua le maréchal Oudinot, dans la forêt que traverse la route de Zembin à Borisow. Les débris des 3ᵉ et 5ᵉ corps étaient en position en arrière, pour servir de réserve au 2ᵉ corps; ceux du 4ᵉ, entièrement hors d'état d'entrer en ligne, s'étaient portés sur la route de Zembin; l'Empereur était resté près des ponts avec la Garde; une division du 9ᵉ corps avait passé la rivière, et le maréchal Victor, demeuré avec l'autre sur la rive gauche, couvrait les ponts de ce côté : il fut attaqué bientôt après par le général Wittgenstein.

à travers des bois, ses soldats, entourés de toutes parts des feux de l'ennemi, déposèrent les armes.

On voit par cet aveu que le bulletin de l'armée avait deviné assez juste, lorsqu'il avait dit que ce général s'était égaré et s'était jeté dans les bivouacs ennemis. En même temps cela explique l'énigme de son mouvement à droite : on comprend que, croyant nos ponts brûlés, il ait conçu quelque espoir de se porter sur les derrières de Wittgenstein et de gagner Wilna, en remontant la Bérésina. La marche heureuse du bataillon, qui avait été laissé sur la Skha et qui rejoignit l'armée, prouve que les troupes russes de la rive droite, qui avaient occupé Borisow, étaient peu dangereuses, et que les mouvements de Platow étaient fort lents. Vainement le général Partouneaux assure-t-il qu'il ne s'était pas égaré, la route que suivit ce bataillon démontre le contraire, et la rencontre qu'il fit d'un officier d'état-major, chargé de porter des ordres au général, et dont le chef de bataillon parle dans son rapport, en est une nouvelle preuve, bien que superflue.

Cependant le combat s'engageait vivement entre les troupes de l'amiral et celles du duc de Reggio. Malgré toute leur résistance, ces dernières cédaient du terrain ; Oudinot blessé était remplacé dans son commandement par le maréchal Ney, et il fallait absolument venir en aide à celui-ci. La Jeune-Garde en reçut l'ordre, en même temps que la Moyenne-Garde se portait en avant pour servir de réserve. Grâce à ce secours, Ney réussit à contenir sur sa droite les efforts des Russes, et profita d'un moment de répit pour concentrer ses forces et faire des dispositions d'attaque contre des colonnes d'infanterie qui étaient devant lui et qu'une batterie de 12, qu'il avait établie sur la grande route, inquiétait considérablement. Mais, pendant que cela se passait à la droite de cette route, l'ennemi, profitant des bois qui longent la Bérésina, avait attaqué les Polonais chargés de défendre notre gauche. Ceux-ci, accablés sous le nombre et manquant de munitions, étaient extrêmement pressés et faisaient leur retraite précipitamment ; déjà les Russes débordant notre centre avaient fait taire la batterie de 12 dont je viens de parler, et commençaient à leur tour à nous prendre en écharpe. L'instant était critique : le général Berthezène, de la Garde, qui marchait à la gauche de la colonne de réserve, vit tout le danger dont l'armée était menacée, et, sans attendre des ordres qui auraient pu arriver trop tard, se porta en toute hâte avec sa brigade au devant de l'ennemi ; il fut suivi par le prince Émile de Hesse. Les Russes, se voyant pris en flanc, arrêtèrent leur poursuite, et les Polonais ayant fait volte-face, les attaquèrent aussi et leur firent 3 ou 400 prisonniers. Alors le maréchal Ney, libre de toute inquiétude sur sa gauche, exécuta l'attaque qu'il avait préparée; une charge de cavalerie, qu'il fit faire à propos par la division de cuirassiers Doumerc, ayant réussi complétement, il obligea l'ennemi à la retraite et décida la victoire: près de 3,000 hommes mirent bas les armes. Après cet échec, l'amiral n'osa plus rien tenter; bientôt la nuit arriva et nos troupes se rapprochèrent des ponts.

Dans cette journée, le nombre total des prisonniers s'éleva à près de 5,000, que l'Empereur se plut à compter lui-même. Nous perdîmes plusieurs généraux: le général de brigade Candras fut tué; c'était un bon officier, mais dont la mort passa inaperçue au milieu de nos désastres; le général Legrand fut grièvement blessé (il est mort de cette blessure deux ans plus tard); le général polonais Zayonskek eut une cuisse emportée.

Ce même jour, 28 novembre, au matin, il ne restait plus sur la rive gauche qu'une division d'infanterie du 9e corps, sa cavalerie et quelques pièces d'artillerie. Le canon de Tchitchagow ayant donné à Wittgenstein le signal de l'action, il fit marcher aussitôt toutes ses troupes contre cette poignée de soldats, qui reçurent son attaque avec une résolution qui dut bien l'étonner dans un pareil moment. Leur résistance était aidée par le feu d'une batterie servie par les artilleurs de la Garde, et que l'Empereur avait fait établir d'avance sur la rive droite ; cette batterie portait le ravage dans les rangs de l'ennemi, toutes les fois qu'il voulait approcher de la rivière et prendre en flanc la division française. Cependant l'énorme disproportion des forces faisant craindre à Napoléon que, malgré toute son intrépidité, cette brave troupe ne finît par succomber sous le nombre de ses adversaires, il ordonna à la division Daëndels de repasser les ponts pour la soutenir, quoique dans ce moment l'issue du combat contre l'Amiral fût encore incertaine. Ce secours et une belle charge de cavalerie, exécutée par le général Fournier, rendirent vains tous les efforts de Wittgenstein et l'obligèrent à se retirer vers les 5 heures du soir. Tout l'honneur de cette belle défense appartient au brave général Girard, mort depuis glorieusement dans les champs de Fleurus. Le reste du 9° corps passa sur la rive droite pendant la nuit, sans qu'il prît envie à l'ennemi de venir troubler son passage ; le 29 au matin, l'arrière-garde traversa les ponts et y mit le feu.

On a assuré qu'au moment où la division Girard avait été attaquée par les Russes, les approches des ponts avaient offert un spectacle hideux à voir. Cela n'est pas impossible : il dut naturellement y avoir encombrement et désordre ; mais je n'en reste pas moins persuadé que ce qu'on a débité dans divers romans publiés sur cette campagne est fort exagéré. D'après les mensonges nombreux et hardis que j'ai reconnus dans ces ouvrages, je suis en droit de penser que leurs auteurs n'ont pas laissé passer une si belle occasion de donner essor à leur verve ; du reste, comme aucun de ces Messieurs n'était présent sur les lieux, on peut en conscience se dispenser de croire à la fidélité du tableau qu'ils ont tracé. A leur place de bons citoyens, en gémissant sur nos désastres, se seraient montrés fiers de nos succès. Quant aux malheureux qui tombèrent au pouvoir de l'ennemi dans cette occasion, la plupart auraient pu échapper à leur triste sort ; il leur aurait suffi de passer sur la rive droite. Mais les uns se croyaient plus en sûreté sur la gauche, parce qu'on ne s'y battait pas encore ; d'autres se flattaient de sauver leurs équipages, en passant plus tard ; un plus grand nombre espéraient trouver quelques subsistances dans les fourgons abandonnés ; tous enfin, restant enchaînés par la rigueur du froid autour de leurs abris, laissèrent échapper le moment favorable, et ce fut sans retour.

Le passage de la Bérésina, en face et au milieu des armées ennemies, est une opération de guerre extrêmement remarquable et qui doit jeter un nouveau reflet de gloire sur l'armée et sur son général. Il est juste de faire observer que ses résultats eussent été bien plus heureux encore, si les mesures prescrites par Napoléon eussent été exécutées avec plus d'intelligence : car alors le mouvement aurait commencé 30 heures plus tôt, la division Partouneaux ne serait pas tombée au pouvoir de l'ennemi et le combat de la rive gauche aurait été évité; peut-être même celui de la rive droite n'aurait-il pas eu lieu, ou du moins aurait-il été livré avec des chances de succès plus nombreuses. Qui sait si, dans ce cas, nous n'aurions pas été en mesure de conserver une bonne position en Lithuanie? Quoi qu'il en soit, et malgré quelques incidents malheureux, le but principal fut atteint et l'armée tirée de la position critique et presque désespérée dans laquelle elle se trouvait. Jamais sa supériorité sur l'armée russe ne parut plus incontestable, et la circonspection de Kutusow en face de ses débris en est l'irrécusable aveu. Au milieu de tant de calamités réunies, sa constance fut inaltérable et égale à son courage; malgré les désastres qui l'accablaient, sa confiance et son dévouement pour son chef restèrent sans bornes; mourant de faim, succombant sous le poids de la misère, des privations et des souffrances de toute espèce, elle ne fit entendre ni plainte ni murmure.

Le 29 novembre, nous nous mîmes en retraite; nous n'avions rien de mieux à faire que d'arriver à Wilna le plus promptement possible, car c'était le seul point où nous *pouvions espérer trouver à manger*. L'ennemi étant maître de la grande route de Minsk, il n'était pas possible de nous l'ouvrir, sans livrer un nouveau combat, et nous n'étions guère en état d'en risquer les chances; d'ailleurs, la route de Minsk était la plus longue. Nous prîmes celle de Zembin, où nous aurions pu trouver notre tombeau, si l'ennemi eût eu plus de prévoyance et eût su profiter des localités. Cette route est un défilé continuel, au milieu de marais et de bois taillis impraticables, sur lesquels on a construit une suite de ponts en bois, au lieu d'une chaussée : il eût donc suffi de brûler ces ponts et d'occuper la route avec quelques troupes légères et du canon. Je doute qu'alors un seul d'entre nous eût pu échapper ; il ne nous fût resté d'autre parti à prendre que de chercher la mort dans les rangs ennemis ! Heureusement Kutusow ne fit rien de ce qui lui était si facile, et nous arrivâmes sans obstacles à Molodetschno. C'est le point de réunion des routes de Minsk et de Zembin à Wilna ; nous y séjournâmes, pour rallier les corps et donner aux traîneurs le temps de rejoindre.

Le même jour, 29, quelques Cosaques, armés de canon, sous les ordres du général Lanskoi, avaient paru à Plechtchenitsi. Le maréchal Oudinot blessé venait d'y arriver avec une douzaine d'officiers et 8 ou 10 soldats ; cette poignée d'hommes s'étant renfermée dans une maison, le général russe tenta vainement de l'y forcer. Il fut repoussé et, après avoir eu quelques cavaliers hors de combat, il se retira, sans attendre l'arrivée du 4e corps, qui s'avançait vers ce point, mais qui était réduit à un si triste état, que l'Empereur, le croyant incapable de déloger les Cosaques, avait donné l'ordre à la Jeune-Garde de marcher à son aide. Pendant cette marche sur Wilna, les Cosaques nous harcelèrent sans cesse ; tantôt nous les trouvions devant nous, tantôt ils étaient derrière, presque toujours ils rôdaient sur nos flancs ; mais, comme ils n'approchaient jamais à portée de fusil et qu'ils n'attaquaient que les hommes isolés, je n'en ferai mention que dans les circonstances remarquables.

Après le passage de la Bérésina, le nombre des troupes qui s'étaient maintenues en ordre diminua considérablement ; on eût dit que nous y avions épuisé le peu de force physique qui nous restait : les 2e et 9e corps eux-mêmes ne tardèrent pas à subir les effets inévitables des privations et de la rigueur du froid. Cependant l'arrière-garde, commandée par Ney, eut encore à Molodetschno un engagement avec le corps de Wittgenstein, et, malgré sa faiblesse, rendit vains les efforts et les manœuvres de ce général. L'Empereur arriva le 3 à Molodetschno : le prince Eugène l'avait précédé et avait fait éclairer par une avant-garde la grande route de Minsk : cet instant de séjour lui rallia quelques hommes. De Molodetschno, les Polonais furent dirigés sur Varsovie par Olitta, et les cavaliers démontés sur Meretsch ; les premiers arrivèrent à leur destination et sauvèrent leur artillerie. Victor remplaça Ney dans le commandement de l'arrière-garde, le 4, et déjà le 5 il écrivait qu'il ne pouvait plus risquer d'engagement. Le corps bavarois, qui depuis la retraite de Polotsk était resté tranquille à Dockchitsi, avait reçu le 2 décembre l'ordre de se porter à Slobodachoumska, pour couvrir la petite route qui de Solloui conduit à Wilna. Le 8, il devait remplacer le maréchal Victor à Roukoni et prendre l'arrière-garde ; mais, à peine arrivé sur ce point, il fut attaqué par un détachement de Cosaques, et, sans rendre de combat, il se retira précipitamment sur Wilna. Il y fut suivi par ces Cosaques, dont l'apparition aux portes de la ville occasionna un désordre difficile à décrire ; cependant ils n'étaient pas dangereux, comme nous le verrons bientôt.

L'armée était à Smorghoni le 5 décembre. Ce fut là que l'Empereur se décida à la quitter ; il la laissa sous le commandement du roi de Naples. Il était persuadé que les renforts de troupes fraîches, qui se trouvaient sur la ligne de Wilna, étaient plus que suffisants pour arrêter la marche de l'ennemi, dont la situation ne devait guère être meilleure que la nôtre, et que l'armée se réorganiserait promptement avec un peu de repos et le secours des approvisionnements de toute espèce qu'il avait eu soin de réunir pour subvenir à ses besoins. Il donna ses instructions en conséquence pour occuper au moins la ligne du Niémen. Cette espérance n'avait rien d'exagéré, et ce projet ne présentait rien d'impraticable ; mais, pour le mettre à exécution, il eût fallu sa présence, ou au moins un chef qui n'eût pas été démoralisé par nos misères et dont le caractère se fût soutenu à la hauteur des circonstances : tout le monde conviendra que, malgré sa brillante valeur, Murat n'était pas l'homme qui convenait en ce moment. Lorsque le départ de Napoléon fut connu, il produisit parmi les troupes des effets opposés. Les généraux le virent avec plaisir, car ils sentaient que l'Empereur seul pouvait organiser assez promptement une nouvelle armée pour venir à notre secours ; mais les officiers subalternes et les soldats, qui n'avaient de confiance qu'en lui, en furent affligés et découragés, au point que beaucoup renoncèrent à tout espoir de salut.

Cependant les rigueurs de la saison devenaient de plus en plus excessives ; depuis plusieurs jours la température se maintenait à 26 et 28° Réaumur au-dessous de zéro, et notre situation était affreuse. Nous mourions par milliers, les routes étaient couvertes de nos cadavres et nos bivouacs étaient de vrais charniers. Le signe caractéristique de l'invasion de cet horrible fléau était une sorte d'insensibilité morale et physique, qui ôtait tout ressort à l'âme et toute force au corps, et qui réduisait à un état voisin de l'idiotisme. Les premiers symptômes de la mort qui s'avançait rapidement s'apercevaient sur la figure des hommes attaqués ; une sorte de couleur violette se répandait sur leurs traits, et ils étaient perdus sans ressource, si une main amie et secourable ne venait les tirer bien vite de la torpeur qui les gagnait, en les frictionnant fortement avec de la neige glacée. Malheur à l'homme qui glissait ! le moment de sa chute était celui de sa mort. Dans ce cas, quelque prompt que fût le secours, il était toujours trop tardif : une goutte de sang coulait des narines ou se montrait sur les lèvres, et on était gelé !

Enfin, le 8 décembre, après 50 jours de souffrances inouïes, nous arrivâmes à Wilna dans un état de dissolution complète, exténués de faim et de fatigues, nus, sans souliers, couverts de haillons de toutes couleurs, ressemblant plutôt à une mascarade qu'à une armée, et à des spectres qu'à des hommes. Nous avions trouvé vers Ochmiana quelques troupes de la division Loison, qui prirent l'arrière-garde. C'était en général des contingents allemands, qui firent peu de résistance : ils nous suivirent de près et arrivèrent à Wilna en même temps que la Garde. La Jeune-Garde fut placée dans le faubourg d'Ochmiana ; à peine y était-elle entrée, que quelques Cosaques se présentèrent avec du canon sur les hauteurs qui dominent ce faubourg, entre les routes d'Ochmiana et de Paradomin, et attaquèrent les convois qui arrivaient.

Cette apparition inattendue, la fuite des troupes allemandes, celle des Bavarois du général de Wrède, jetèrent l'épouvante dans ces convois et en précipitèrent la marche. Bientôt il n'y eut plus d'ordre ; les voitures, les chevaux, les piétons, mêlés et confondus, se poussaient, se croisaient et se refoulaient en sens contraires ; en un instant la route et la porte furent encombrées d'équipages brisés ou renversés, et le passage fut interrompu. Ce désordre, auquel on ne remédia, ni ce jour-là, ni le jour suivant, nous coûta un grand nombre de voitures de toute espèce, de canons et de caissons. Cependant une centaine d'hommes de la Vieille-Garde, étant parvenue à se faire jour à travers cette foule, se porta au devant des Cosaques et leur donna la chasse. On peut juger par là combien il eût été facile à l'arrière-garde de les repousser et de couvrir notre retraite, jusqu'à l'arrivée de l'infanterie ennemie; mais il aurait fallu de la bonne volonté, et les officiers allemands étaient loin d'être animés de sentiments bienveillants pour nous.

Nous avions regardé Wilna comme le terme de nos maux et de nos fatigues, il semblait du moins que tout ce qui avait pu y parvenir devait être sauvé. Il en fut autrement et nous y fîmes, en matériel et surtout en hommes, les pertes les plus sensibles; car jusque-là les soldats tombés au pouvoir de l'ennemi étaient en général expirants et gelés par le froid, tandis que, dans cette ville, nous perdîmes 10 ou 12,000 hommes au moins, qui auraient pu être armés et entrer de suite en ligne. Si, dès le 5, époque où il arrivait déjà des voitures et des soldats, l'autorité supérieure de Wilna eût dirigé les équipages sur Kowno, en les faisant passer en dehors de la ville, l'encombrement dont je viens de parler n'aurait pas eu lieu, et nous aurions sauvé l'artillerie, qui resta entassée dans les portes; mais on fit exactement le contraire. Si on eût eu la précaution d'assigner aux soldats et aux officiers des divers corps de grands locaux, où ils eussent trouvé un abri et de la nourriture, on eût infailliblement rallié beaucoup de monde. Alors on aurait pu donner aux hommes des habits, des capotes et des souliers, dont les magasins de Wilna abondaient (car on y avait fait venir les dépôts des corps); on aurait pu aussi les armer et les employer utilement. Mais rien n'ayant été prévu, rien n'ayant été préparé, officiers et soldats se réfugièrent chacun où il put, et le désordre n'en devint que plus grand.

D'un autre côté, le roi Murat partit précipitamment de Wilna, le 9 au soir, sans donner aucun ordre, sans prendre aucune mesure pour l'évacuation de la ville. Une absence d'esprit aussi inconcevable ne pouvait être attribuée qu'à l'effet des influences du froid ; au surplus, sa précipitation fut telle, qu'il laissa sur l'escalier de sa maison un portefeuille contenant des papiers de la plus haute importance, et qu'il ne prévint même pas le maréchal Mortier de son départ. Il résulta de ce manque absolu d'ordres qu'un grand nombre de militaires de tout grade restèrent pleins de sécurité dans leurs logements, et qu'ils furent en quelque sorte livrés à l'ennemi, sans avoir eu connaissance du mouvement de retraite ; il en résulta encore que des magasins considérables en tout genre furent abandonnés, ainsi que 50,000 fusils neufs : et cependant il eût suffi d'un mot pour priver les Russes de tant de ressources. Il est juste de dire qu'on avait eu le dessein de faire sauter l'arsenal, et que le directeur avait été prévenu de se tenir prêt à exécuter l'ordre qu'il en recevrait, mais on oublia de le lui envoyer, et cet officier fut fait prisonnier pendant qu'il attendait. En résumé, cette évacuation si mal conduite était d'autant plus fâcheuse, que les troupes fraîches qui se trouvaient à Wilna, et les travaux qu'on y avait exécutés, tout imparfaits qu'ils fussent, nous auraient permis d'y tenir plusieurs jours; que pendant ce temps notre armée se serait considérablement accrue, et que, s'il avait fallu en sortir plus tard, on aurait eu l'avantage d'opérer cette retraite avec ordre et sans aucun danger, dans la situation où était alors réduite l'armée ennemie, par les pertes qu'elle avait faites et par les souffrances et les privations qu'elle avait éprouvées, surtout depuis le passage de la Bérésina. Elle était dans un état de misère bien voisin du nôtre, et un témoin oculaire, sir Robert Wilson, assure qu'à cette époque il y avait dans ses rangs des compagnies qui ne comptaient pas un seul homme, et des bataillons qui n'en avaient pas 50.

Le 10 décembre, nous quittâmes Wilna de grand matin ; les Cosaques y entraient par la porte d'Ochmiana, pendant que nous en sortions par celle de Kowno. Le maréchal Ney fut encore chargé de soutenir la retraite; presque à la sortie de la ville, il eut avec l'avant-garde russe un engagement, qui se réduisit à l'échange de quelques coups de fusil. Les Cosaques atteignirent les équipages au pied de la hauteur de Ponary, et il arriva là ce qui était arrivé à tous les autres défilés : la montée était raide, couverte de verglas et très-difficile à gravir; en peu d'heures les voitures s'y trouvèrent agglomérées et la route fut interceptée. Nous y perdîmes le reste des équipages et de l'artillerie ; le prince Emile de Hesse-Darmstadt fut, je crois, le seul de notre colonne qui sauva ses canons. Il eût été facile pourtant d'ouvrir une autre route plus aisée à travers champs, du côté de la Wilia; avec peu de travail on l'aurait rendue praticable, mais on n'y pensa pas : quelques voitures particulières se hasardèrent à prendre cette direction et arrivèrent heureusement à Kowno.

A peine étions-nous hors de Wilna, que les Cosaques et les autres troupes russes se livrèrent aux derniers excès envers nos malheureux soldats prisonniers. Il les dépouillèrent, les maltraitèrent et les assassinèrent de cent manières différentes; les juifs montrèrent beaucoup d'animosité contre eux et s'associèrent souvent aux sanglantes exécutions des Cosaques. Malheureusement ces derniers ne furent pas les seuls qui s'abandonnèrent à leur instinct féroce; les agents russes se montrèrent en général les dignes descendants des barbares que le Czar Pierre avait voulu policer. Quelques exemples que j'emprunte à un auteur, qui fut prisonnier de guerre et admis dans la confidence d'un des généraux en chef, prouveront que l'inhumanité est encore aujourd'hui un des traits caractéristiques de ce peuple demi-sauvage. Les hôpitaux demeurèrent sans garde et les malades, dépouillés pièce à pièce par les soldats russes, restés nus et sans pain, sur la paille, moururent avant que le commandant eût eu le temps d'écouter les plaintes des officiers de santé (1). Les prisonniers emmenés dans

---

(1) Le couvent de Saint-Bazile, à Wilna, devint un horrible charnier; nos prisonniers, entassés dans les cours de cet édifice, périrent de faim, au milieu des magasins immenses qu'y avait laissés notre armée.

l'intérieur du pays ne furent pas plus heureux. Un officier, chargé de conduire à Bobruisk ceux qui avaient été pris à Minsk, à Koïdanow et à Borisow, les fit toujours bivouaquer sans feu et sans vivres; aussi n'arriva-t-il à sa destination qu'avec une vingtaine d'hommes, au lieu d'environ 5,000 qui lui avaient été confiés. Beaucoup de gouverneurs rivalisèrent de barbarie; celui de Novoghorod contraignait les prisonniers français à exécuter les travaux des galériens, pour leur faire gagner une demi-ration d'un pain grossier, en remplacement de la modique solde que le Gouvernement leur accordait; celui d'Orel était plus expéditif : il se hâtait de faire périr les prisonniers, pour s'approprier la solde de ceux qui mouraient; enfin, le gouverneur de Riga, par un raffinement de barbarie étranger aux mœurs de l'Europe, les invitait quelquefois à sa table, pour assouvir sur eux une lâche vengeance.

Quand on compare d'aussi horribles traitements à ceux, pleins d'humanité, que les Russes avaient reçus de nous, en France, en Suisse, en Italie, en Hollande, en Allemagne, en Pologne et même dans cette funeste campagne, on s'honore avec raison d'être Français et on en rend grâces à Dieu. Il faut remarquer encore comme une preuve parlante du degré de civilisation de la nation moscovite que ces crimes et ces barbaries demeurèrent impunis. Je suis loin cependant d'accuser l'empereur Alexandre de les avoir favorisés. Sans vouloir, comme certaines gens, faire un éloge exagéré de sa magnanimité, je dois dire qu'il paraît certain qu'il avait donné des ordres pour que les prisonniers fussent traités avec les égards dus au malheur ; mais sa voix fut méconnue et il n'eut pas le pouvoir de forcer l'obéissance. Livré à la faction anglaise, qui avait assassiné son père, il en redoutait les fureurs ; souverain d'un État purement despotique, il était souvent l'esclave de ses sujets. Il donna une preuve de cette dépendance, lorsqu'il fit arrêter et exiler le secrétaire du cabinet Speranki, et que cependant il lui conserva son traitement ; il savait sans doute que tout le crime de cet homme d'Etat était d'avoir étudié les lois administratives de la France, pour en faire une sage application à la Russie : crime horrible en effet, puisqu'il devait améliorer le sort du peuple et diminuer la puissance des Boyards ! Cependant, au milieu de tant d'atrocités, on peut citer quelques traits d'humanité consolants et honorables pour la Russie. A la tête des personnages qui se distinguèrent sous ce rapport, on doit placer le grand-duc Constantin. Plusieurs officiers français durent la vie à ses soins généreux ; il les fit soigner jusque dans ses appartements, et leur prodigua les secours et les consolations. Mais il y avait déjà quinze jours que les Russes assouvissaient leur fureur sous toutes les formes, lorsqu'il arriva à Wilna. Je nommerai encore deux gouverneurs, qui se montrèrent dignes de marcher sur les traces de ce prince : le général en chef Vimskoi-Gortschakow et le général Driessen ; ils n'oublièrent rien de ce qui pouvait adoucir le malheureux sort de nos compatriotes, et, par leur belle et généreuse conduite, méritèrent l'estime de tous les gens de bien.

Nous arrivâmes le 12 décembre à Kowno; il y eut beaucoup de désordres dans cette ville à propos des subsistances, et les magasins furent pillés. Nous en repartîmes le 14; la Garde s'arrêta à Wirballen, pour y attendre le maréchal Ney, qui était resté à Kowno. Platow l'y attaqua et le fit tourner par un corps de Cosaques, qui passa le Niémen sur la glace; les troupes qui gardaient le pont ayant lâché pied, ces Cosaques seraient entrés par là dans la ville, si le maréchal ne s'y fût trouvé présent et n'eût réussi à les repousser, avec l'aide de quelques officiers. Le soir il fit sa retraite, mais la route de Pilwiski se trouvant interceptée, il dut descendre le Niémen et prendre celle de Gumbinnen. A notre arrivée sur le sol prussien, un nouveau fléau nous attendait; une fièvre nerveuse nous attaqua : on était emporté en peu de jours, si on se livrait au repos, tandis que le mouvement, même violent, et le bon vin, étaient de sûrs spécifiques.

La Garde continua sa retraite sur Kœnigsberg, mais lentement; elle y arriva le 31 décembre, réduite à environ 1,200 hommes. Le roi de Naples l'y avait précédée. Il fut complimenté par M. de Brandebourg, frère naturel du roi de Prusse, qui l'assura des sentiments d'attachement de ce souverain pour la France. Un tel langage contrastait singulièrement avec ce qui se passait dans le pays. La population de cette capitale de la vieille Prusse était dans un état d'hostilité ouverte contre nous: deux gendarmes français y avaient été assassinés publiquement ; on y faisait une levée extraordinaire, et il était bien évident que ce n'était pas en notre faveur (1) ; enfin, les chefs des troupes prussiennes communiquaient librement avec les Cosaques, sous prétexte qu'ils ne faisaient pas partie du contingent qui avait marché avec nous. Il était donc plus que probable que la vraie mission de M. de Brandebourg était de s'assurer si nos désastres étaient aussi grands que le publiait la renommée, et de diriger les mouvements de l'esprit public en conséquence.

Le 1er janvier 1813, la Garde quitta Kœnigsberg et marcha sur la Vistule. A cette époque, on connaissait la défection du général York, et quelques bataillons de la division Heudelet furent envoyés à Tapiau et à Wehlau, pour protéger la retraite du maréchal Macdonald. En passant à Gumbinnen, les divers corps d'armée avaient reçu l'indication des lieux où ils devaient se réunir : le 1er fut envoyé à Thorn, le 2e à Marienwerder, le 3e à Elbing, le 4e à Marienbourg, le 6e à Plock, le 9e à Dantzig et la Garde à Kœnigsberg; le 5e corps s'était porté sur Varsovie, en quittant Molodetschno, comme nous l'avons déjà dit. Ces ordres

---

(1) C'était une violation manifeste de l'article 11 de la convention du 24 février 1812.

se trouvaient déjà à demi exécutés, beaucoup d'hommes, après avoir repassé le Niémen, s'étant dirigés sur la Vistule par les routes qu'ils avaient suivies à l'ouverture de la campagne.

10ᵉ CORPS.

MARÉCHAL MACDONALD.

Après que nous eûmes forcé le passage de la Bérésina, Kutusow nous avait suivis sur Wilna, précédé par l'armée de Moldavie, et après avoir détaché un corps sous les ordres de Thormassow, pour observer les Autrichiens. Pendant ce temps, Wittgenstein, avec l'armée de la Dwina, se dirigea contre le 10ᵉ corps, par la rive droite de la Wilia; arrivé à Rossiéna, il détacha deux divisions, l'une sur Tilsit et l'autre sur Koltiniani.

Macdonald, ignorant les malheurs de la Grande-Armée, dont il n'avait point de nouvelles depuis longtemps, continuait à rester tranquille dans ses cantonnements, lorsqu'un officier polonais de la division Grandjean, qui avait eu permission d'aller à Wilna, revint en toute hâte faire part à son général des désastres qui nous avaient accablés. Ce récit lui parut si extraordinaire, qu'il crut devoir le communiquer au maréchal, et, quoique celui-ci n'y ajoutât aucune foi et qu'il répondît que sans doute le froid avait dérangé la tête de cet officier, il fit néanmoins, et à tout événement, des dispositions préparatoires.

Cependant nous avions évacué Wilna, et le 10ᵉ corps restait toujours sur la Memel. Le major-général l'avait oublié : il reprit ses esprits après le passage du Niémen et lui donna l'ordre de revenir sur Tilsit; mais quand cet ordre parvint au maréchal, il y avait 10 jours que nous avions quitté Wilna, et 5 ou 6 que nous avions repassé le Niémen : déjà la cavalerie légère russe occupait Tilsit. Macdonald se hâta de rassembler ses troupes, dont il fit deux colonnes, et se mit en mouvement sans aucun retard. La division Grandjean et la brigade prussienne de Massembach formèrent la colonne de droite; le reste du corps prussien et tous les équipages composèrent celle de gauche, qui se trouva ainsi couverte par la division Grandjean. Quelques troupes de la garnison de Riga suivirent la retraite, mais mollement, tant pour ne pas se compromettre que pour laisser à Wittgenstein le temps d'arriver.

Depuis plusieurs jours le général York, qui commandait les Prussiens, ne donnait point de ses nouvelles, et le général Massembach se montrait inquiet de ce silence ; le maréchal arrêta le mouvement de sa colonne de droite, pour tâcher de se mettre en communication avec sa gauche, mais ce fut en vain.

On se remit en marche, et, le 26 décembre, l'avant-garde trouva à Picktupponen la division Laskow, que Wittgenstein avait envoyée sur Tilsit ; le général Bachelu l'attaqua incontinent et lui passa sur le corps. Il fut parfaitement secondé par un régiment de dragons prussiens, qui se conduisit d'une manière brillante ; deux régiments russes mirent bas les armes : on prit aussi quelques pièces d'artillerie. Les prisonniers furent dirigés sur Kœnigsberg, où une émeute populaire leur rendit la liberté.

Arrivé à Tilsit, Macdonald tâchait vainement d'avoir des nouvelles d'York ; il ne savait plus que penser, lorsque le départ de Massembach, qui le quitta et repassa sur la rive droite du Niémen, lui apprit enfin la défection du corps prussien, et bientôt les lettres de ces deux généraux la lui confirmèrent. Le général York avait fait, le 30 décembre, près de Taurogen, au moulin de Poschern, une convention particulière avec le général russe Diebitch. La veille, M. de Brandebourg, le frère naturel du roi, était passé à Tilsit pour aller le rejoindre. On peut, sans avoir la prétention de pénétrer les secrètes noirceurs de la politique, regarder comme probable qu'il lui portait l'ordre de cette trahison, ourdie sans doute de longue main et négociée pendant la retraite.

La cour de Prusse fit semblant d'en être indignée, et manifesta publiquement son mécontentement par la voie des journaux. Les généraux York et Massembach furent destitués et livrés à un conseil de guerre;

le commandement du corps d'York fut donné au général Kleist ; le prince de Haztfeld fut envoyé à Paris auprès de Napoléon, pour lui renouveler l'assurance des sentiments d'amitié de la Prusse ; enfin, M. de Natzmer, aide de camp du roi, fut dépêché avec une lettre de ce prince au roi de Naples. Mais les événements prouvèrent bientôt que tout cela n'était qu'une pure comédie, que le gouvernement prussien avait cru utile de jouer. Kleist ne prit pas le commandement du corps d'York ; M. de Natzmer n'arriva pas jusqu'à Murat ; York renforça son armée par des levées extraordinaires ; Bulow livra le passage de l'Oder ; le roi quitta Berlin, ordonna une levée en masse et, jetant enfin le masque, déclara son alliance avec la Russie et récompensa le général qui nous avait trahis (1).

La défection du corps prussien rendait la retraite de la division Grandjean urgente et difficile ; elle se fit cependant en bon ordre. Quoique harcelée sans relâche par les troupes russes, cette division, réunie à celle du général Heudelet, parvint à se rendre par Kœnigsberg et Elbing à Dantzig, dont elle forma la garnison. Le général York avait trouvé utile de garder les équipages français, dont le dépôt lui avait été confié. Ce ne fut pas le seul exemple que, dans cette cam-

---

(1) Toutes les pièces relatives à cette affaire sont fort curieuses et fort instructives ; elles se trouvent réunies dans le *Moniteur* du 5 avril 1813 et dans ses suppléments.

pagne, les généraux coalisés donnèrent de la violation du droit des gens; au milieu de leurs dévotes proclamations, ces singuliers apôtres de la religion et de la morale regardaient comme juste tout ce qui leur paraissait profitable.

CORPS AUSTRO-SAXON.

Nous n'avons que fort peu de choses à dire sur les dernières opérations de ce corps. On se rappelle sans doute avec quel empressement le prince de Schwartzemberg avait saisi l'occasion du combat de Wolkowisk, pour s'éloigner de Minsk ; cependant, comme à cette époque il pouvait être encore dangereux de se démasquer, il se remit en marche le 28 novembre, pour se porter sur Slonim, d'où il poussa des têtes de colonnes dans diverses directions, mais sans essayer aucune opération essentielle. A cette attitude d'observation succéda bientôt un armistice secret et particulier au corps autrichien ; il serait donc bien inutile de suivre ses mouvements, qui n'étaient que des manœuvres de parade, destinées à voiler une véritable trahison, si leur connaissance n'était nécessaire pour l'intelligence de la suite des événements.

Dès que le prince de Schwartzemberg connut les

résultats du passage de la Bérésina, il se retira par Bialistok entre le Bug et la Narew, et prit position le 31 décembre, la droite à Broki, et la gauche à Ostrolenka. Le 7ᵉ corps, qui était resté à Proujani, se mit en retraite par Drogbistchin sur Wengrod, où il se plaça à la droite des Autrichiens. Les Russes, qui savaient fort bien à quoi s'en tenir sur les intentions réelles de ces derniers (1), s'étaient mis d'avance en cantonnement. Dès le 13 décembre, le corps détaché de la grande armée de Kutusow avait pris les siens aux environs de Lida, et celui de Sacken, sur la rive droite du Bug, en face du général Reynier. Dans les premiers jours de janvier 1813, l'ennemi s'étant avancé de nouveau, les Autrichiens se retirèrent en Gallicie. Alors le 7ᵉ corps se mit en marche pour rejoindre l'armée française : à Kalitz il eut une petite affaire avec les Russes, le 13 février, et fit ensuite sa jonction sans éprouver d'autre obstacle.

Le quartier général de notre armée, qui, depuis la mi-janvier, était à Posen, repassa l'Oder dans les premiers jours de février, et peu après l'Elbe, après avoir laissé des garnisons à Dantzig, à Thorn, à Pillau, à

---

(1) Aujourd'hui qu'une partie des trames politiques dirigées à cette époque contre Napoléon est à découvert, il paraît indubitable que tous les ordres du cabinet autrichien, adressés à Schwartzemberg, étaient vus et rectifiés par un agent secret de l'Angleterre : cela explique sa longue et constante trahison.

Zamosc, à Czentoschau, et dans d'autres places du Grand-Duché, ainsi qu'à Stettin, à Custrin et à Glogau. Le 5ᵉ corps, sous les ordres du prince Poniatowski, se maintint dans les environs de Cracovie; il s'y recruta et nous rejoignit sur l'Oder, dans la campagne suivante.

RÉSUMÉ GÉNÉRAL.

Telle fut la triste issue d'une campagne, dont l'ouverture avait présagé les plus heureux résultats et qui semblait devoir fixer les destinées de l'Europe, réparer une grande injustice politique, détruire l'influence de la Russie et consolider la prépondérance de la France. Quoi qu'en aient dit l'aveugle esprit de parti et cette foule d'hommes qui ne jugent que d'après l'événement, cette expédition était grande, habilement conçue et d'une politique profonde et éclairée. Malheureusement on ne rencontra pas dans les chefs cette unanimité d'efforts, cette simultanéité d'action, cette bonne volonté, ce zèle, qui suppléent parfois aux talents et qui sont toujours si nécessaires pour la réussite des grandes entreprises. Les uns restèrent dans une inaction coupable ou agirent avec mollesse, d'autres trahirent, et Napoléon lui-même, trop confiant dans son génie et dans sa fortune, non-seulement dédaigna les chances de succès que lui offrait la bonne volonté des populations polonaises, mais encore négligea les mesures de sagesse et de prévoyance que sa profonde connaissance des hommes et des choses lui avait rendues habituelles et que, dans les circonstances décisives où il se trouvait, il eût dû regarder comme indispensables.

Plus je réfléchis sur cette guerre, et plus je suis convaincu que tous les moyens de réussite étaient entre nos mains. Je ne m'aveugle pas sur les difficultés : je sais qu'elles étaient grandes, qu'elles se compliquaient des éléments divers dont se composait l'armée, des intérêts contradictoires qu'il fallait concilier, et des obstacles inhérents à la nature des lieux et aux distances ; mais enfin elles n'étaient pas invincibles, elles ne le devinrent que par nos fautes. Dans le cours de cet écrit j'ai tâché de signaler ces fautes, je vais en faire ici un résumé rapide et le mettre sous les yeux du lecteur.

L'alliance de l'Autriche était chère à Napoléon ; comptant sur l'union et l'amitié de son beau-père, il évitait avec soin tout ce qui eût pu y porter atteinte, et ces ménagements, que j'ose dire intempestifs ou au moins poussés à l'excès, le jetèrent dès l'ouverture de la campagne dans de graves embarras. Ils furent la source de cette politique timide, qui l'empêcha de proclamer la résurrection du royaume de Pologne, et qui le priva de tous les avantages qu'une déclaration aussi solennelle lui aurait procurés, quand bien même il y eût mis la restriction de la Gallicie. Ce furent encore ces ménagements qui présidèrent au choix de la destination du corps autrichien : on sent fort bien qu'elle dut être agréable au cabinet de Vienne, parce qu'elle éloignait peu ses troupes des frontières de son empire et les exposait à moins de dangers, mais on doit avouer qu'elle était très-mal appropriée aux circonstances, comme je l'ai déjà fait observer.

Si ce corps eût été placé sous la main de Napoléon, il eût servi utilement, et Schwartzemberg n'eût pas été à même d'exécuter la trahison ourdie à Vienne par Metternich, et qui nous fut plus funeste que celle d'York ; car il est hors de doute que, malgré les calamités qui avaient pesé sur la Grande-Armée, elle eût pu conserver la ligne de la Bérésina, si elle eût trouvé sur ses bords ou à Minsk l'armée austro-saxonne. Les Russes avaient trop souffert eux-mêmes, dans cette longue marche depuis Moscou, pour être capables d'une entreprise vigoureuse et hardie. Si j'en crois un auteur anglais, qui fit cette campagne auprès de leur quartier-général, l'armée de Kutusow, qui comptait 100,000 hommes à son départ de la Nara, se trouvait réduite à 40,000, lorsqu'elle arriva sur la frontière de la Pologne ; et certes la prudence bien connue de son chef, qui l'avait déjà empêché d'attaquer franchement nos débris au défilé de Krasnoï, quoiqu'ils ne se présentassent que successivement devant toutes ses forces réunies, lui eût, à plus forte raison, interdit d'être assez téméraire pour attaquer une armée de plus de 60,000 hommes, bien établie et ayant ses subsistances bien assurées, tandis que la sienne n'aurait pu vivre deux jours dans un pays entièrement dévasté. Il est encore évident que, si l'Autriche eût été de bonne foi, les Russes n'auraient pas pu nous suivre au delà du Niémen et laisser sur leur flanc le corps de Schwartzemberg, renforcé des Polonais de Poniatowsky et d'un grand nombre d'hommes sortant des dépôts. Sans doute, il était difficile à Napoléon de soupçonner d'avance la perfidie de deux hommes qui lui devaient leur élévation et leur faveur ; mais il n'en reste pas moins vrai que, sur le point où il plaça les Autrichiens, ils ne pouvaient pas lui rendre les services qu'il aurait obtenus des troupes polonaises.

Ce que je viens de dire sur la destination du corps autrichien, peut s'appliquer également à celle du corps prussien. Dans celui-ci, les généraux seuls étaient peu sûrs, les officiers particuliers voulaient se distinguer à côté des Français : aussi se battirent-ils vaillamment jusqu'à la fin, et leur conduite prouva que la défection de leur chef n'était pas du goût de beaucoup d'entre eux ; s'ils eussent été sous les yeux de Napoléon, ils eussent fait merveille. La trahison d'York, quoique funeste, le fut moins que celle de Schwartzemberg, car, lorsqu'elle éclata, nous avions déjà abandonné la Lithuanie. Toutefois, dans la situation où se trouvait l'ennemi, il est vraisemblable qu'il eût été facile de défendre le territoire prussien, si ce général eût été fidèle à son serment militaire.

Je ne sais si la morale applaudit aux motifs qui empêchèrent Napoléon d'appuyer et d'encourager le mouvement insurrectionnel des paysans russes, qui voulaient se soustraire aux violences et au knout des boyards; mais il est impossible de ne pas voir là une faute politique grave, qui, en sauvant la Russie d'un grand embarras, nous priva de précieux avantages. Cette générosité me semble avoir été d'autant plus déplacée, que non-seulement Alexandre prêchait une croisade religieuse dans ses États, mais qu'il cherchait encore à soulever l'Allemagne contre nous et à débaucher nos troupes. Il est également vrai de dire que nous ne sûmes pas tirer parti de la bonne volonté des Lithuaniens. Au moment de notre entrée dans cette vaste province, les seigneurs se présentèrent en foule, demandant la permission de monter à cheval avec leurs paysans. Pourquoi n'avoir pas profité de ce zèle, pour les lancer sur les terres russes et les opposer aux Cosaques, ou du moins pour les employer à conduire des vivres à l'armée? Mais on voulut avoir des troupes régulières, et on n'eut rien.

Quelque puissantes que fussent les raisons qui décidèrent Napoléon à s'avancer sur Moscou, raisons que j'ai fait connaître en détail, lorsque j'ai raconté notre départ de Smolensk, il me semble qu'elles étaient fortement balancées par d'autres plus décisives peut-être, et qu'il eût été plus sage de s'arrêter dans cette dernière ville. Cependant on ne peut s'empêcher de reconnaître que la marche sur Moscou avait eu des résultats immenses. L'armée russe avait été presque détruite à la Moskowa ; la ruine de la Ville-Sainte et l'incendie d'une grande quantité de bourgs et de villages (quoique je ne croie pas que le nombre s'en élevât aussi haut qu'on l'a dit), étaient une plaie profonde faite à l'Empire moscovite, et si nous ne nous fussions pas arrêtés dans son ancienne capitale, tout eût été sauvé, tous nos malheurs eussent été prévenus. A cette époque, soit que l'Empereur se fût élevé vers le nord pour menacer Saint-Pétersbourg et prendre Wittgenstein à revers, ainsi qu'il en avait formé le projet au moment de son entrée à Moscou, soit qu'il se fût tourné vers le midi pour revenir à Smolensk par des provinces fertiles et intactes, il est évident que rien ne pouvait s'opposer à notre marche, car l'armée russe n'avait pas alors reçu de renforts, la saison était belle, notre cavalerie était encore assez nombreuse, et nous serions arrivés dans nos positions plus de quinze jours avant le froid. Notre armée s'y serait renforcée du 9ᵉ corps, de la division Loison et des bataillons de marche ; toutes ces troupes auraient été employées avec avantage ; Wittgenstein n'aurait pas essayé de nous attaquer dans une situation aussi heureuse, ou bien il aurait été puni de sa présomption; Macdonald ne serait pas resté dans une inaction complète ; Schwartzemberg n'aurait pas osé désobéir ; les perfidies tramées à Berlin et à Vienne seraient mortes dans leur germe, car elles étaient subordonnées aux événements ; enfin, nous aurions pu, dans notre marche rétrograde, imiter l'exemple des Russes, détruire tout sur notre passage et mettre entre eux et nous un vaste désert.

J'ajouterai même que, si Napoléon eût quitté Moscou le 13 octobre, comme il en avait fait les dispositions, au lieu d'y rester jusqu'au 19, les grands désastres de la retraite eussent été évités. Le combat du 18, à Vinkovo, où notre cavalerie et le 5e corps eurent tant à souffrir, n'aurait pas eu lieu ; celui de Maloïaroslawetz n'aurait pas été livré ou aurait eu d'autres conséquences ; nous serions encore arrivés à Smolensk avant les froids, et, si l'amiral Tchitchagow avait eu la hardiesse de se présenter sur la Bérésina, il ne l'aurait pas fait impunément. Ainsi donc, sous quelque point de vue qu'on envisage les choses, on est forcé de reconnaître que notre séjour prolongé au milieu des cendres de Moscou a été une faute capitale et la véritable source de tous nos malheurs. Mais à cette première cause de notre ruine, on est forcé d'en ajouter une autre, qui, dès le début de la campagne, nous mina sans relâche : je veux parler du défaut de subsistances. Il est constant que, dans le cours de cette guerre, le manque de vivres nous coûta plus d'hommes que le fer et le feu de l'ennemi ; car il est permis de croire que le froid lui-même, tout extrême qu'il ait été, n'eut tant d'action sur nous et ne devint un agent de destruction si terrible, que parce qu'il attaquait des hommes mourants de faim et exténués par les fatigues et les privations.

Si maintenant on examine la conduite des lieutenants de Napoléon, on est forcé de convenir qu'ils ne le secondèrent pas avec le zèle et l'intelligence qu'il avait droit d'en attendre. Si son frère, le roi de Westphalie, n'eût pas perdu son temps à Ghrodno, si, par dépit, il n'eût point abandonné son commandement, Bagration n'eût jamais réussi à faire sa jonction avec Barclay-de-Tolly, et sa perte fût devenue inévitable. Si Junot n'eût pas désobéi, s'il eût passé le Borysthène au-dessus de Valoutina-Ghora, le combat qui s'y livra eût été moins sanglant, et l'arrière-garde russe n'eût trouvé aucun moyen de salut.

Si le roi de Naples eût ménagé sa cavalerie, s'il l'eût moins fatiguée, s'il l'eût tenue moins longtemps sous le harnais, elle ne se fût pas détruite si promptement et, au moment de notre retraite, elle eût été plus nombreuse et en meilleur état. Peut-être alors l'Empereur eût-il continué sa route par la province de Kalougha, et, dans tous les cas, nous eussions été éclairés sur nos flancs, protégés contre les insultes de la cavalerie légère ennemie et, par conséquent, moins harcelés et plus libres dans nos opérations. Je dois dire néanmoins que, quoique je sois persuadé que Murat a mérité tous les reproches qu'on lui a faits à cet égard pendant le cours même de la campagne, il serait cependant injuste de ne pas reconnaître à sa décharge que la formation de la cavalerie en grands corps devait entraîner nécessairement la destruction de cette arme, et que rien au monde ne pouvait vaincre ce vice radical d'organisation. Comment, en effet, pourvoir à la subsistance d'une grande masse de chevaux réunis sur un même point, quand on ne s'y arrête que quelques instants, et comment conserver longtemps des chevaux qui sont toujours en mouvement et qui n'ont pas de quoi manger?

Si le major général Berthier eût tenu la main à l'exécution du règlement sur les équipages et des prescriptions de l'Empereur à ce sujet, s'il eût fait observer l'ordre dans la marche des convois, s'il n'eût pas négligé le soin important de réparer les ponts et d'en établir de nouveaux sur les principaux ruisseaux, si nombreux et si marécageux dans les pays que nous traversions, la nourriture des chevaux eût été plus facile et la marche de l'armée notablement accélérée.

Si, au retour de Moscou, Davoust et le Vice-Roi eussent marché moins lentement, le combat de Wiasma n'eût pas eu lieu, ils n'eussent pas été coupés, l'armée fût arrivée quelques jours plutôt à Smolensk, le froid nous eût pris plus près de cette ville et nous y fussions parvenus en meilleur état. Peut-être alors le 4ᵉ corps serait-il entré à Witepsk avant que l'ennemi ne l'eût occupé, ou tout au moins eussions-nous évité les combats partiels de Krasnoï et atteint la Bérésina dans une situation encore respectable, et vraisemblablement avant les Russes.

Si le maréchal Ney n'eût pas retardé d'un jour son

départ de Smolensk, il eût rejoint le maréchal Davoust, et leurs deux corps réunis eussent facilement renversé l'avant-garde ennemie. Kutusow n'eût eu ni le temps, ni les moyens de faire des dispositions pour détruire le 3ᵉ corps isolé; celui-ci fût arrivé à Krasnoï avant le départ de la Garde et nos désastres eussent été bien diminués.

Si, dès le commencement de la guerre, Macdonald eût combiné ses opérations avec celles d'Oudinot, Wittgenstein n'eût pu rester impunément si près de Polotsk; il eût été complétement battu et rejeté au loin sur la route de Pskow, les 2ᵉ et 6ᵉ corps eussent eu bien moins à souffrir et se fussent conservés plus entiers. Si, plus tard, Macdonald eût suivi la division Steinheil, quand elle remonta la Dwina, Saint-Cyr eût vraisemblablement conservé sa position, le 9ᵉ corps se fût trouvé totalement disponible et les résultats de la campagne eussent été bien différents.

Je ne dirai rien des marches et contre-marches sans but et sans motifs des 2ᵉ et 9ᵉ corps sur les bords de l'Oula, de l'hésitation de leurs chefs et de leur désobéissance aux ordres de l'Empereur : je serais obligé de les qualifier trop sévèrement. Je passe également sous silence la conduite du gouverneur de Minsk, sur laquelle je me suis déjà assez étendu; mais ce que je ne saurais taire, ce sont les torts et l'incurie des administrations militaires. Quand on a fait la guerre, on se demande à quoi servent tant d'administrateurs si chèrement payés, et pourquoi les Gouvernements s'obstinent à surcharger leurs armées de tant de gens, qu'on serait heureux de pouvoir ne regarder que comme inutiles. Il est certain que les écrivains militaires se sont toujours accordés à les considérer comme des fléaux, et je puis assurer qu'en aucun temps et dans aucune armée, ils n'ont encouru plus de reproches et de plus graves que dans ces dernières campagnes. Uniquement occupés de leurs intérêts et de leur bien-être personnel, ils négligeaient également les devoirs de leurs places et ceux de l'humanité; hôpitaux, hommes, chevaux, tout était abandonné sans secours et sans soins.

On demandera peut-être s'il était réellement possible de pourvoir aux besoins des troupes, et si tous les efforts des administrateurs étaient en état de vaincre les difficultés locales. Je répondrai que, sans aucun doute, les difficultés étaient grandes et presque invincibles tant que duraient les mouvements de l'armée, mais qu'il n'en était plus ainsi pendant les intervalles où elle était en repos; que d'ailleurs ces difficultés n'existaient ni pour les hôpitaux, ni pour les corps stationnaires, et qu'ils n'en furent pas moins laissés au dépourvu; qu'il eût été possible de réunir des magasins sur différents points de la route, et qu'on fût très-coupable de négliger une semblable ressource; qu'à Moscou on eût pu fournir de l'avoine aux chevaux d'artillerie et à la cavalerie des avant-postes, et, en même temps, distribuer du vin aux officiers et de l'eau-de-vie aux soldats, ainsi que quelques grains, du sucre et d'autres choses encore ; que de telles distributions, faites régulièrement, auraient puissamment contribué à la conservation des hommes et des chevaux, et qu'au lieu de les faire, on laissa tous ces approvisionnements dans les magasins de la ville. J'ajouterai qu'une administration active et intelligente aurait su intéresser à nos succès l'industrie et l'avidité des Juifs. L'histoire et notre propre expérience dans la première guerre de Pologne nous avaient assez appris combien cette classe de la population pouvait être utile dans les contrées du Nord. Mais, bien loin de savoir mettre en œuvre les ressources du pays, l'administration trompa souvent, par des rapports infidèles, la sollicitude de l'Empereur et lui dissimula le véritable état de choses et les besoins les plus urgents de l'armée.

Après avoir critiqué de bonne foi ce qui m'a paru blâmable dans l'ensemble de cette guerre et dans ses détails, je devrais peut-être combattre et repousser les imputations odieuses, dont Napoléon, les généraux et l'armée tout entière ont été chargés dans une foule de libelles ; mais ces accusations sont si absurdes et si contradictoires, qu'elles se réfutent pour ainsi dire d'elles-mêmes et ne méritent que le mépris. Cependant je veux relever une des mille calomnies qui se trouvent réunies dans un roman écrit sur la campagne de Russie, par Labaume. Dans cet ouvrage, où presque chaque ligne est un mensonge ou une flatterie, où l'auteur fait de l'armée française *une horde d'incendiaires, de voleurs, d'assassins, de massacreurs d'enfants, coupables de viol et de rapt*, on lit : « *On apprit que l'ordre avait été donné de brûler tout ce qui se trouverait sur notre chemin* (1). » A qui avait été donné cet ordre ? Par qui ? Dans quels termes ? L'auteur aurait bien dû nous le dire, car un pareil ordre n'avait pu rester secret. Il continue : « *Napoléon faisant brûler et détruire tout ce qui se trouvait sur son passage..., les soldats de sa suite* (sans doute la Garde) *étaient tellement portés à cette dévastation, qu'ils incendiaient aussi les lieux où nous devions nous arrêter.* » Autant de mots, autant de mensonges ! Pendant toute la retraite, Napoléon marcha à la tête de la Garde, et le plus souvent à pied ; jamais il n'ordonna rien de pareil ; jamais la Garde ne se porta à de semblables excès. Ceux qui connaissent l'histoire savent fort bien que de telles prouesses sont dans les habitudes moscovites, mais non dans les mœurs françaises. Mais quand il serait vrai de dire que de pareils ordres auraient été donnés, et je le nie positivement, que pourrait en conclure l'auteur dont il s'agit ? Comment le même acte, tant vanté par lui chez ses amis les Russes, pourrait-il se changer en crime chez nous ? Comment ce qui, dans leur retraite, a été licite, héroïque même, deviendrait-il tout à coup, dans la nôtre, illicite et infâme ?

---

(1) Cet auteur savait que Pierre Ier avait donné de pareils ordres et qu'ils avaient été fidèlement exécutés ; il a trouvé tout simple de prêter aux Français le rôle des Russes : c'était un sûr moyen d'avoir force horreurs en tout genre à décrire.

Les lois de l'équité me paraissent devoir être plus constantes et plus fixes.

Il est certain que beaucoup de villages, ou au moins de maisons, furent brûlés pendant notre retraite; mais pourquoi chercher des causes éloignées et odieuses à ces fréquents incendies? Les bois résineux dont les huttes des paysans sont construites, le chaume dont elles sont couvertes, et l'insouciance naturelle au soldat et à l'homme en général, quand il n'est pas mû par son intérêt personnel, ne les expliquent-ils pas suffisamment? Les soldats allumaient du feu pour se chauffer, souvent ils s'éloignaient sans l'éteindre, le vent soufflait les étincelles et amenait l'incendie. Le général Tchitchagow, moins passionné et plus juste, a reconnu et assigné cette cause aux incendies, dans son rapport sur sa marche vers Wilna. Quant à Wéréïa, dont parle le même ouvrage, j'ignore si, en effet, elle fut brûlée à dessein, mais je ne serais pas éloigné de le croire, et j'ajoute qu'une pareille punition eût été bien méritée. Une ville où les ennemis avaient été introduits par des prêtres et des habitants, une ville dont la garnison avait été égorgée par trahison, devait-elle s'attendre à un sort moins rigoureux?

Je terminerai mon travail par quelques réflexions sur le maréchal Kutusow. Je ne prétends pas le juger, je serai rapporteur impartial des faits, ils parleront seuls et chacun sera à même de prononcer. Kutusow était un homme de parti, et, comme tel, il fut imposé au Czar, qui ne l'aimait peut-être pas plus qu'il ne.

l'estimait. Après les désastres qui finirent la campagne d'une manière si funeste pour nous, les panégyristes de ce général lui en attribuèrent toute la gloire. Ces heureux événements étaient, disaient-ils, le résultat de ses profondes combinaisons, qui avaient été au-dessus de l'*intelligence commune*; il fut proclamé le sauveur de la Russie et le libérateur de l'Europe. Nous allons voir sur quoi sont fondés ces titres pompeux.

Kutusow était grand partisan des fortifications de campagne; partout il faisait remuer de la terre. Je ne pense pas qu'on doive l'en louer ni l'en blâmer; cette méthode a des avantages et des inconvénients, et son utilité dépend entièrement de son application. Si, d'un côté, elle augmente les obstacles du terrain et favorise sa défense, elle tend, d'un autre côté, à affaiblir le moral du soldat et à lui donner une idée supérieure de son ennemi, surtout lorsque celui-ci vient à bout de surmonter ces obstacles ou de les rendre inutiles. Or l'expérience a prouvé que tout retranchement bien attaqué finissait toujours par être pris, et d'ailleurs il est facile de comprendre qu'il est peu ou point de positions qui ne puissent être tournées. Celle de Borodino elle-même l'eût été facilement avant le combat, et surtout après la prise de la redoute de gauche, si Napoléon n'eût voulu que la faire évacuer; mais il entrait dans ses vues de livrer une bataille et de la rendre meurtrière, pour qu'elle fût décisive. Il paraît qu'avant cette bataille, le général russe avait formé le projet, en cas de revers, de défendre les approches de Moscou; les fortifications qu'il avait élevées sur divers points de la route, et les retranchements dont il avait couvert la hauteur des Moineaux, près de cette ville, semblent l'indiquer; mais après sa défaite, la situation où se trouva son armée lui fit sentir l'impossibilité d'une nouvelle lutte, et ce ne fut qu'en brûlant des villages qu'il se flatta de retarder notre marche.

Je sais bien qu'on a donné à son mouvement sur Moscou et autour de cette capitale, un but politique; mais je croirais plutôt qu'il ne voulut pas l'abandonner, sans avoir acquis la certitude que les secours qu'il s'était promis de la population et des milices, étaient tout à fait insuffisants pour sa défense. Quoi qu'il en pût être, si Napoléon, comme il en avait eu le projet, eût levé ses cantonnements, pour marcher contre l'armée russe pendant sa procession autour de Moscou, pense-t-on qu'elle n'eût pas couru de grands dangers et qu'elle fût parvenue intacte au camp qui avait été fortifié pour elle sur la Nara? Il est difficile de croire que le maréchal de Kutusow possédât assez la science de lire dans l'avenir, pour savoir que Napoléon s'obstinerait, sans raison aucune, à rester à Moscou, et que l'hiver serait d'une rigueur extraordinaire, même dans ces climats; et pourtant sa gloire dépend uniquement de cette prescience.

Son camp sur la Nara était bien choisi et approprié à ses vues; il couvrait les provinces les plus fertiles de l'Empire et lui donnait la facilité d'inquiéter nos communications. Mais ces avantages tenaient absolument à notre séjour prolongé à Moscou ; ils devenaient nuls, si nous n'avions fait qu'y prendre quelques jours de repos : on a vu comment la marche de Napoléon sur Borowsk rendit inutiles ces retranchements de la Nara, et combien Kutusow se hâta de les abandonner. Le combat de Maloïaroslawetz, où il fut obligé d'engager les trois quarts de ses forces, c'est-à-dire plus de 70,000 hommes, contre 14 ou 15,000, lui donna la mesure de ce que pouvait encore l'armée française. Il sentit que ses recrues ne pouvaient lutter contre de tels soldats, et que la supériorité du nombre devait être comptée pour peu de chose. On ne peut donc le blâmer d'avoir refusé un engagement général, dont les résultats n'auraient pu que lui être défavorables. Mais que penser de la lenteur de ses mouvements après cette affaire? Il n'avait, pour se rendre à Wiasma, qu'à parcourir le diamètre d'un cercle, dont nous devions décrire la demi-circonférence ; il lui était donc facile de nous y prévenir, d'en occuper le défilé et de nous livrer bataille dans une position très-avantageuse. Nous le craignions avec grande raison, et j'ai vu le général Winzingerode, alors notre prisonnier, partager notre étonnement de ne pas y trouver l'armée russe, et nous regarder après cela comme hors de danger. Il est vraisemblable que le souvenir encore récent de Maloïaroslawetz fit craindre à Kutusow de se compromettre.

Plus tard, et lorsque la faim, les fatigues et la rigueur de la saison eurent anéanti l'armée française, il se rapprocha de la route qu'elle tenait, et arriva près de Krasnoï en même temps qu'elle et même avant. Alors, notre triste situation lui étant bien connue, il voulut avoir la facile gloire d'en tirer avantage. Les dispositions qu'il fit le 17 novembre, indiquaient le dessein de nous envelopper; mais il ne l'exécuta qu'avec circonspection et timidité : il n'osa pas attaquer franchement nos débris, ni engager son infanterie; il se contenta de les faire canonner et harceler par sa cavalerie. On croirait qu'informé de l'arrivée de Wittgenstein et de la position de Tchitchagow, il va suivre pied à pied et sans relâche ces malheureux restes qui se traînent avec peine, et qu'il va les enfermer sur les bords de la Bérésina entre son armée et celles de ses deux lieutenants. Point du tout : il reste dans sa position de Krasnoï, ensuite il se jette à gauche sur Romanow et Kopy, et traverse la Bérésina à Uscha, le 1er décembre, c'est-à-dire cinq jours après que nous en avions forcé le passage.

Si des actions de Kutusow je passe à l'examen de ses ordres, peut-être le lecteur militaire n'en sera-t-il guère plus satisfait. Je les trouve dans les Mémoires sur la campagne de Russie ; ils ne sauraient venir de meilleure source, l'auteur ayant eu les originaux en main. Le 18 septembre, Tchitchagow reçut de Kutusow l'ordre de venir se réunir à lui, ce qui suppose ou une grande ignorance de la situation de Tormassow, ou une grande confiance dans Schwartzemberg, et peut-être l'une et l'autre. Le 23, ce fut le tour de Tormassow ; il reçut l'ordre de se séparer de l'armée de Moldavie et de venir au secours de Moscou. Or nous y étions entrés depuis le 14, et ce général aurait eu plus de deux cents lieues à faire pour s'y rendre. Le 27, un second ordre prescrivait à Tchitchagow de rejoindre la grande armée à marches forcées, et de laisser Tormassow seul en Wolhinie. Enfin, le 29, un troisième ordre révoquait les deux précédents.

On a remarqué sans doute que, si ces divers ordres eussent été exécutés l'un après l'autre, seulement pendant quelques jours, ou bien il ne serait demeuré personne en présence des Austro-Saxons, ou bien l'une des deux armées russes restée seule, aurait eu nécessairement à souffrir, si elle eût été attaquée. J'ajouterai que ces ordres, qui appelaient au secours de Moscou des troupes qui en étaient éloignées de plus de deux cents lieues et qui se trouvaient par conséquent dans l'impossibilité d'y arriver à temps, offrent une preuve sans réplique de l'anxiété du généralissime, de ses craintes et de ses irrésolutions.

Enfin, après le combat de Maloïaroslawetz, il ordonna à Tchitchagow d'envoyer un corps à Kiow, où il croyait que l'armée française se dirigeait. Si l'amiral eût obéi, son opération sur Minsk eût échoué, et nous eussions été sauvés d'un grand embarras et d'un grand malheur. Il est assez curieux que, dans cette circonstance, les deux généraux opposés sur cette partie du théâtre de la guerre, aient désobéi à la fois à leurs généraux en chef respectifs ; mais il y avait dans leur conduite cette différence importante que, tandis que Schwartzemberg cherchait à rendre vaines les combinaisons de Napoléon pour le perdre, Tchitchagow allait droit au but et redressait les erreurs de Kutusow pour assurer ses succès. D'après tout ce que je viens de dire sur le prince Kutusow, on peut juger l'homme dont les conceptions et la conduite ont été le sujet de tant d'éloges et de tant d'admiration.

Comme les Cosaques ont partagé la gloire de ce général et que même ils ont été, pour certaines gens, l'objet d'une sorte d'engouement, je dois en finissant dire un mot de cette milice, aujourd'hui célèbre, mais plus faite pour servir d'épouvantail que pour lutter contre des soldats aguerris. Toutefois, pour être juste, il convient de les considérer sous deux points de vue fort différents, et suivant celui que l'on choisira, on pourra les ranger parmi les plus mauvaises ou parmi les meilleures troupes : car pour eux il n'y a point de milieu.

Si par *bonnes troupes* on entend des soldats braves, énergiques et fermes, recevant froidement le feu de l'ennemi, l'attaquant avec audace, croisant le fer avec intrépidité, les Cosaques sont assurément les plus mauvaises troupes de l'Europe. Mille faits le prouvent : à Witepsk, une compagnie de voltigeurs résista à plusieurs milliers d'entre eux ; dans notre retraite et au milieu de nos plus grands désastres, Ney, voulant montrer le mépris qu'ils méritaient, donna ordre à cinquante grenadiers d'aller brûler un village à une demi-lieue de la route, et leur prescrivit de le rejoindre en passant par un autre chemin qu'il désigna du doigt : « Vous serez enveloppés par les Cosa« ques, leur dit-il ; mais gardez vos rangs et vous n'a« vez rien à craindre. » Et son ordre fut exécuté mot à mot, malgré 12 ou 1,500 Cosaques. A Plechtchenitsi, le maréchal Oudinot résista avec douze hommes à la colonne du général Lanskoï, munie de canons. A Wilna, une cinquantaine de grenadiers de la Garde repoussa 7 à 800 Cosaques, malgré l'artillerie dont ils étaient appuyés. A Wehlau, environ 300 hommes de la Garde mirent en fuite une nuée de ces pillards qui croyaient forcer la ville. A Dirschau enfin, sur la Vistule, une compagnie des gardes de Hesse-Darmstadt, au nombre de 60 à 70 hommes, ayant été chargée de soutenir la retraite, se trouva enveloppée par un parti très-nombreux, qui la somma de se rendre : sans s'émouvoir, le capitaine fit serrer les rangs, se flanqua de quelques tirailleurs, continua sa route et rejoignit à Tüchel le corps qu'il avait couvert, sans que les Cosaques eussent osé l'entamer. J'ajouterai que, depuis Smolensk jusqu'à la Bérésina, ils marchèrent continuellement sur nos flancs, mais qu'ils se tinrent toujours hors de portée de fusil. Je ne crois pas qu'ils aient jamais osé attaquer dix hommes armés ; leurs prouesses se bornaient à massacrer des soldats sans armes, engourdis par le froid, et à prendre ou à piller des voitures abandonnées ou restées sans défense. Enfin j'ai toujours vu que quelques coups de fusil leur faisaient prendre la fuite et les dissipaient comme une volée d'étourneaux.

Mais si, d'un autre côté, on appelle bonnes troupes celles qui éclairent bien les mouvements de l'ennemi, qui savent le harceler, le fatiguer et le tenir en haleine, alors je conviendrai que les Cosaques sont les meilleures troupes légères de l'Europe. Jamais, par exemple, je n'ai vu reconnaître un pays et l'explorer avec autant de soins et de détails minutieux que par eux ; il n'y avait pas une maison, pas un arbre, pas un buisson qui échappât à leurs investigations. Si je ne craignais pas d'employer une comparaison trop familière, je dirais qu'en examinant avec quelle précaution et quelle *cautèle* un chat reconnaît un appartement où il se trouve pour la première fois, on aura une idée exacte de la manière dont se comportent les Cosaques dans cette partie de leur service.

CAMPAGNE DE 1813.

SOUVENIRS MILITAIRES.

CAMPAGNE DE 1813.

Napoléon, en quittant l'armée à Smorghoni, le 5 décembre 1812, passa par Varsovie et par Dresde, où il donna quelques ordres, et se rendit en hâte à Paris pour préparer les moyens de résister à ses nombreux ennemis. Il y arriva le 18 décembre : la veille avait paru le vingt-neuvième bulletin. En portant le deuil dans toutes les familles, ce document officiel donna une idée de la triste situation de l'armée, et fit pressentir les sacrifices que réclamaient ses besoins. Ils étaient immenses ; tout était à créer, personnel et matériel. Mais la présence de l'Empereur avait réveillé l'esprit public. Les cohortes, formées en vertu du sénatus-consulte du 13 mars 1812, demandèrent à faire partie de l'armée active. Cet exemple de patriotisme ne fut pas perdu ; dans tout l'Empire, les corps constitués et beaucoup de simples citoyens offrirent des chevaux et des cavaliers armés et équipés. Enfin un sénatus-consulte du 11 janvier 1813, mit à la disposition du Gouvernement 350,000 hommes.

Dès le 25 janvier, les généraux Lauriston et Bertrand furent appelés à des commandements supérieurs : le premier à celui du corps d'observation de l'Elbe, dont la réunion se faisait à Magdebourg, et le second à celui d'un corps qui se rassemblait à Vérone. Ces nominations étonnèrent l'armée, et quoiqu'il y eût une grande différence dans la trempe du caractère de ces deux officiers, il faut avouer pourtant que ni l'un ni l'autre n'avait la capacité et l'expérience que réclamaient, dans de pareilles circonstances, des commandements aussi importants. Si Napoléon eût consulté ses véritables intérêts, il eût choisi les hommes les plus capables ; mais entraîné par cette fatalité qui semble s'attacher aux souverains qui courent à leur perte, il crut que ce que dans les cours on appelle dévouement, pouvait suppléer avec avantage aux talents militaires. On verra bientôt une nouvelle preuve de cette erreur également fatale à la France et à lui-même.

Pendant que l'Empereur s'occupait à Paris des soins importants qui réclamaient sa présence, les restes de la Grande-Armée, que Murat avait abandonnés le 27 janvier à Posen, se retiraient derrière l'Oder sous les ordres du prince Eugène ; ils y furent renforcés par le 11ᵉ corps, que le général Grenier avait amené d'Italie. En février, le quartier-général ayant été porté à Berlin, le maréchal Saint-Cyr proposa de défendre la Sprée et la nouvelle ville ; mais ses blessures s'étant rouvertes, il ne put se charger de l'exécution de ce projet avantageux, et après son départ, l'armée se replia sur l'Elbe. Quoique la Prusse n'eût pas encore jeté le masque, cependant, depuis que le roi avait quitté sa capitale et s'était retiré à Breslau, personne n'était plus dupe de ses hésitations ; autour de lui les ennemis de la France avaient repris leur influence, et déjà ses généraux étaient en communication ouverte avec les Russes. Dès le 10 février, Bulow leur livra le passage de l'Oder, sur le point où il commandait, bien qu'en ce moment une partie de nos forces se trouvât encore sur la rive droite. Conduits par des nobles du pays, quelques corps russes se portèrent le 20 février sur Berlin ; ils surprirent la garde de la porte d'Oraniembourg et pénétrèrent dans la ville, où ils furent accueillis en amis par beaucoup d'habitants. Cependant le mouvement qui se fit en leur faveur n'eut point de suites fâcheuses, le maréchal Augereau eut le temps de réunir ses troupes, et après un léger combat, les Russes furent chassés et l'ordre fut rétabli.

A la même époque, Hambourg et Lubeck donnaient à la 32ᵉ division militaire le signal de l'insurrection contre nous. Pour augmenter nos embarras de ce côté et soutenir les mécontents, les ennemis y jetèrent quelques partis. Il en résulta divers petits combats, où les chances de la fortune ne nous furent pas toujours favorables. Dans l'un d'eux, à Lünebourg, le général de division Morand fut tué, et sa division forte d'environ 3,000 hommes, dont la plus grande partie était composée d'alliés, fut toute entière détruite ou prise. On a assuré que l'imprudence de ce général avait été cause de son malheur. Il venait de Stralsund et il était entré de vive force à Lünebourg ; mais il ne prit aucune mesure de sûreté, et ses soldats étaient épars çà et là, occupés à des soins de propreté, lorsque l'ennemi se présenta aux portes de la ville et y pénétra sans obstacles. Cette attaque inopinée jeta du trouble et du désordre parmi ses troupes ; il périt en cherchant à les rallier, et sa mort leur ôta tout espoir de salut. Le reste de l'Allemagne n'était contenu que par la présence de nos armées ou par la puissance morale qu'y exerçait encore Napoléon.

Ainsi s'accomplissait l'œuvre, mûrie dans l'ombre, des sociétés secrètes formées en 1807, avec l'assentiment tacite des divers Gouvernements et particulièrement du Gouvernement prussien ; leurs progrès avaient été rapides et en peu de temps elles avaient dirigé l'opinion publique ; leur dogme était l'indépendance de l'Allemagne et leur pensée secrète l'amélioration du système social. Quoiqu'elles aient été en réalité organisées contre nous, il serait injuste de méconnaître ce qu'elles avaient de légitime et de généreux ; mais bientôt elles dépassèrent le but qu'elles avaient voulu atteindre, et le noble élan qu'elles avaient imprimé ne servit qu'à fortifier le pouvoir des rois. Il n'est pas inutile de faire observer ici, et ce sujet me paraît digne des méditations des philosophes, que toutes nos guerres ont eu des résultats avantageux aux peuples que nous avons envahis, et que partout les principes que nos armées leur ont inoculés ont avancé la civilisation, rendu le despotisme plus léger et forcé les princes à s'occuper du bonheur de leurs sujets et à améliorer leur sort. L'Italie, la Prusse et les autres États de l'Allemagne prouveraient au besoin cette assertion. Il serait inutile et inopportun d'entrer ici dans des détails à ce sujet ; toutefois il en résulte bien évidemment qu'en accablant la France, les peuples agirent en sens inverse de leurs intérêts. C'était une grande faute ! Mais comment, au milieu des passions exaltées, garder un juste milieu et ne pas dépasser le but ? Ils n'ont pas tardé à s'en apercevoir et à en être punis.

Cependant le roi de Prusse était enfin passé du côté des Russes et avait joint ses forces aux leurs. Les armées russes étaient si affaiblies par les pertes de la dernière campagne, que, si nous en croyons un auteur allemand qui paraît bien informé, elles ne comptaient alors sous les armes que 35,000 hommes disponibles, et cet écrivain en tire la conséquence fort juste que, sans l'alliance des Prussiens, elles n'auraient pas pu se soutenir sur la rive gauche de la Vistule. Le parti que prenait le roi de Prusse n'était pas sans de grands dangers; il ne se les dissimulait pas et il comprit que des moyens ordinaires de défense seraient insuffisants pour les conjurer. Dans cet embarras extrême, il mit habilement à profit l'enthousiasme des peuples, et leur promit, en échange des sacrifices qu'il réclamait d'eux, *la Liberté!*... et *une Constitution*. Sa voix fut entendue, et ces mots magiques produisirent leur effet, la nation courut aux armes, les Ecoles restèrent désertes, professeurs et étudiants, tous passèrent dans les rangs de l'armée. On sait ce qui arriva après la victoire : la proscription des plus ardents patriotes et l'inquisition de Mayence dégagèrent la parole royale.

De son côté, Napoléon redoublait d'activité; à sa voix les armées semblaient se former par enchantement, et il aurait pu dire avec bien plus de raison que Pompée, qu'en frappant du pied la terre, il en faisait sortir des légions. La défection de la Prusse lui servit de motif pour demander une nouvelle levée de 180,000 hommes, dont 10,000 Gardes d'honneur. A mesure que ces forces étaient organisées, on les dirigeait vers l'Allemagne.

Au commencement de mars, un corps d'armée,

sous les ordres du maréchal Ney, était à Hanau sur le Mein ; un autre, sous ceux de Marmont, se réunissait à Francfort, où se trouvait une partie de la Garde ; Bertrand débouchait du Tyrol et Vandamme de Wesel. En mars et avril, le Vice-Roi eut quelques engagements avec les Russes et les Prussiens sur les deux rives de l'Elbe ; le plus considérable fut celui du 5 avril, sur la rive droite, où le général Grenier fut blessé. Au commencement d'avril, nos préparatifs étaient très-avancés ; les nouveaux corps d'armée se mettaient en mouvement pour faire leur jonction avec le Vice-Roi et reprendre l'offensive.

Napoléon quitta Paris le 15 avril, et arriva le 16 à Mayence, où il passa une semaine. Un jour, en se promenant sur la terrasse du palais, il dit : « Mon armée « est jeune ; je la formerai dans un camp sur la « Saale !... » Les événements qui se pressèrent ne le lui permirent pas. Il partit de Mayence le 24, pour rejoindre l'armée. A cette époque, c'est-à-dire vers la fin d'avril, elle était toute en mouvement. Le prince d'Eckmühl, investi de pouvoirs extraordinaires, marchait sur Hambourg ; Vandamme, formant son avant-garde, s'emparait de Harbourg. Le Vice-Roi occupait, avec les 2e, 5e et 11e corps, Calbe, Sandersleben et Alsleben, sur la rive gauche de la Saale. Le 2e corps était commandé par Victor, le 5e par Lauriston et le 11e par Macdonald. Ney était à Weymar avec le 3e ; Marmont à Gotha avec le 6e ; Bertrand, avec le 4e, à Saalfeld, et Oudinot à Cobourg, avec le 12e. Une partie de la Garde était à Erfurt, où l'Empereur arriva le 25; le reste était auprès du Vice-Roi ou en arrière.

L'armée alliée, russe et prussienne, était disposée de la manière suivante : Barclay-de-Tolly était sur la Vistule; l'Empereur Alexandre avec sa Garde, et Kutusow avec un corps d'armée, marchaient sur Dresde (Kutusow mourut pendant cette marche, à Buntzlau). Winzingerode et Wittgenstein étaient à Leipzig; Blücher et Lecoq sur la rive droite de la haute et basse Saale, occupant Halle et, par des têtes de pont, Mersebourg et divers autres points de la rive gauche. Des corps de cavalerie légère parcouraient la Saxe et s'étendaient jusqu'à Hof et Plauen.

L'armée française continua sa marche sur Weissenfels sans rencontrer aucun obstacle. A son approche, quelques corps de troupes légères, établies en avant de la Saale, se retirèrent avec précipitation et sans opposer de résistance sérieuse. Le 29 avril, Napoléon avec la Garde était à Naumbourg, le 6ᵉ corps à Kosen, le 4ᵉ à Dornbourg, et le 12ᵉ à Saalfeld. Ce jour-là, la division Souham, qui faisait l'avant-garde du prince de la Moskowa, trouva en avant de Weissenfels un corps ennemi d'environ 5 ou 6,000 hommes, muni d'une nombreuse artillerie et composé presque entièrement de cavalerie. Quoique privé du secours de cette arme, le général Souham ne balança pas à l'attaquer, et après un léger combat, le repoussa derrière la ville, où il fit mine de vouloir tenir; mais il n'y resta pas longtemps tranquille : Souham forma ses colonnes d'attaque, et malgré les charges que cette cavalerie tenta contre nous, elle fut bientôt forcée de nous céder ses positions. De son côté, le Vice-Roi manœuvrait par sa droite, pour faire sa jonction avec notre armée : Lauriston força l'ennemi à abandonner ses têtes de pont vis-à-vis de Wettin et de Halle, et Macdonald s'empara de vive force de Mersebourg, d'où il chassa un corps prussien sous les ordres d'York.

Au débouché de Weissenfels commence une plaine superbe, qui s'étend jusqu'au défilé de Poserna, reprend après ce défilé et continue jusqu'à l'Elster ; elle offre un terrain extrêmement favorable aux mouvements de la cavalerie, car aucun obstacle ne s'y oppose au développement de tous ses moyens. C'est aussi sur ce théâtre que les ennemis voulurent faire l'essai de leurs forces contre nos jeunes soldats. Le général en chef russe, bien informé de la marche de l'Empereur et des manœuvres du Vice-Roi, chargea le général Vinzingerode de reconnaître les troupes qui arrivaient par Weissenfels ; en même temps il quitta son camp de Leipzig et se plaça sur l'Elster, vers Zwenkau, Pegau et Zeist. Ce mouvement fut exécuté dans le plus grand secret, et pour nous le dérober plus sûrement, Winzingerode eut ordre de laisser une ligne de postes en avant de l'Elster. Cette nouvelle position était prudemment et judicieusement choisie ; elle parait à tous les inconvénients et offrait plusieurs avantages. Le général russe échappait ainsi au danger de voir ses communications coupées avec la Silésie, par un de ces grands mouvements stratégiques si familiers à l'Empereur, et d'être rejeté sur Berlin et éloigné des frontières autrichiennes ; car déjà, à cette époque, l'opinion universelle dans l'armée ennemie et en Allemagne était fixée sur le parti que prendrait l'Autriche. Il trouvait encore dans cette position l'avantage de pouvoir tomber à l'improviste sur l'aile droite de notre armée et de la battre avant la réunion de toutes nos forces, ou, en cas d'échec, d'avoir une retraite sûre et sans inconvénient au milieu d'un pays coupé et plein de difficultés. Ce plan fut sur le point de réussir.

Le 1er mai, nous trouvâmes le général Winzingerode au débouché de Weissenfels, avec un corps d'environ 12,000 hommes. L'Empereur, ayant disposé les divisions du maréchal Ney en colonnes prêtes à former des carrés, se mit en marche vers midi. Une division de la Jeune-Garde, quelques bataillons de la Vieille-Garde et environ 1,200 chevaux, sous les ordres du maréchal Bessières, servaient d'appui et de deuxième ligne et formaient notre extrême droite. Jusqu'au défilé de Poserna, l'ennemi se borna à voltiger sur nos flancs et à nous inquiéter avec du canon ; mais là, tandis que sa cavalerie manœuvrait sur les deux côtés du défilé et paraissait vouloir envelopper nos ailes, un corps d'infanterie, appuyé d'une nombreuse artillerie, se mit en devoir de tenir ferme et de nous disputer le passage. Ces démonstrations n'arrêtèrent pas nos troupes ; la division Souham passa hardiment le défilé et fut suivie par les autres divisions du 3e corps.

L'Empereur se porta à l'avant-garde pour mieux juger les intentions de l'ennemi, qui paraissait prendre diverses directions.

Peu de temps après, le maréchal Bessières, après avoir fait les dispositions que semblait nécessiter l'attitude de quelques corps de l'extrême gauche des Russes, s'engagea de sa personne dans le défilé pour rejoindre Napoléon ; comme il passait dans un chemin creux de Poserna, un boulet de canon, ayant frappé contre le mur de clôture d'un champ, revint sur lui, lui fracassa l'avant-bras et le tua raide. Le maréchal Bessières, duc d'Istrie, n'était pas un officier d'un talent très-distingué, mais depuis les campagnes d'Italie, il avait toujours fait partie de ce que l'Empereur appelait sa famille militaire ; il avait conservé le droit de l'approcher en tout temps, et il avait le courage de lui dire quelquefois la vérité, chose devenue bien rare autour de lui à l'époque dont nous parlons (1). A ces

---

(1) Il était d'usage qu'un bataillon de la Garde se rendît d'avance sur le point où l'Empereur devait prendre son quartier général, afin que tout fût disposé à son arrivée. Quelques jours auparavant, à Erfurt, le général Berthezène, commandant la Garde par intérim, n'avait pas encore reçu d'ordres à dix heures du soir, et l'on devait partir le lendemain à la pointe du jour. L'Empereur était couché, et le grand-maréchal du palais lui-même, n'osant troubler son repos, dit au général Berthezène d'aller prendre les ordres du major-général Berthier. « Je ne sais rien, répondit celui-ci avec humeur, et je n'ai
« point d'ordres pour vous; la Garde ne me regarde pas ! Allez voir

titres il lui était utile et mérita ses regrets. Du reste, quoiqu'ayant peu de rapports avec d'autres troupes que celles de la Garde, il était généralement aimé, parce qu'il était affable et pas trop gâté par la fortune.

Nos troupes continuèrent leur marche sur Lützen ; l'ennemi se retira vers Pegau. Le général Drouot, aide de camp de l'Empereur, fut chargé de le suivre avec quelques pièces d'artillerie et une division d'infanterie. Il ne le quitta qu'à la nuit et sur les hauteurs qui dominent l'Elster ; mais il commit la faute grave de ne pas le rejeter derrière cette rivière et de ne pas prendre poste sur le plateau qui la domine. Cette négligence pensa être funeste à l'armée. Le Vice-Roi, qui débouchait de Mersebourg à la tête des 5ᵉ et 11ᵉ corps, attiré par la canonnade, appuya à droite avec le 11ᵉ, pour nous donner la main ; le 5ᵉ continua sa marche sur Leipzig. Dans la nuit du 1ᵉʳ au 2 mai, l'armée était ainsi disposée : l'Empereur et la Vieille-Garde à Lützen ; une division de la Jeune-Garde, sous

---

« le grand-maréchal ou le colonel-général de service. » Ni l'un ni l'autre n'osant entrer chez l'Empereur, le général Berthezène s'adressa enfin au duc d'Istrie, qui prit sur lui d'aller demander les ordres et de les lui apporter. C'était là, à coup sûr, une commission toute simple et toute naturelle, et cependant on voit que, parmi les familiers, le maréchal Bessières fut le seul qui ait eu le courage de s'en charger.

les ordres du général Dumoustier, à la droite de la route de Leipzig, en avant du Flossgraben ; le 11ᵉ corps (Macdonald), à Marckranstadt ; le 5ᵉ (Lauriston), vers Leipzig ; le 3ᵉ (Ney), à Kaya ; le 6ᵉ (Marmont), à Poserna ; le 4ᵉ (Bertrand), à Stohsen ; le 12ᵉ (Oudinot), vers Naumbourg, se dirigeant sur Lützen.

L'Empereur ignorait le mouvement que le général russe lui avait dérobé (1). Le 2 au matin, le général Drouot fut encore chargé de faire une reconnaissance sur le point où il avait poussé l'ennemi. Il rentra vers 9 heures, et comme il avait trouvé toutes choses dans l'état où il les avait laissées la veille, l'Empereur se décida à quitter Lützen et à se porter de sa personne

---

(1) Le soir du 1ᵉʳ mai, je fus chargé de faire, avec la Vieille-Garde, les dispositions nécessaires pour mettre le quartier-général de l'Empereur à l'abri d'une surprise, qui devenait d'autant plus possible, que la route de Lutzen à Zwenkau, par Meichen et Kleinkutzen, était découverte, et que, d'un autre côté, quelques partis de cavalerie ennemie rôdaient encore vers Mersebourg et Halle. Ayant aperçu un homme mieux vêtu que ceux avec qui il se trouvait, je le pris pour me donner les renseignements dont j'avais besoin et pour me servir de guide. Il m'apprit que l'armée russe n'était plus à Leipzig et qu'elle devait se trouver de l'autre côté de Pegau. « Il serait bon, « ajouta-t-il, que l'Empereur le sût, mais ne me compromettez pas ! » En rentrant, je voulus rendre compte à Napoléon de ce renseignement, mais il était couché et personne ne voulut l'éveiller. Soit que le lendemain on ne le lui ait pas dit, soit qu'il n'ait pas regardé cet avis comme assez sûr, il se décida à continuer sa marche sur Leipzig, après avoir entendu le rapport du général Drouot.

vers Leipzig, où il supposait l'armée russe. Il y avait, à peu près une heure qu'il était parti de Lützen, lorsqu'un écuyer apporta au général Berthezène, commandant la Garde, un ordre au crayon de se rendre à Leipzig, en laissant à Lützen une compagnie pour garder les équipages. Cet ordre allait être exécuté, lorsque les événements firent au général Berthezène un devoir d'en attendre un second.

L'ennemi qui nous observait, voyant que nos forces n'étaient pas encore réunies, conçut l'espoir de réaliser ses projets, c'est-à-dire de détruire d'abord notre droite, avant qu'elle pût être efficacement secourue, et d'écraser ensuite successivement toutes nos divisions. L'empereur Alexandre et le roi de Prusse voulurent assister à l'action, afin d'animer les troupes par leur présence. L'occasion était favorable et le champ de bataille bien choisi. Nous étions surpris dans une marche de flanc, au milieu d'une plaine immense, et nos corps d'armée, quoique peu éloignés les uns des autres, ne paraissaient pas cependant assez rapprochés pour se protéger mutuellement. Nous manquions de cavalerie et les alliés en avaient une fort nombreuse, très-bien exercée, et pouvant se mouvoir sans trouver aucun obstacle dans la nature du terrain.

Dans la matinée, l'ennemi, couvert par un rideau de cavalerie qui nous dérobait ses mouvements, avait passé le défilé de Pegau. Vers midi, une nuée de cavalerie légère et une vive et forte canonnade annoncèrent qu'il débouchait dans la plaine. Du haut du clocher de Lützen, son armée paraissait immense et le *Moniteur* a pu dire sans exagération que l'horizon en était obscurci. Sa droite se porta contre les cantonnements du maréchal Ney et sa gauche vers la route de Weissenfels. Le maréchal Marmont se hâta de se mettre en ligne, et bientôt la division Compans, formant notre extrême droite, se trouva engagée. Heureusement que Napoléon n'avait pas été au delà de Marckranstadt : il y passait la revue du 11e corps, lorsque la canonnade vint attirer son attention ; il se rendit au galop sur le champ de bataille. En passant auprès de la division Dumoustier, de la Jeune-Garde, il la mit en mouvement, et il envoya un officier d'ordonnance porter au général Berthezène, commandant la Vieille-Garde, cet ordre court, mais énergique : « *La Garde au feu !* » A l'heure même elle venait d'être renforcée par les débris qui avaient survécu aux désastres de Moscou, et qui, sous les ordres du général Roguet, étaient restés jusque-là auprès du Vice-Roi. Ces troupes et les deux autres divisions du 6e corps (Marmont) servirent de réserve.

Il y avait plus d'une heure que l'affaire durait avec une violence extrême, lorsque l'Empereur arriva sur le terrain. Malgré l'opiniâtreté du maréchal Ney, son corps avait dû céder quelques-uns des villages qu'il occupait, et le combat le plus meurtrier était engagé à celui de Kaya. Dans ce moment la Vieille-Garde arriva, et il serait difficile d'exprimer l'effet moral que la présence de cette troupe d'élite opéra sur l'armée et l'ardeur dont elle la remplit : on entendait de toutes parts cette exclamation de confiance : « La Garde ! « la Garde !... » Kaya avait été pris et repris plusieurs fois, et il était resté à l'ennemi, lorsque la division Ricard, du corps de Ney, s'y présenta une dernière fois. Elle y pénétra, mais elle en fut repoussée et il y eut du désordre. L'Empereur se porta au milieu du feu ; il était à pied : « Où allez-vous ? » disait-il froidement aux soldats qui fuyaient. « Ne voyez-vous pas que la « bataille est gagnée ? Allons ! ralliez-vous là ! » en leur montrant un arbre à deux cents pas de distance, près du Flossgraben, et en effet ils s'y rallièrent. Il ordonna alors à la division Dumoustier, de la Jeune-Garde, de reprendre définitivement Kaya, ce qu'elle exécuta. Le général Lanusse, adjudant de la Garde et commandant la première brigade, y conduisit ses troupes la baïonnette au bout du fusil. Le village était défendu par les Gardes russes et prussiennes ; le combat y fut opiniâtre et sanglant, et les rues furent encombrées de morts et de blessés. Enfin il resta en notre pouvoir, et les tentatives que l'ennemi réitéra pour nous en chasser de nouveau furent totalement inutiles.

Les alliés, ainsi que je l'ai déjà dit, se flattant d'une victoire complète, avaient dirigé leur gauche sur la route de Weissenfels, dans le dessein d'envelopper notre droite ; mais ils furent arrêtés tout court par le général Compans, officier de premier mérite, et dont j'ai souvent signalé la bravoure et la capacité. Appuyé à un village, que je crois être celui de Muchewitz, il résista à tous leurs efforts, et lorsque les obus eurent incendié ce village, les soldats de la marine, formés en carrés, rendirent nulles toutes les charges de la cavalerie. Cependant il était environ cinq heures, et la tête du 11ᵉ corps, que conduisait le Vice-Roi, était près d'arriver. En ce moment, l'Empereur dit au général polonais Sokolnicky, qui se trouvait auprès de lui : « Partez pour Cracovie et dites à Poniatowsky que la « bataille est gagnée ! » Il pouvait, sans rien hasarder, envoyer cette nouvelle, car les premiers efforts de l'ennemi ayant échoué contre le corps du maréchal Ney, il était évident qu'il ne pourrait résister aux attaques que l'accroissement de nos forces allait nous mettre à même d'exécuter.

En effet, le 11ᵉ corps aborda avec vigueur la droite des alliés, en les menaçant sur leurs derrières ; les villages de Rhano, Klein-Gorschen et Gross-Gorschen, furent enlevés. Pour seconder ce mouvement et le rendre décisif, l'Empereur ordonna à la division Bonnet, du corps de Marmont, d'entrer en ligne, en même temps qu'il chargeait son aide de camp Drouot de réunir tout ce qu'il pourrait d'artillerie sur un seul point et d'en écraser les colonnes russes et prussiennes. « Vous protégerez ces batteries, dit-il à la Vieille-Garde, « et, si l'ennemi se présente, vous m'en rendrez bon « compte ! » Il n'avait pas fini ces mots, qu'une décharge de mitraille enleva près de lui quelques files de la Garde. « Quelqu'un est-il mort ? demanda-t-il.

« — Oui, Sire ! deux hommes, et un troisième a la
« cuisse cassée. — Qu'on le soigne ! nous lui donne-
« rons une bonne retraite ! » Le général Drouot se
hâta d'exécuter les ordres de l'Empereur ; il réunit
une batterie de 60 à 72 bouches à feu, dont les effets
furent meurtriers. Dans ce moment, la tête des colonnes du 4ᵉ corps (Bertrand), qui avait reçu l'ordre
de presser sa marche, arrivait sur le terrain et entrait
en ligne à son tour. L'ennemi, battu à droite, écrasé
au centre et prêt à être tourné par la gauche, se hâta
de faire sa retraite, que le manque de cavalerie ne nous
permit pas de presser comme nous l'eussions voulu.
A la nuit, nous nous trouvâmes sur le plateau qui
domine l'Elster, et près du mamelon sur lequel l'empereur Alexandre et le roi de Prusse s'étaient tenus
pendant l'action.

A peine la bataille fut-elle terminée, que l'Empereur ordonna à l'artillerie et à la cavalerie de se porter
en arrière (1), et à l'infanterie de se former en carrés
et d'en fortifier les angles avec du canon chargé à mitraille. Cette précaution insolite dans nos armées, et
que je n'ai vu prendre que cette seule fois, ne fut pas
la précaution inutile. Les Russes et les Prussiens nous
avaient souvent vus dans les camps ; ils savaient que,

---

(1) La cavalerie s'élevait à peine à 2,400 hommes, dont 1,200 de
la Garde et autant de différentes armes, réunis en un seul corps.

dès que nous ne craignions plus l'ennemi, notre confiance allait jusqu'à la négligence, que nos soldats couraient, les uns à l'eau, les autres à la paille, au bois, etc., et qu'enfin il régnait alors dans nos bivouacs une espèce de désordre. Ils crurent nous trouver dans cet état et nous arracher la victoire, avec d'autant plus de facilité que notre sécurité devait être plus grande à la suite d'un succès. A cet effet, ils disposèrent leur nombreuse cavalerie en trois corps, et vinrent, à onze heures de la nuit, assaillir nos campements. On assura que l'empereur Alexandre avait harangué lui-même ces troupes et leur avait promis le triomphe le plus complet. Elles furent reçues à bout portant par la mousqueterie et la mitraille, et, en un clin d'œil, une grande quantité d'hommes et de chevaux renversés firent un rempart à nos carrés, sur les faces qui avaient été attaquées. Au jour, nous sauvâmes beaucoup de malheureux cavaliers, qui respiraient encore sous le poids de leurs chevaux.

Le lendemain, l'Empereur adressa à l'armée la proclamation suivante : « Soldats ! je suis content de vous !
« Vous avez rempli mon attente ! Vous avez suppléé à
« tout par votre bonne volonté et par votre bravoure !
« Vous avez, dans la célèbre journée du 2 mai, défait
« et mis en déroute l'armée russe et prussienne com-
« mandée par l'empereur Alexandre et par le roi de
« Prusse ! Vous avez ajouté un nouveau lustre à la
« gloire de mes aigles ! Vous avez montré tout ce dont
« est capable le sang français ! La bataille de Lützen

« sera mise au-dessus des batailles d'Austerlitz, d'Iéna,
« de Friedland et de la Moskowa! Dans la campagne
« passée, l'ennemi n'a trouvé de refuge contre nos ar-
« mes qu'en suivant la méthode féroce des barbares
« ses ancêtres. Des nuées de Tartares ont incendié ses
« campagnes, ses villes, la sainte Moscou elle-même.
« Aujourd'hui ils arrivaient dans nos contrées, pré-
« cédés de tout ce que l'Allemagne, la France et l'Ita-
« lie ont de mauvais sujets et de déserteurs, pour y
« prêcher la révolte, l'anarchie, la guerre civile, le
« meurtre. Ils se sont fait les apôtres de tous les cri-
« mes. C'est un incendie moral qu'ils voulaient allu-
« mer entre la Vistule et le Rhin, pour, selon l'usage
« des gouvernements despotiques, mettre des déserts
« entre nous et eux. Les insensés! ils connaissaient
« peu l'attachement à leurs souverains, la sagesse,
« l'esprit d'ordre et le bon sens des Allemands : ils
« connaissaient peu la puissance et la bravoure des
« Français!

« Dans une seule journée vous avez déjoué tous
« ces complots parricides. Nous rejetterons ces Tar-
« tares dans leurs affreux climats, qu'ils ne doivent
« pas franchir. Qu'ils restent dans leurs déserts glacés,
« séjour d'esclavage, de barbarie et de corruption, où
« l'homme est ravalé à l'égal de la brute. Vous avez
« bien mérité de l'Europe civilisée! Soldats! l'Italie,
« la France, l'Allemagne vous rendront des actions de
« grâces! »

La journée de Lutzen avait été sanglante et très-meurtrière pour les deux partis, mais bien glorieuse pour notre armée. Je crois que Napoléon a raison de la mettre au-dessus de celle d'Austerlitz et de ses autres grandes batailles. Effectivement, si on fait attention, d'un côté, au petit nombre de nos troupes qui y combattirent, à leur inexpérience, au peu de cavalerie et d'artillerie dont elles étaient appuyées, à la nature du terrain et aux circonstances qui accompagnèrent l'attaque imprévue des ennemis, et de l'autre, à l'avantage de la position de ceux-ci, à leur nombreuse cavalerie, à l'expérience de leurs soldats, enfin à la concentration et à l'ensemble de leurs masses, il me semble qu'on peut assurer que notre armée eut à combattre des obstacles qui semblaient devoir être au-dessus de ses forces, tandis que, dans les autres batailles, elle s'était trouvée la mieux exercée et la plus manœuvrière de l'Europe. Napoléon paya de sa personne, il fut souvent à pied et toujours au plus fort de la mêlée. Son calme et sa présence pouvaient seuls suppléer à tout ce qui nous manquait. Aussi l'ardeur et l'enthousiasme des soldats étaient inexprimables ; on eût dit qu'à sa vue les blessés n'éprouvaient plus de douleurs, car le champ de bataille retentissait sans cesse des cris de : *Vive l'Empereur!* Si à Waterloo, il eût agi aussi activement qu'à Lützen, notre malheureux pays n'aurait pas eu à dévorer tant de hontes et de douleurs !

Pendant la bataille, le 5ᵉ corps était à Leipzig, n'ayant devant lui que quelques Cosaques. Si Lauriston, qui le commandait, eût été plus militaire, il aurait senti qu'en faisant un mouvement sur sa droite, il menaçait les derrières de l'ennemi, et que cette seule démonstration devait rendre la lutte moins longue et plus décisive. Du reste, sa funeste inaction ne surprit personne ; il était jugé d'avance. Napoléon en fut très-mécontent, mais Lauriston était son aide de camp, et il n'eut d'autre punition que les reproches publics qu'il reçut, le 3 au matin, à son arrivée au bivouac impérial.

Nous perdîmes à Lutzen plusieurs officiers généraux. Le général Gourré fut tué, et les généraux Girard, Cheminau, Brenier et Grillot furent blessés. L'ennemi perdit aussi plusieurs personnages de distinction. Le prince de Hesse Hombourg fut tué ; le prince de Mecklenbourg-Strelitz mourut le lendemain à Pegau de ses blessures ; le général russe Kanownitzin fut blessé, ainsi que les généraux prussiens Blücher, Hünerbein et Scharnhorst (1).

L'ennemi s'attribua la victoire : c'était tout simple et conforme à sa politique ; mais il publia deux relations de cette affaire, datées du champ de bataille, et

---

(1) Scharnhorst avait été l'un des plus ardents partisans de l'indépendance de l'Allemagne, et son exemple et ses discours n'avaient pas peu contribué à donner de l'élan à la population de la Basse-Silésie. Le *Moniteur* l'avait appelé alors Jacobin, et le roi de Prusse l'a traité comme tel, depuis que l'orage a été conjuré. Il est mort en exil à Prague.

n'eut pas le soin de les mettre d'accord entre elles. Dans la première, il nous faisait refuser, le 3, de combattre et nous faisait retirer sur Leipzig, ce qui l'avait obligé, disait-il, à prendre lui-même en arrière une position menaçante entre Rochlitz et Colditz. Mais la vérité se montrait malgré lui dans ce rapport. S'il avait été vainqueur, pourquoi nous laissait-il marcher tranquillement sur Leipzig? Comment, en nous disant battus, pouvait-il nous supposer le dessein et les moyens de gagner l'Elbe par cette manœuvre, ou de vouloir couper les communications des armées alliées? C'était par trop absurde, mais c'était assez bon pour le peuple. Si la seconde relation n'était pas plus exacte, elle était encore plus impudente, car, après s'y être attribué la victoire en propres termes, l'ennemi nous y faisait poursuivre par ses troupes légères. C'était sans doute pour échapper à cette poursuite, que, cinq jours après, nous entrions victorieux à Dresde. C'est pourtant cette bataille de Lützen, dont j'ai tâché de donner une idée exacte, qu'un écrivain français, que j'aime, dans un ouvrage estimable à bien des titres, ose appeler une échauffourée. Il donne à l'ennemi l'idée fausse et absurde de nous disputer le passage de la Saale, exécuté depuis plusieurs jours; il ne trouve dans la conduite de l'Empereur ni tactique ni stratégie. Il me semble cependant que le mouvement de l'ennemi sur Rotha et Pegau n'est pas à dédaigner; et quant à notre armée, si la marche de nos divers corps avant l'action, si le mouvement des 4ᵉ et

11ᵉ corps pendant la bataille, ne sont pas des opérations stratégiques, si les manœuvres de la Garde et des divisions Compans et Bonnet, au plus fort de l'affaire, ne sont pas des manœuvres de tactique d'une grande audace et d'une profonde habileté, je ne sais plus ce que signifient les mots de tactique et de stratégie.

Le 3 mai, toute l'armée, à l'exception du corps de Ney resté sur le champ de bataille, passa sur la rive droite de l'Elster, en opérant un mouvement de concentration, afin que si l'ennemi tentait de défendre quelqu'une des positions qu'offre ce pays montueux et coupé, elle pût être promptement réunie. L'Empereur se porta à Pegau et le Vice-Roi, faisant l'avant-garde, à Borna. Le 5 au matin, il trouva une arrière-garde prussienne à Colditz; elle avait rompu le pont et faisait mine de vouloir défendre la ville, mais la rivière ayant été passée à gué un peu au-dessous, le prince Eugène se porta sur Komichau. Ce mouvement décida l'ennemi à se retirer sur Gersdorf, où se trouvait le corps du général russe Miloradowitch. Placé à Zeist le jour de la bataille, il n'y avait point pris part et, pour cette raison, il se trouvait chargé de couvrir la retraite. Le Vice-Roi suivit l'ennemi à Gersdorf et, après un combat assez vif, le rejeta jusqu'à Harta. Alors Napoléon, bien sûr que les alliés étaient en pleine retraite, dirigea le maréchal Ney par Leipzig sur Wittenberg et Torgau, pour occuper ces deux places. Le 5ᵉ corps (Lauriston), qui avait appuyé à droite jusqu'à Melbus, marcha sur Dresde par Wurtzen ; le reste de l'armée continua son mouvement sur les traces de l'ennemi. Le Vice-Roi le trouva encore derrière les défilés d'Erzdorf, entre Nossen et Wilsdruf ; mais ces positions ayant été tournées, après un combat de peu de durée, il fut obligé de les abandonner successivement, avec perte de quelques morts et de quelques prisonniers.

Le 8, notre avant-garde arriva à Dresde. L'ennemi passa sur la rive droite de l'Elbe, rompit le pont qu'il avait rétabli, et conserva encore ce jour-là la Neustadt. Napoléon passa la journée à cheval et s'occupa à bien reconnaître les lieux : il ordonna de jeter un pont au-dessous de Dresde, au village de Priesnitz, mais ce pont ne fut pas achevé ; les alliés ayant continué leur retraite, il devenait inutile. Le même jour, 8 mai, le 2e corps se trouvait vers Wittenberg, le 3e vers Torgau et le 5e à Meissen, où les Prussiens avaient passé l'Elbe. Les 4e, 6e, 11e et 12e corps franchirent ce fleuve à Dresde et suivirent l'ennemi sur les routes de Bischofswerda et de Kônigsbrück. Les troupes saxonnes, qui étaient réunies à Torgau, formèrent peu après le 7e corps et passèrent sous le commandement du général Reynier.

Le 12, le roi de Saxe, revenant de la Bohême où il s'était retiré, rentra à Dresde. Il était accompagné d'un beau corps de cavalerie. L'Empereur alla hors de la ville au-devant de son allié : toute la population était dans l'ivresse du bonheur de revoir son souverain ;

elle nous sut gré des honneurs que nous lui rendions, et nous fut, dès ce jour, plus favorable. Le Vice-Roi quitta l'armée pour se rendre en Italie, où il devait organiser les moyens de résistance, que les dispositions de l'Autriche faisaient présager devoir être bientôt nécessaires. Un envoyé de cette puissance était arrivé à Dresde, et les bruits de la Cour n'annonçaient pas un message d'une nature très-pacifique. On savait d'ailleurs que, tandis que l'empereur François n'avait ni opinion ni volonté, l'impératrice était à la tête d'un parti puissant, ennemi de la France et dévoué à l'Angleterre.

Le 15, toute l'armée avait passé l'Elbe et s'approchait de Bautzen, où l'on croyait que l'ennemi avait pris une position retranchée. Jamais, dans aucune campagne, le vide que laisse le manque de cavalerie, ne s'était plus fait sentir que dans celle-ci, surtout après la bataille de Lützen. Si nous avions eu le secours de cette arme, notre poursuite eût été bien plus vive et, malgré les difficultés nombreuses qu'offre ce pays par les défilés et les petites rivières ou torrents dont il est coupé, nous eussions plus d'une fois trouvé l'occasion d'entamer l'ennemi ; peut-être même eût-il vainement mis entre lui et nous la barrière de l'Elbe, et n'eût-il pas eu le temps de retrancher la position qu'il avait choisie. Dès le 11, notre avant-garde avait rencontré l'arrière-garde russe à Fischbach, petit village sur la route de Radeberg à Bischofswerda. Elle voulut le défendre, mais poussée de position en position jusqu'à Bischofswerda, elle livra aux flammes cette petite ville, afin de retarder notre marche. Tout ce pays nous était parfaitement connu par le long séjour qu'y avaient fait les armées prussiennes pendant la guerre de Sept-Ans, et surtout par la belle carte qui en a été dressée, pour indiquer les positions qu'avaient occupées ces armées.

Pendant que nos corps se rapprochaient de Bautzen par des mouvements successifs, l'Empereur était à Dresde, attendant que les projets des alliés lui fussent clairement manifestés. Les rapports qu'il recevait étaient contradictoires, les uns assurant que l'ennemi se retirait sur Berlin, les autres, au contraire, qu'il se fortifiait et se concentrait à Bautzen. Quoiqu'il jugeât bien quel serait le parti que ses adversaires prendraient en définitive, il voulut être en mesure d'agir dans toutes les hypothèses, et, en conséquence, il ordonna au maréchal Ney, qui était alors à Torgau, de menacer Berlin, mais de ne pas perdre de vue que Bautzen était le but de ses opérations.

On se doute bien que Napoléon ne restait pas oisif à Dresde. Sans cesse occupé de ce qui pouvait assurer ses succès, il voulut faire de cette place un bon point d'appui à la base de ses opérations. A cet effet, il fit jeter deux ponts de bateaux en amont et en aval du pont de pierre. Il traça, sur la rive droite, un camp retranché, fermé par des palanques qui s'appuyaient à l'Elbe des deux côtés. La rive gauche ne fut point négligée ; une ligne de redoutes, qui s'étendaient de la route de Pirna à celle de Freyberg, la mettait à l'abri de toute insulte.

Dès que l'Empereur fut bien certain que l'ennemi l'attendait de pied ferme, il quitta Dresde et se porta aux avant-postes, où il arriva le 19 mai. Accompagné du maréchal Soult seulement, il consacra toute cette journée à reconnaître la position des alliés. Pour être à même de la mieux juger, il monta, vers l'extrémité de la ligne, sur un tas de pierres ; là il arrêta que Ney, renforcé des corps de Victor, de Lauriston et de Reynier, qui formaient notre gauche, tournerait la position de l'ennemi et tomberait sur ses derrières, et que Soult, avec le corps de Bertrand, le lierait à Marmont, qui se trouvait à la gauche des corps déjà en ligne. Si ce grand mouvement n'eut pas tout le succès qu'il en attendait, on verra bientôt à qui en fut la faute. Ney s'acquitta avec énergie et intelligence de la mission importante qui lui était confiée. Pour que l'ennemi ne devinât pas ses intentions, il prit des mesures tellement justes qu'elles firent penser qu'il en voulait à Berlin ; Jomini, son chef d'état-major, dont il se défiait déjà, y fut trompé lui-même. Mais n'anticipons pas sur les événements.

La position que les alliés avaient choisie était très-forte : sa gauche s'appuyait à des montagnes boisées et perpendiculaires au cours de la Sprée, à peu près à une heure de Bautzen ; son centre était établi autour de cette ville, qui avait été crénelée et couverte par des redoutes ; une suite de mamelons fortifiés jusqu'à la hauteur de Nimschütz, défendaient sa droite ; tout son front était couvert par la Sprée. On distinguait, à 3,000 toises en arrière, de la terre fraîchement remuée et des travaux qui marquaient la deuxième position que l'ennemi s'était ménagée pour le cas où il serait forcé dans la première. La gauche de cette seconde position était encore appuyée aux mêmes montagnes, à environ 2,000 toises en arrière de la première, et fort en avant du village de Hochkirch ; le centre, défendu par plusieurs villages retranchés avec soin, était encore couvert, dans les trois quarts de son étendue, par un terrain marécageux et difficile ; enfin, la droite était protégée par des villages et des mamelons retranchés, jusqu'à Litten et aux bords marécageux d'un autre bras de la Sprée. L'une et l'autre position se développaient sur une lieue et demie d'étendue.

L'armée française, à l'exception des corps placés sous les ordres de Ney, était établie presque parallèlement : à droite était le duc de Reggio, s'appuyant aux montagnes sur la Sprée ; le duc de Tarente était devant Bautzen, et le duc de Raguse, à gauche de cette ville, vis-à-vis de Nimschütz ; le général Bertrand était à la gauche du duc de Raguse : il occupait le village de Jasclitz et appuyait sa propre gauche à un bois et à un moulin à vent. Cependant le prince de la Moskowa, tout en continuant de faire menacer Berlin par les 2e et 7e corps et par la cavalerie de Sébastiani, se rapprochait de Bautzen avec les 3e et 5e corps ; il était arrivé à Hoyerswerda, se liant au reste de l'armée par la division italienne du 4ᵉ corps, placée à cet effet à Königswarta.

Ce mouvement menaçant attira l'attention de l'ennemi, et, pour y parer, Barclay-de-Tolly fut envoyé à Klix avec 18,000 Russes, et York avec 12,000 Prussiens, à Weissig, sur la rive gauche de la Sprée. York reconnut facilement que la position de la division italienne était hasardée, et il l'attaqua incontinent : elle fut battue, mais l'arrivée du général Kellermann rétablit les affaires et le village de Königswarta fut repris ; en même temps Lauriston attaquait Weissig et, après un combat assez long, le corps prussien fut forcé de repasser la Sprée.

Selon les bruits répandus alors dans l'armée, et qui m'ont été confirmés depuis par le général Lagrange, qui commandait une division du 5ᵉ corps, le général Lauriston se montra plus incapable et plus inactif qu'à son ordinaire, et ce fut à l'isolement où il avait tenu ses divisions les unes des autres et au décousu de ses attaques, que le général York dut son salut. Le 5ᵉ corps coucha à Weissig, Ney à Mankersdorf, et Reynier derrière lui, à une heure de distance : ces trois corps se trouvant ainsi échelonnés et prêts à agir simultanément.

Le 20 mai, à huit heures du matin, l'Empereur se porta sur la hauteur en arrière de Bautzen. Il ordonna : au duc de Reggio de passer la Sprée et d'attaquer les montagnes auxquelles s'appuyait la gauche de l'ennemi;

au duc de Tarente, de jeter un pont sur cette rivière, entre Bautzen et les montagnes ; au duc de Raguse, d'en jeter un autre à une demi-lieue au-dessous de Bautzen ; au duc de Dalmatie, à qui il avait donné le commandement supérieur du centre dans cette importante opération, de passer la Sprée pour inquiéter la droite des alliés ; enfin, au prince de la Moskowa, de s'avancer sur Klix, de passer aussi la rivière, de tourner cette même droite et de marcher sur Würchen et de là sur Weissenberg.

A midi la canonnade s'engagea : le duc de Tarente força le pont de pierre et passa la Sprée ; le duc de Raguse réussit également à la passer, malgré la vive résistance de l'ennemi et après six heures d'un combat fort chaud ; le général Compans occupa Bautzen ; le général Bonnet s'empara du village de Niederkayna et d'un plateau qui le rendit maître de tout le centre de la position ; le duc de Reggio, après des succès variés, finit par gagner les hauteurs que défendait la gauche des alliés, et, à sept heures du soir, ils se trouvèrent presque entièrement rejetés sur la deuxième position qu'ils s'étaient préparée. Ils conservaient seulement les hauteurs qui appuyaient leur droite, le général Bertrand n'ayant pu les leur enlever, quoiqu'il fût parvenu à franchir un des bras de la Sprée.

Le 21, à cinq heures du matin, l'Empereur se porta en avant, à trois quarts d'heure au delà de Bautzen. Le duc de Reggio soutenait alors une vive fusillade sur les hauteurs contre la gauche des Russes, qui, sentant l'importance de cette position, y avaient placé une forte partie de leur armée, afin de n'être point tournés par ce côté. L'Empereur, pour augmenter leur inquiétude, leur dérober la véritable attaque et les empêcher de dégarnir cette gauche, ordonna au duc de Tarente d'appuyer le duc de Reggio et d'entretenir le combat. A onze heures, le duc de Raguse se porta à 1,000 toises en avant de sa position, et engagea une effroyable canonnade contre les redoutes et les retranchements ennemis. Une brigade de la Garde fut détachée vers Bazankitz, tant pour couvrir la gauche du 6ᵉ corps que pour le lier au 4ᵉ, dont les opérations étaient commencées. Le reste de la Garde et les réserves, masqués par un rideau, étaient prêts à se porter partout où besoin serait.

Pendant ce temps le prince de la Moskowa s'était rapproché et n'attendait pour agir que la réunion de toutes ses forces ; il savait qu'elles ne pouvaient tarder à arriver, et Lauriston l'avait fait prévenir de son approche. Peu après qu'il eut reçu cet avis, le maréchal ayant entendu une fusillade dans les bois à sa gauche, pensa naturellement que le corps de Lauriston était aux prises avec l'ennemi, et jugeant que le moment d'entrer en action était arrivé, il tomba avec vigueur sur les troupes qui lui étaient opposées, les culbuta, passa la Sprée à leur suite et les mena battant jusqu'au village de Prietlitz. Vers dix heures, il était maître de ce village, mais Lauriston n'ayant pas paru et les réserves alliées étant accourues sur ce point, il ne put résister à leur attaque et fut bientôt chassé du village. Engagé dans un combat inégal, il était obligé de céder du terrain, et sa position devenait fort critique, lorsque l'arrivée du général Reynier et les manœuvres du duc de Dalmatie le mirent à même de reprendre l'offensive. Cependant l'absence du corps de Lauriston, qui ne se montra point de toute la journée, ne lui permit pas d'obtenir les succès décisifs que l'Empereur était fondé à attendre de son mouvement.

Sur ces entrefaites, le duc de Dalmatie, après avoir surmonté beaucoup de difficultés, commençait à déboucher vers Doberschütz. Dès que l'ennemi, qui avait cru jusque-là qu'on ne faisait qu'une fausse attaque sur ce point, eut la certitude qu'un corps considérable y arrivait, il se hâta de détacher une forte partie des troupes de son centre et de sa droite, et de leur faire prendre position sur un mamelon qui commande le pays, en avant des villages de Klein-Bautzen, Burschewitz et Kreckwitz. Il pouvait sans inconvénient dégarnir ainsi sa ligne, les marais qui la couvraient jusqu'à Litten, et les redoutes nombreuses dont elle était garnie, la mettaient à l'abri de toute attaque sérieuse.

Le général Berthezène, qui commandait la Jeune-Garde, voulant appuyer, autant qu'il était en lui, les opérations du maréchal Soult, porta son artillerie sur le bord d'un ruisseau qui sépare le mamelon des trois villages que je viens de nommer, et canonna la gauche et les derrières des corps qui l'occupaient, pendant que nos troupes l'abordaient et l'enlevaient de vive force. L'Empereur ne tarda pas à paraître ; il approuva les dispositions prises, et le reste de la Garde étant arrivé, il fit établir sur le mamelon de nombreuses batteries, qui portèrent le désordre dans les masses ennemies destinées à le reprendre. En outre, la présence de la Garde et des réserves qui la suivaient lui permit de préparer une attaque décisive. Les deux divisions de Jeune-Garde, protégées par une forte artillerie que commandait le général Drouot, eurent ordre de pénétrer entre les corps du maréchal Soult et du maréchal Marmont, et de déboucher vers la route de Würschen ; elles exécutèrent cet ordre sans trouver d'obstacles que dans les difficultés du terrain, et ne souffrirent que du feu des redoutes. Dégagés par ce mouvement, les maréchaux Soult et Ney purent faire des progrès rapides, et les troupes alliées qui combattaient contre eux, n'étant plus soutenues par leurs redoutes et se voyant débordées par des forces aussi imposantes, précipitèrent leur retraite, qu'elles firent couvrir par leur cavalerie.

Le 6e corps s'avança alors par sa droite, se dirigeant vers Hochkirchen, afin de prendre en flanc l'aile gauche, qui tenait toujours devant le 12e corps ; de son côté, le 11e corps poussait l'ennemi dans la direction de Hochkirchen. Avant la nuit, le maréchal Ney avait pris position à Würschen, et la Jeune-Garde, après avoir traversé la route de Bautzen à Baschwitz, s'était portée sur celle de Hochkirchen, où elle s'établit. Les alliés avaient disparu depuis longtemps ; on n'apercevait plus que quelques piquets de cavalerie qui observaient nos mouvements. L'empereur coucha à Baschwitz.

Le 22, nous trouvâmes l'ennemi en position derrière Reichenbach, et notre cavalerie légère ayant voulu le déposter, fut ramenée avec quelque perte ; le général Bruyère, neveu du major général, y fut tué par un boulet. L'Empereur, qui avait marché avec l'avant-garde, était très-impatient du retard des grenadiers à cheval, mais l'arrivée des deux divisions d'infanterie de la Jeune-Garde et de quelques troupes saxonnes, lui permit de tourner la position par sa droite et d'attaquer en même temps sa gauche. L'ennemi n'attendit pas le résultat de cette manœuvre et opéra promptement sa retraite.

L'Empereur se mit alors à la tête des troupes et précipita leur mouvement, presque jusqu'à leur faire prendre le pas de course ; les Saxons étaient en tirailleurs et la Garde marchait en colonnes. On voyait que Napoléon aurait voulu arriver promptement à Gorlitz et sur la Neisse, pour juger des dispositions de l'ennemi par la direction qu'il prendrait. En approchant de Markersdorf, nous éprouvâmes plus de résistance que nous n'en avions rencontré jusque là ; le pays, favorable à la défensive, est coupé par des ruisseaux marécageux et profonds, sur les bords desquels s'étendent des villages entourés de jardins et de haies.

A l'entrée de Nieder-Markersdorf, le général Duroc,

le général Kirgener, et le duc de Trévise au milieu d'eux, marchaient de front ; il était presque nuit, lorsqu'un aide-de-camp vint rendre compte au maréchal de la position des troupes : celui-ci s'arrêta pour l'écouter, pendant que les deux autres continuaient à s'avancer. Dans ce moment, un boulet de canon, tiré dans la direction du Landskrone, tua raide le général Kirgener et frappa au bas-ventre le général Duroc, qui mourut de sa blessure le lendemain matin. Il fut beaucoup regretté par Napoléon. Presqu'au sortir de l'enfance, il était entré à son service, il lui portait une affection sans bornes, et l'accès continuel qu'il avait auprès de lui, par ses fonctions de grand-maréchal du palais, le mettait à même de lui faire connaître, sur beaucoup de points, la vérité, que la lâcheté ou l'intérêt des courtisans lui taisaient. De jour en jour l'Empereur dut sentir plus vivement sa perte, qui fut irréparable pour lui. Nous prîmes position à Hottersdorf et derrière le ruisseau qui coule au travers du village de Pfaffendorf.

Le 23, nous passâmes la Neisse et bivouaquâmes sur ses bords. L'armée était concentrée à peu de distance de cette rivière, de manière à pouvoir être promptement réunie. Sur la route de Lauban, au centre, vers Trotzkendorf, étaient placés les Saxons et le 4ᵉ corps ; Victor et Lauriston flanquaient la gauche, vers Hochkirch, et Macdonald la droite, vers Schonberg ; la Garde et les réserves étaient à Gorlitz, où nous trouvâmes un hôpital que l'ennemi y avait établi.

Cependant les alliés faisaient leur retraite sur la

Haute-Silésie ; ce mouvement confirma les conjectures de ceux qui croyaient que l'Autriche ne tarderait pas à se déclarer contre nous, et qui pensaient que l'ennemi ne prenait cette direction que pour se réunir plus facilement à l'armée autrichienne. Nous continuâmes à avancer ; la Queiss fut passée à Vehrau, Naumbourg, Lauban, Marklissa ; le maréchal Macdonald combattit l'arrière-garde ennemie, après le passage de cette rivière, à Stockicht.

En arrivant à Haynau, la division Maison, du corps de Lauriston, fut surprise par un gros de cavalerie prussienne qui s'était tenu en embuscade. A un signal convenu (l'incendie du moulin à vent), ces cavaliers apparurent subitement de tous côtés et assaillirent la division au milieu de son campement. Tout y était en désordre, les hommes couraient à l'eau, à la paille, au bois, etc.; un seul régiment se trouvait encore sous les armes, et ce hasard heureux empêcha la destruction totale de nos troupes. Ce régiment fit assez de résistance pour leur servir de point d'appui; il donna le temps à d'autres corps d'arriver à leur aide, et l'ennemi fut obligé de se retirer. Sa perte fut infiniment moindre que la nôtre, ainsi que le nombre de ses morts l'attesta: quant à nous, cette échauffourée nous coûta 6 ou 700 hommes. On en rejeta la faute sur un vieux général de brigade appelé Avril. Il se peut qu'il n'ait pas été exempt de blâme ; mais à coup sûr il en méritait moins que ceux qui avaient l'honneur de commander l'avant-garde, car cet événement prouvait, avec la dernière évidence, qu'ils ne possédaient ni l'activité, ni la prévoyance que réclament de pareilles missions.

Le 29, l'armée continua son mouvement offensif : le 2ᵉ corps et la cavalerie de Sébastiani sur Glogau, par Sprottau, où Sébastiani eut une affaire heureuse ; les 3ᵉ, 5ᵉ et 7ᵉ corps sur Breslau, par Neumarkt ; les 4ᵉ, 6ᵉ et 11ᵉ sur Jauer. Ney battit, à Neukirchen, une division prussienne, et son avant-garde entra à Breslau le 1ᵉʳ juin. Cette ville avait pris une part fort active à l'insurrection de la Silésie, et, pour prévenir les effets de la colère de l'Empereur, une députation, à la tête de laquelle était le bourgmestre, se rendit le même jour à son quartier général, à Neumarkt ; il la rassura et lui promit l'oubli de tout ce qui s'était passé.

Bientôt les lieutenants généraux Schouvalof et Kleist, envoyés par les alliés, se présentèrent aux avant-postes, pour traiter d'un armistice, qui fut conclu le 4 juin. En ce moment, le 5ᵉ corps était à Breslau ; Ney, avec le corps saxon, à Lissa ; les 11ᵉ et 4ᵉ corps entre Jauer et Striegau ; le 6ᵉ à Eisendorf ; le 3ᵉ à Tutzdorf ; le 2ᵉ entre Glogau et Liegnitz ; l'Empereur et la Garde à Neumarkt. Ainsi, dans un mois de campagne, cette armée, si miraculeusement créée, avait gagné deux grandes batailles, délivré la Saxe et la 32ᵉ division militaire de la présence de l'ennemi, et envahi la moitié d'une des plus belles provinces de la monarchie prussienne.

Malgré ces succès vraiment étonnants, et lorsque nous étions sur l'Oder, des partisans ennemis rôdaient entre l'Elbe et la Saale ; ils inquiétaient nos communications, enlevaient les hommes isolés et souvent même attaquaient les petits détachements qui rejoignaient l'armée. Cette guerre sourde et de détail ne laissait pas que de nous causer des dommages assez considérables : les deux événements de cette nature les plus importants furent l'enlèvement du général Poinsot avec environ deux cents chevaux, et la destruction, entre Zwickau et Chemnitz, d'un convoi d'artillerie venant d'Augsbourg ; l'ennemi abandonna les pièces, mais il emmena les hommes et les chevaux. C'était un employé du Gouvernement saxon qui l'avait appelé et lui avait donné tous les renseignements nécessaires pour cette opération ; il osa s'en vanter à moi-même après la bataille de Leipzig.

Pendant la durée de l'armistice, nos troupes furent établies comme il suit : les 4e, 7e et 12e corps, destinés à agir contre Berlin, à Dahme; le 3e, à Liegnitz; le 5e, à Goldberg; le 6e, à Buntzlau; le 11e, à Lowenberg; la Jeune-Garde, à Polkewitz ; la Vieille-Garde, à Dresde et le 2e corps, à Zittau. Le 1er corps vint à Dresde et le 14e, à Borna, lorsqu'ils eurent rejoint l'armée.

Malgré les ordres de l'Empereur et le soin qu'il avait eu de fixer la nature et la quotité des rations, les troupes éprouvèrent sur divers points beaucoup de privations et, par suite, de nombreuses maladies ; de sorte, qu'au lieu de s'être reposée et refaite, l'armée se trouva plus affaiblie et plus fatiguée à la reprise des hostilités qu'au moment où elles avaient cessé. Au milieu d'un pays si riche et si fertile, nos soldats manquaient souvent de pain, tant notre administration était active et habile! Si le sort des hommes bien portants était à plaindre, celui des malades était affreux; sous les yeux même de Napoléon, les hôpitaux étaient dans le dénûment le plus cruel; ils manquaient de bouillon, de médicaments et même de paille: aussi n'étaient-ils que des charniers (1).

Vers la fin de mai, le 12e corps s'était avancé de Bautzen dans la direction de Berlin, et avait eu un engagement à Hoyerswerda. Plus tard, les forces agissant dans cette direction furent portées jusqu'à près de 60,000 hommes, et un commandement aussi important fut confié au maréchal Oudinot. Les revers qu'il essuya n'étonnèrent personne, mais un tel choix jeta l'armée dans la plus grande surprise; on ne pouvait comprendre que l'Empereur qui, dans la dernière campagne, avait eu toute la mesure de son incapacité

---

(1) Le comte de Lobau m'a raconté, à Dresde, que l'Empereur, voulant vérifier les plaintes qui lui étaient parvenues, l'avait chargé de se rendre aux hôpitaux, pour les examiner lui-même; qu'ayant trouvé les malades dans un état de délaissement impossible à décrire, il était retourné près de l'Empereur et lui rendait compte de sa visite, lorsque M. Daru, intendant général de l'armée, était arrivé; qu'alors Napoléon lui avait dit : « Voyez ce que me raconte Lobau! » que Daru avait répondu : « Il se trompe, voyez le rapport qu'on me « fait; » que lui, Lobau, s'était fâché, et que l'Empereur s'était borné à dire : « Arrangez cela ensemble. »

et de son irrésolution, eût pu concevoir la pensée de remettre entre ses mains la direction d'une des ailes de l'armée, tandis qu'en le gardant près de lui, il eût eu de fréquentes occasions d'employer avec avantage sa bravoure personnelle.

Le 31 mai, le maréchal Davoust était entré à Hambourg ; Napoléon lui envoya des instructions particulières pour la conservation de cette place, à laquelle il attachait une haute importance. Ces instructions offrent une telle supériorité dans les vues, une telle précision dans les détails et tout à la fois une telle concision dans l'ensemble, qu'elles peuvent servir de modèle en ce genre. Elles nous révèlent la pensée de l'Empereur et son dessein de ne laisser dans Hambourg, à la reprise des hostilités, qu'un corps de 6,000 hommes, tandis qu'il rappellerait le maréchal Davoust sur le théâtre des grandes opérations, afin d'y utiliser ses talents, et le dirigerait sans doute sur Berlin, de concert avec Oudinot. Par quelle fatalité un plan si sage resta-t-il sans exécution ? Les ordres ne furent-ils pas donnés, ou, s'ils le furent, ne parvinrent-ils pas à leur destination ? Je l'ignore ; mais ce qui est bien certain, c'est que personne ne pensera à accuser Davoust d'avoir négligé de s'y conformer.

Pendant l'armistice, le corps polonais de Poniatowsky arriva à Zittau : il avait traversé les États autrichiens ; mais la manière dont il avait été traité, prouvait combien ce pays nous était hostile.

Napoléon, mit à profit le moment de repos dont il

jouissait, pour perfectionner les ouvrages élevés à Dresde, réparer la forteresse de Konigstein et faire construire un camp retranché à Lilienstein, sur la rive droite de l'Elbe, afin de compléter dans cette partie son système de défense.

Vers la fin de l'armistice, le général Jomini, chef d'état-major du 3ᵉ corps, déserta et passa dans le camp russe, en emportant des documents précieux sur la position et la force de l'armée. Il était Suisse de naissance, et le maréchal Ney, à qui il avait été utile en trahissant son pays, l'avait fait passer au service de la France. Quoiqu'il n'eût jamais commandé de troupes, ou peut-être à cause de cela même, il était en grande faveur auprès de Berthier, dont les bureaux lui étaient toujours ouverts, et il puisait à volonté dans leurs cartons tous les renseignements qu'il voulait avoir. L'empereur Alexandre l'accueillit et l'admit au nombre de ses aides de camp.

Depuis la bataille de Lützen, l'Autriche avait toujours eu un agent diplomatique au quartier-général de Napoléon. C'était en partie sous son influence que s'était conclu l'armistice et qu'il avait été prolongé jusqu'au milieu d'août. M. de Metternich se rendit à Dresde, il eut de longues conférences avec l'Empereur et, pendant quelques jours, on crut toutes les difficultés aplanies. Si l'on s'en rapporte aux bruits assez probables qui circulèrent alors dans les salons de la cour, l'Autriche offrait sa médiation pour la paix ; son envoyé demandait pour elle la restitution immédiate des provinces illyriennes, et, pour lui, quatre millions destinés à payer ses dettes (la prodigalité bien connue de ce ministre rendait assez vraisemblable une telle insinuation); les autres conditions qu'il proposait eussent été honorables et avantageuses.

On racontait à ce sujet que l'Empereur, dînant en petit comité, après avoir renvoyé les domestiques et donné connaissance à ses convives des propositions qui lui étaient faites, avait demandé à M. Daru ce qu'il en pensait, et que celui-ci avait répondu que, Sa Majesté ayant sans doute ajourné ses projets sur la Grèce et la Turquie, ces propositions lui paraissaient admissibles, et que le maréchal Soult, consulté à son tour, avait déclaré se ranger à l'avis du comte Daru : « Quant « à Berthier, avait repris Napoléon, il trouverait tout « bien, ne nous laissât-on que Gros-Bois ! » (1)

Quoi qu'il en fût de cette anecdote, qui montrait au juste l'opinion de l'Empereur sur son major général, personne ne doutait que, si l'on eût accédé aux deux premières propositions de l'Autriche, sa neutralité ne nous eût été acquise, et que dès-lors le succès de la guerre n'eût plus été problématique. On ajoutait que Napoléon n'était pas éloigné de consentir à ces conditions, mais que, lorsqu'il les avait communiquées au duc de Bassano, sans l'intermédiaire duquel la né-

---

(1) Maison de campagne près de Paris, appartenant à Berthier.

gociation avait été conduite, celui-ci avait répondu : « Ces propositions sont honorables sans doute, mais « ce n'est plus Votre Majesté qui donne la paix, c'est « à elle qu'on la dicte ! » « *Vous seul parlez français ici !* » avait répliqué Napoléon, et tout espoir d'arrangement s'était évanoui.

Je ne fais aucune mention du congrès de Prague. C'était une vaine parade, imaginée par le cabinet de Vienne, pour arriver plus sûrement à ses fins. Et puisqu'on ne s'était pas entendu à Dresde, le congrès était déjà comme dissous avant d'avoir été ouvert. Immédiatement après sa dissolution, l'Autriche nous déclara la guerre.

Cet événement, quoique prévu, fit une vive sensation. Il était en effet de la plus haute importance et décida de nos destinées. Non-seulement il donnait sur-le-champ à nos ennemis une grande armée bien exercée, mais il faisait présager la défection du reste de l'Allemagne. Effectivement, la Bavière, peut-être contre son gré, mais à coup sûr contre ses intérêts, entra dans la coalition. Le général de Wrède, le même dont le maréchal Saint-Cyr avait suspecté la fidélité sur la Dwina, fut, à Munich, un des plus ardents partisans de la guerre ; cependant il avait été comblé de bienfaits par Napoléon, et c'était à lui qu'il devait la faveur de son souverain.

Quoique l'Empereur redoublât d'efforts pour faire face à tant de nouveaux ennemis, il était bien évident que le temps était trop court pour lui permettre d'effectuer les nouvelles levées et surtout de les exercer suffisamment. Ainsi l'on devait se résoudre à conduire aux avant-postes des hommes qui, la veille encore, étaient à la charrue, et dont il était impossible d'attendre les bons services qu'avaient rendus les cohortes à l'ouverture de la campagne. Celles-ci, formées depuis près d'un an, avaient eu le temps de s'instruire, et d'ailleurs elles se composaient d'hommes dans la force de l'âge.

Les alliés dénoncèrent l'armistice le 11 août; aux termes des conventions, les hostilités ne devaient commencer que le 17, après minuit, mais, dès le 12, les Prussiens avaient violé le territoire neutre et insulté nos avant-postes en Silésie. Depuis qu'ils se croyaient sûrs du succès, nos ennemis méprisaient toutes les lois de la guerre. A la reprise des hostilités, ils avaient trois nombreuses armées : la première, composée de Suédois, de Prussiens et des troupes de l'insurrection, couvrait Berlin : elle était évaluée à 110,000 hommes et commandée par Bernadotte ; la deuxième, de force égale et sous le commandement de Blücher, défendait la Haute-Silésie ; enfin la troisième, ou la grande armée, composée de Russes, de Prussiens et d'Autrichiens, au nombre de 200,000 hommes, était réunie en Bohême sous les ordres de Schwartzemberg. Il y avait de plus une quatrième armée, formée de troupes bavaroises, qui se rassemblait sur les confins de la Bohême, pour agir sur nos derrières vers Mayence ; le général de Wrède en avait le commandement.

De notre côté, les 4e, 7e et 12e corps, commandés en chef par Oudinot, étaient destinés à lutter contre l'armée de Berlin; ils offraient un effectif de 55 à 60,000 hommes. Les 3e, 5e et 11e corps, sous les ordres de Macdonald, devaient faire face à l'armée de Silésie; le maréchal Ney avait laissé le commandement du 3e corps au général Souham et suivait l'Empereur. Fort d'environ 20,000 hommes, tous de nouvelle levée, le 14e corps, commandé par Saint-Cyr, observait les débouchés de la Bohême sur la rive gauche de l'Elbe, et couvrait Dresde. Ces différentes armées avaient une cavalerie et une artillerie proportionnées aux opérations qu'elles étaient chargées d'exécuter. L'Empereur, avec sa Garde, les 1er, 2e, 6e, 8e corps et les réserves de cavalerie, devait manœuvrer de manière à se porter sur les points qui seraient successivement menacés.

Le 10 août, on fêta la Saint-Napoléon, quoiqu'elle ne tombât que le 15, et immédiatement après commença le mouvement de nos troupes. L'Empereur, qui sentait combien il était important d'empêcher la concentration de la grande armée ennemie en Bohême, avait conçu le projet de faire avorter, dès le début, le plan de campagne des alliés, et s'était flatté d'y réussir; il l'écrivit même au roi de Saxe. A cet effet, il se porta, le 19, aux débouchés de la Bohême dans la Lusace supérieure, fit occuper Gabel, Reichenberg, Rumbourg, et menaça Prague par des partis; mais il ne fut pas longtemps à être désabusé. Il sut bientôt que les armées coalisées avaient effectué leur jonction depuis plusieurs jours, et qu'elles devaient opérer sur la rive gauche de l'Elbe. Je ne laisserai pas passer cette occasion sans faire observer que, dans cette campagne, nous fûmes fort mal servis par nos espions, que souvent nous ignorions la position de l'ennemi, et que ce n'était qu'en faisant des prisonniers que nous avions des nouvelles exactes.

Cette première opération ayant manqué, Napoléon courut à son armée de Silésie déjà aux prises avec l'ennemi. Le 21, à la pointe du jour, il était à Lowenberg, et, après avoir fait jeter des ponts sur le Bober, il attaqua Blücher immédiatement et le mena battant jusque vers Goldberg ; le 23, il le fit attaquer de nouveau, et, à la suite d'une action fort vive, il l'obligea à quitter ses positions et à se retirer sur Jauer. Mais le temps pressait et la grande armée alliée s'approchait de Dresde : il laissa le soin des affaires de Silésie à Macdonald et se porta sur cette capitale.

Ainsi que je l'ai déjà dit plus haut, le maréchal Saint-Cyr avait été chargé de défendre les débouchés de la Bohême sur la rive gauche de l'Elbe, et conséquemment Dresde, avec le 14e corps, récemment arrivé de France et formé de nouvelles levées. Après avoir reconnu avec soin les positions qu'offre le pays, il plaça à Borna une division, une autre à Hollendorf et Giesshübel, sur la grande route de Dresde à Toplitz, et une troisième sur la route de Freyberg.

Le 22, l'avant-garde ennemie attaqua le camp de

Hollendorf et se présenta sur Borna, qu'elle cherchait à tourner par Gersdorf. Après avoir soutenu un combat, dont le but principal était de forcer l'ennemi à faire connaître ses forces, le maréchal ordonna la retraite sur Dresde. Elle se fit pendant la nuit, et, le 23, lorsque l'Empereur était devant Goldberg en Silésie, nous prîmes position, de très-grand matin, en avant du Grossgarten, de la route de Pilnitz à celle de Freyberg. Si, dès ce jour-là, l'ennemi nous eût attaqués avec vigueur, il est vraisemblable qu'il serait entré sur-le-champ dans Dresde, car environ 20,000 conscrits pouvaient-ils espérer défendre longtemps une si grande étendue de terrain contre 200,000 hommes (1)? Heureusement qu'il n'en fut pas ainsi et que les souverains s'amusèrent à faire parader leurs troupes pendant deux jours.

Le 25 enfin, le prince de Schwartzemberg voulant savoir ce qu'il avait devant lui, fit attaquer nos avant-postes sur la route de Pirna et Dohna ; il s'empara des villages de Grüna-Wiese, Grüna, Striessen et Strehlen : Roth-Haus se défendit et Strehlen fut repris. De ce point élevé, le roi de Naples, qui se trouvait par hasard à Dresde, reconnut toute la profondeur des colonnes ennemies et la grandeur du pé-

---

(1) Cette évaluation de l'armée coalisée n'est pas de moi, mais bien du marquis de Chasteler, feld-zeugmeister autrichien, et qui commandait une division de grenadiers dans cette armée.

ril qui nous menaçait; il en rendit compte à l'Empereur pour hâter son mouvement. Ces dispositions des alliés annonçaient une attaque prochaine ; nos troupes se concentrèrent sur Dresde. Le 26 au matin, elles furent disposées dans les jardins qui règnent autour de cette ville ; une brigade, placée en réserve dans l'intérieur des barrières, fut destinée à secourir les points les plus menacés ; à l'extérieur, quelques compagnies furent chargées de défendre les abatis de la partie inférieure du Gross-Garten, vers la route de Dohna; enfin, les postes de Hofgarten et des Antons furent renforcés : ce dernier était protégé par une batterie de la rive droite de l'Elbe.

L'ennemi avait pris position sur toutes les hauteurs qui environnent Dresde, de la route de Freyberg à celle de Pirna. Il se présenta de très-bonne heure devant nos postes et fut bien reçu partout. Lorsqu'il eut reconnu la position et vu quels étaient les points les mieux défendus par nos redoutes, il fit avancer quelques colonnes, qui pénétrèrent de vive force à travers le Gross-Garten ; une autre colonne, qui avait suivi d'abord la route de Dohna, foudroyée par le feu des redoutes, appuya à droite et se réunit à celles qui combattaient dans le Gross-Garten. Après y avoir surmonté tous les obstacles et forcé nos troupes à l'abandonner, elles en débouchèrent avec beaucoup de résolution, et se portèrent bravement à l'attaque d'un jardin situé à l'entrée du faubourg de Pirna et que l'on appelait le Jardin du prince Antoine. Malgré la fusillade et la mitraille, elles en tentaient déjà l'escalade, lorsque des bataillons de la réserve, les ayant prises en flanc, les contraignirent à se retirer, laissant le terrain couvert de leurs morts.

L'insuccès de cette attaque amortit singulièrement l'ardeur de l'ennemi; il replia ses colonnes et dirigea sur nous et nos redoutes une effroyable canonnade, ne voulant plus compromettre le succès de ses attaques avant d'avoir éteint nos feux. Le temps que demandèrent ces nouvelles dispositions nous donna un peu de répit. Cependant l'Empereur était arrivé; il se porta de suite sur le champ de bataille, pour reconnaître la situation des affaires. Sa présence produisit sur nos soldats son effet ordinaire et constant, c'est-à-dire que chacun sentit redoubler son énergie et fut certain de la victoire. Vers quatre heures, les feux de l'ennemi redoublèrent; ses obus tombaient en abondance dans la ville et y causaient de grands dommages. Bientôt des colonnes profondes, soutenues par une nombreuse artillerie, se dirigèrent sur nos défenses. La redoute établie entre les barrières de Dohna et de Dippodiswalda, en avant d'un jardin royal où était l'hôpital saxon, eut ses feux promptement éteints, ses palissades brisées, et fut emportée après un combat meurtrier qui coûta aux Autrichiens au moins 1,000 hommes restés sur les glacis.

La Vieille-Garde avait suivi l'Empereur de fort près, mais il avait expressément ordonné qu'elle restât en réserve dans l'intérieur de la ville. Enfin, les quatre divisions de la Jeune-Garde étant arrivées à leur tour, débouchèrent vers cinq heures, deux par la porte de Pirna et deux par celle de Plauen, et attaquèrent immédiatement l'ennemi, à qui ce mouvement audacieux apprit la présence de Napoléon (1). Leur attaque fut soutenue à droite par un corps de cavalerie sous les ordres de Murat, et à gauche par un autre que commandait Latour-Maubourg ; elle eut le plus grand succès : tous les corps alliés furent d'abord arrêtés, et ensuite culbutés et rejetés jusque sur les hauteurs d'où ils étaient descendus.

Vers six heures, le feu avait cessé presque partout. Cependant la redoute du centre restait encore au pouvoir de l'ennemi, dont l'artillerie avait ouvert les murs du jardin de l'hôpital saxon, en même temps que son feu de mousqueterie avait éteint celui des soldats qui le défendaient, et il était à craindre qu'au milieu de cette mêlée terrible, les Autrichiens ne pénétrassent par là dans la ville. Le général Berthezène, informé de ce danger, y courut avec quelques troupes, quoique ce point fût hors de la sphère dans laquelle il devait agir. Il rétablit le combat, et les colonnes ennemies songeaient à la retraite, lorsque l'Empereur envoya l'ordre de reprendre la redoute ; elle fut reprise en effet et l'on y fit 600 prisonniers de différents

---

(1) Ce sont les propres expressions du marquis de Chasteler.

corps, avec 7 officiers (1). C'est ainsi que se termina cette première journée, où moins de 50,000 hommes repoussèrent les efforts d'une armée quadruple en nombre.

---

(1) Il est curieux de voir comment le *Moniteur* rend compte de ce fait. « Le général Gros, de la Garde, dit-il, s'est jeté le premier « dans le fossé d'une redoute, où des sapeurs ennemis travaillaient « déjà à couper les palissades : il est blessé d'un coup de baïonnette. » Ceux qui désireraient connaître les vrais détails de ce petit épisode peuvent lire ce qui suit. Deux colonnes autrichiennes s'étaient approchées de cette redoute; elles la tournèrent d'abord pour y entrer par la gorge, mais un feu meurtrier, partant du jardin de l'hôpital saxon, les en empêcha, en leur faisant éprouver des pertes énormes. Lorsque, plus tard, les palissades eurent été brisées, environ 800 hommes sautèrent dans les fossés et escaladèrent la redoute. Alors ils incommodèrent beaucoup nos troupes établies sur des banquettes dans le jardin, et ne tardèrent pas à éteindre leurs feux; bientôt après, le canon ayant fait brèche aux murs du jardin, ils tentèrent de pénétrer dans la ville par ce point, et déjà quelques tirailleurs s'y étaient établis. Dans ce moment, le major Paty, commandant le 27ᵉ léger, envoya dire au maréchal Saint-Cyr qu'il était hors d'état de résister davantage, et l'officier chargé de cette mission ayant rencontré le général Berthezène, lui en fit part; ce général prit aussitôt quelques troupes qui étaient sous sa main, se porta en hâte vers le jardin, chassa les tirailleurs autrichiens de la brèche et rétablit le feu des banquettes, afin de faire taire celui de la redoute et de contenir les mouvements de l'ennemi.

C'est dans cet état de choses que l'on vit arriver un régiment de voltigeurs de la Garde, commandé par le général Gros et conduit par le général d'artillerie Ruty. Ce dernier se dit chargé de reprendre la redoute et demanda où était l'ennemi, avec ce ton arrogant que prennent parfois les officiers des corps savants; le général Berthe-

Le 27, à la pointe du jour, l'Empereur reconnut la position de l'ennemi. Celui-ci s'était retiré un peu en arrière et couronnait les sommités des hauteurs, dont la veille il occupait les pentes. La certitude que Napoléon était à Dresde lui avait fait prévoir qu'il serait bientôt attaqué : il ne s'était pas trompé. Le temps était horrible et la pluie tombait par torrents ; cependant tout se disposa de notre côté. Les 2e et 6e corps étaient arrivés, et le 1er corps débouchait par Königstein, se portant sur la route de Peterswald. Le roi de Naples s'avança avec le 2e corps et les cuirassiers par la route de Freyberg ; le 6e corps, formant avec la Jeune-Garde le centre de l'armée, marcha par la route de Dippo-

---

zène, offensé de ses manières, l'ayant conduit sans dire un mot à la brèche, il ordonna au premier bataillon de voltigeurs d'aller attaquer la redoute : mais ce bataillon, vivement accueilli, perdit la direction, tourna à droite, lorsque la redoute était à gauche, et rentra avec quelque désordre. Ce contre-temps rendit le général Ruty plus honnête, et il proposa au général Berthezène de se charger lui-même de cette opération, ce que celui-ci accepta. Il fit marcher sur la redoute un bataillon du 54e et les carabiniers du 16e, soutenus par un bataillon de la Garde. Le capitaine Adam, des grenadiers du 54e, aborda le premier la barrière : il y fut tué d'un coup de baïonnette. La redoute fut enlevée et l'on y prit 600 hommes et 7 officiers des régiments de Deveaux (45e), Froom (54e), et 7e de chasseurs (Brooders). Une centaine d'hommes seulement s'échappèrent. Le général Gros, qui était en seconde ligne, reçut une légère égratignure d'un coup de feu, et le général Ruty courut annoncer que la redoute était prise. Il est donc vrai que le général Gros fut blessé légèrement, mais ce fut d'un coup de feu et en deuxième ligne.

18.

diswalda, et le 14º par celle de Dohna ; à l'extrême gauche, le maréchal Mortier occupa la plaine avec quelques corps de cavalerie ; la Vieille-Garde resta comme de coutume en réserve.

L'armée autrichienne, qui formait la gauche des alliés, était séparée des Russes et des Prussiens par le ravin de Plauen, où coule le torrent appelé Rothe-Weissritz. C'était une faute, puisqu'elle se trouvait ainsi totalement isolée : l'Empereur en profita et la fit attaquer sur-le-champ. La pluie ne permettait pas de se servir des fusils ; aussi l'affaire fut-elle décidée de vive force et par notre cavalerie. Bientôt 15 ou 18,000 prisonniers et un certain nombre de pièces d'artillerie tombèrent en notre pouvoir, et le reste des Autrichiens se mit en déroute.

Pendant que cette attaque impétueuse avait lieu à la droite, notre centre occupait l'ennemi par une forte canonnade, et lui présentait des têtes de colonnes prêtes à fondre sur lui, en même temps que le 14º corps insultait Leubnitz, où s'appuyait sa droite, et que des colonnes de cavalerie manœuvraient dans la plaine pour menacer ses derrières. Dans cet état de choses, sa position n'était plus tenable ; débordé par sa gauche, il avait tout à craindre : aussi n'osa-t-il rien entreprendre et commença-t-il sa retraite de bonne heure. En apprenant à l'armée les brillants succès de notre aile droite, on lui annonça aussi que Moreau avait trouvé la mort dans les rangs des Russes. Cette nouvelle trouva d'abord beaucoup d'incrédules,

tant on avait encore d'estime pour ce général célèbre !
Malheureusement pour sa gloire, elle n'était que trop
vraie (1).

Le 28, l'ennemi n'avait plus que des arrière-gardes
sur les hauteurs et se retirait de tous côtés. Nous nous
mîmes à sa poursuite : le 6ᵉ corps se porta sur Dippodiswalda ; le 14ᵉ prit la route de Maxen ; la Garde
dut marcher dans la direction de Peterswald, et le roi
de Naples suivit les Autrichiens par la route de Freyberg. Ils étaient dans un tel état de désordre, qu'ils
abandonnèrent les restes de leur artillerie et de leurs
équipages dans les défilés de Tharandt, et que, de plus
de huit jours, ils ne purent parvenir à remettre quelques bataillons en ordre (2).

La nécessité de lier entre eux les mouvements des
divers corps d'armée, et surtout l'état affreux des chemins, presque toujours mauvais au milieu d'un pays
montueux, et qui deviennent impraticables quand ils

---

(1) Le plus grand de tous les crimes, quoi qu'on en dise aujour-
d'hui (1816), est de porter les armes contre son pays. Cette vérité
finira par triompher de tous les sophismes, et tant que la vertu sera
en honneur parmi les hommes, les traîtres et les parricides seront
flétris du sceau de la réprobation universelle.

(2) Nous le sûmes de quelques prisonniers, et le fait est confirmé
par les aveux de M. de Chasteler, qui y ajoute la critique la plus
amère du prince de Schwartzemberg. Celui-ci, pour pallier sa défaite, fit publier que son mouvement contre Dresde n'avait eu d'autre
but que de dégager l'armée de Silésie, commandée par Blücher.

sont dégradés par les pluies, nous forçaient à aller lentement. L'ennemi n'essaya de défendre aucune position, pas même celle de Maxen ; cependant le 6ᵉ corps eut des engagements avec l'arrière-garde russe, en avant de Dippodiswalda et vers Altenberg. Le 31 août, le roi de Naples était à Sayda et le 6ᵉ corps à Zinnwald. Ce jour-là, de bonne heure, le 14ᵉ corps parvenait à Liebenau, et nous y trouvions les débris du 1ᵉʳ corps. Voici quelques détails sur le funeste événement qui lui était arrivé.

Le général Vandamme, qui le commandait, ayant poussé facilement devant lui le corps qui lui était opposé, avait pénétré en Bohême, dans la vallée de Töplitz, et s'était avancé jusqu'au delà de Kulm. Mais l'avant-garde russe, renforcée de quelques divisions de réserve, s'étant porté à sa rencontre et étant rentrée dans cette vallée, il ne fut plus en état de s'y maintenir. Dès le 29 au soir, l'augmentation des feux des bivouacs et la marche des troupes ennemies vers Aussig le menaçaient d'une attaque prochaine ; malheureusement son entêtement lui fit mépriser les avis que lui donnaient ses lieutenants (1), et sa paresse naturelle ne lui permit pas de faire lui-même les reconnaissances qui auraient pu rectifier ses idées. Aussi, le 30, avant

---

(1) Entre autres le général Mouton-Duvernet, qui, la veille, pendant la nuit et le matin, lui fit connaître l'augmentation progressive des forces ennemies.

la pointe du jour, fut-il attaqué de front et de flanc : ses troupes disséminées ne purent faire une longue résistance; elles furent forcées sur tous les points et obligées à une retraite précipitée. Pour comble de malheur, la division prussienne de Kleist, qui se croyait enveloppée, ayant appuyé à gauche pour chercher une issue, se jeta sur la route de Péterswald et, trouvant l'importante position de Nollendorf dégarnie, continua sa marche vers Kulm et servit ainsi à envelopper de toutes parts le 1er corps. Malgré tout, et grâce aux difficultés des lieux, la plus grande partie de l'infanterie se sauva; quant à la cavalerie, elle se fit jour le sabre à la main; mais toute l'artillerie fut perdue et le général Vandamme se fit prendre (1).

La Garde avait dû suivre d'abord la grande route de Péterswald et soutenir le 1er corps; mais l'Empereur, ayant reçu avis de la défaite de Macdonald sur la Katzbach, conçut l'espérance de battre Blücher, avant que la grande armée coalisée ne pût se rallier. En conséquence il contremanda le mouvement de la Garde et se porta en toute hâte contre l'armée de Silésie; mais celle-ci, qui avait pris position sur les hauteurs

---

(1) Vandamme avait la réputation d'être pillard et d'avoir été cruel envers les émigrés. L'empereur Alexandre, devant qui il fut conduit, le reçut, dit-on, fort mal, et lui reprocha sa conduite. Vandamme offensé se plaignit du peu d'égards qu'on avait pour lui, et ajouta qu'on ne lui ferait pas pis, *s'il avait assassiné son père!* L'allusion était trop forte, aussi fut-il très-maltraité pendant sa captivité.

de Hochkirch, fit sa retraite dès qu'elle eut vu les dispositions de Napoléon, et sans en attendre le résultat. Le départ de la Garde avait laissé Vandamme sans appui; néanmoins, si ce général, mettant à profit sa longue expérience, eût occupé, avec une bonne partie de ses forces et son artillerie de réserve, la position de Nollendorf, qui est le point culminant de la vallée, jusqu'à ce qu'il y eût été relevé par le maréchal Mortier, comme la prudence lui en faisait une loi, il eût évité le désastre auquel il succomba, et sa retraite eût été toujours assurée.

Je ne sais si je me trompe, mais il me semble que l'Empereur eût agi bien plus sagement, s'il avait continué à poursuivre ses avantages. Le revers éprouvé en Silésie était un motif de plus pour chercher à rendre ses succès décisifs sur le point où il se trouvait, et d'ailleurs ce qui restait de force à Macdonald, avec l'appui du camp retranché de Dresde, était plus que suffisant pour lui permettre de résister à Blücher. Si le mouvement de la Garde n'avait pas été contremandé, elle se serait trouvée en position à Nollendorf, et le corps de Kleist, resserré entre la route de Peterswald et celle de Fürstenwald, qu'occupait le 14ᵉ corps, n'aurait eu aucune issue pour s'échapper et sa destruction aurait été certaine. Qui eût pu calculer alors les conséquences du mouvement de notre armée victorieuse, débouchant de tous côtés sur Töplitz, en même temps que les armées ennemies et presque pêle-mêle avec elles? L'armée autrichienne était battue et en désordre, l'armée prussienne, éparpillée, entamée et découragée par tant de défaites successives; l'armée russe seule était intacte, mais, dans l'état présent des choses, elle n'avait pas de chances de succès. Qui sait même si les désastres de ses troupes et les ravages de la guerre portés au milieu de la Bohême n'auraient pas ramené le cabinet autrichien à des dispositions plus pacifiques?

J'ignore quelles avaient été les causes de la défaite de Macdonald, mais les généraux qui étaient sous ses ordres en accusaient ses mauvaises dispositions et le décousu de ses attaques. L'armée qui marchait sur Berlin, sous le commandement du maréchal Oudinot, n'avait pas été plus heureuse et s'était vue obligée de se retirer sous Wittenberg. Ney, qui remplaça Oudinot, acheva de tout perdre : surpris dans sa marche offensive sur Jüterbock, il ne put réunir ses forces, et ses divers corps, attaqués séparément, battus l'un après l'autre, se réfugièrent sous le canon de Torgau. Il accusa les Saxons de s'être mal battus : préludaient-ils déjà à leur défection?

Quoi qu'il en soit, partout où l'Empereur ne se trouvait pas, nos armées éprouvaient des revers, et je ne crains pas d'avancer que la cause en était dans le choix de ses lieutenants. Oudinot n'était connu que par une incapacité égale à sa bravoure. Ney avait sans doute la tête plus forte et un caractère plus énergique et plus décidé; cependant il était plutôt bon à être mis à la tête d'une avant-garde qu'à commander en chef une armée. Quant à Macdonald, quoiqu'il eût eu le secret de se faire de bonne heure la réputation d'officier habile, comme dans tous ses commandements il avait été continuellement battu, il pouvait au moins être rangé au nombre des généraux malheureux (1). Pendant que Napoléon confiait à de tels hommes, bien connus de lui pourtant, des portions si précieuses de son armée, Davoust languissait dans l'oisiveté à Hambourg, et Saint-Cyr n'avait qu'un commandement fort restreint. Il est permis de croire que si les rôles eussent été changés, la fortune nous eût été plus propice.

Revenons à la suite des opérations. Le 6 septembre, l'Empereur était de retour à Dresde. Soit que l'ennemi, informé de son départ pour la Silésie, cherchât à profiter de son absence pour nous surprendre, soit qu'il voulût seulement attirer son attention, afin de faciliter les manœuvres de Blücher, toujours est-il qu'il déboucha, le 7, par les routes de Peterswald et de Fürstenwald, et attaqua nos camps de Gieshübel et de Borna. Nous nous retirâmes lentement devant lui et prîmes position en arrière de Pirna.

Le 8 de grand matin, le maréchal Saint-Cyr nous plaça derrière la Müglitz et sur les hauteurs de Dohna, occupant par des avant-postes Heydenau, Klein-

---

(1) Moreau ne croyait pas beaucoup à cette fatalité continuelle. « Le malheur, lui ai-je ouï dire à ce sujet, est dans l'inhabileté des « combinaisons ; le général qui se fait toujours battre est à coup sûr « un mauvais général. »

Seidlitz et Dohna. L'ennemi ne tarda pas à nous y attaquer; il réussit sur quelques points et échoua sur d'autres, particulièrement à Heydenau, où il laissa bon nombre de morts. Mais ses forces augmentaient à tout moment, et tout annonçait que nous serions forcés dans nos positions, que du reste nous nous disposions à lui vendre chèrement, lorsque l'Empereur arriva, précédant ses troupes de deux heures; il eut un long entretien avec le maréchal, fit quelques dispositions, et, vers 4 heures, ordonna de prendre l'offensive. On marcha contre les hauteurs sur lesquelles l'ennemi s'était posté, et après un combat fort opiniâtre, il en fut chassé, laissant les différents plateaux couverts de ses morts, presque tous grenadiers russes. A la nuit, nous nous arrêtâmes à la hauteur de Pirna.

Le 9, nous continuâmes notre mouvement par Borna et Breitenau, et nous prîmes position à Fürstenwald. Le 10, tandis que notre gauche se portait sur Nollendorf et s'en emparait de vive force, nous chassions devant nous une nuée de tirailleurs, nous occupions Ebersdorf (Liebersdorf dans la carte de Petri), et nous nous dirigions sur le Geyersberg. L'Empereur paraissait décidé à descendre dans la vallée par cette route; il fit essayer si le canon pourrait y passer, mais tous nos efforts ne réussirent pas à dépasser avec nos pièces une tour ruinée qui est sur le chemin. Sans ces difficultés toutes locales, l'opération aurait pu être fort belle; du moins Napoléon le pensait ainsi, car il disait : « Je donnerais « dix millions pour que ce chemin fût praticable à

« l'artillerie. » Nous voyions en effet défiler devant nous les troupes que nous avions combattues, et si dans ce moment nous avions pu déboucher dans la plaine, ce mouvement imprévu les aurait sans doute jetées dans un grand désordre. Après s'être convaincu avec regret qu'il ne pouvait rien entreprendre d'important, l'Empereur retourna à Dresde.

Le 12, nous reprîmes position en arrière à Fürstenwald et à Breitenau. La position de Fürstenwald est mauvaise et ne doit être occupée que par une avant-garde, tandis que Breitenau est le véritable point à garder : de bonnes troupes ne sauraient y être forcées, sans faire éprouver aux assaillants des pertes énormes. Le 14, l'ennemi reparut encore ; il tourna Nollendorf, où se trouvait en position une division du 1er corps, en même temps qu'il se portait sur les hauteurs d'OElsen, avec environ 40,000 hommes de toutes armes, et qu'il occupait Streckenwald par une réserve de quatre régiments d'infanterie et de deux de cavalerie. Nos troupes établies à Nollendorf se retirèrent sur Gieshübel, et celles de Fürstenwald sur Breitenau. L'ennemi menaça ce dernier point, le canonna et fit diverses démonstrations d'attaque, mais il n'osa en effectuer aucune.

Le 15, il fut plus hardi contre le 1er corps, et l'attaqua dans son camp de Gieshübel, où il fut énergiquement reçu. Pendant ce temps, Napoléon, parti de Dresde, se porta vers Königstein occupé par la division Mouton-Duvernet du 14e corps ; il la dirigea par

Langenhennersdorf et Bahra, pour tourner la droite des alliés. Ce mouvement, exécuté avec vigueur et intelligence par ce brave officier, mort depuis victime infortunée de nos discordes civiles, détermina la retraite de l'ennemi. Il fut suivi le reste du jour, et rejeté le lendemain au delà des montagnes.

Ces attaques réitérées, mais sans résultat, paraissaient avoir pour but réel, de la part des coalisés, d'attirer notre attention de ce côté, tandis qu'ils manœuvreraient sur d'autres points et nous déroberaient leurs mouvements et leurs projets. L'Empereur en jugeait ainsi, et pour suppléer à l'insuffisance des informations qu'il avait d'ailleurs, il ordonna une reconnaissance générale, dans l'intention de contraindre l'ennemi à déployer toutes les forces qu'il avait devant nous. En conséquence, le 17 au soir, il dirigea lui-même la division Duvernet et la poussa jusqu'à Arbesau, à l'embranchement des routes de Töplitz et d'Aussig, au-dessous de Nollendorf, tandis qu'une partie du corps de Saint-Cyr chassait quelques Russes et Prussiens au delà d'Ebersdorf et tâchait de pénétrer jusque dans la plaine, par le Geyersberg, le Michelsberg et les hauteurs intermédiaires, afin de s'assurer si les camps ennemis étaient encore occupés. Toute la journée du 18 fut employée à continuer notre opération. Mais les alliés, voulant se débarrasser d'un voisinage aussi incommode, portèrent un corps sur Kinnitz ; ce mouvement donna lieu à un combat fort vif qui dura jusqu'à la nuit. Le 19, l'Empereur, ayant obtenu les renseignements qu'il désirait, retourna à Dresde, et les troupes reprirent leurs positions

A cette date, Macdonald, ayant repassé la Sprée avec les 3°, 5° et 11° corps, était placé en arrière de Bischofswerda, et le corps polonais à Stolpen ; Ney s'était établi, avec les 4° et 12° corps et les Saxons, entre Torgau et Wittenberg ; le roi de Naples, avec le 6° corps et la grosse cavalerie, occupait Grossen-Hayn, sur la rive droite de l'Elbe ; sur la rive gauche restaient les 1er, 14° et 2° corps ; celui-ci s'était porté à Freyberg.

Depuis les événements malheureux qui nous étaient arrivés en Silésie et sous Berlin, Bernadotte avait fait passer l'Elbe à une partie de son armée, après avoir jeté des ponts à Dessau et à Wartenbourg, et Blücher s'était avancé jusqu'à Camentz, Bischofswerda et Neustadt. D'un autre côté, quoique la grande armée ennemie restât dans son camp de Toplitz, elle avait détaché un corps autrichien à Marienberg, au débouché des montagnes, sur la route de Prague à Leipzig. Blücher étant le plus rapproché du centre de nos forces, Napoléon voulut l'obliger à recevoir la bataille et le bien battre, pour l'éloigner et déranger le plan des alliés. Dans cette vue, il se porta le 22 septembre sur Hartau et fit attaquer immédiatement l'armée de Silésie ; mais celle-ci s'étant retirée en toute hâte derrière la Sprée, il revint à Dresde et plaça Macdonald à Weissig. Par suite de ce mouvement, en arrière, le corps polonais passa sur la rive gauche de l'Elbe : en même temps Ney avait reçu l'ordre de nettoyer le cours de ce fleuve, dans la partie qu'il occupait, ce qu'il avait heureusement exécuté.

Pendant que tous ces événements se passaient, nos derrières étaient infestés par des partisans ennemis. Un des plus actifs était un certain Thielmann, général saxon et aide de camp du roi, qui, à l'ouverture de la campagne, avait passé dans les rangs ennemis. Napoléon avait paru le distinguer dans la campagne de Pologne, en 1807, et cette distinction avait été la source de sa fortune et de sa faveur auprès de son souverain. Lefebvre-Desnouettes, mort depuis si malheureusement sur les côtes d'Angleterre, fut détaché à sa poursuite ; il l'atteignit près de Freyberg et, après lui avoir repris des malades et des blessés qu'il avait enlevés à l'hôpital de Naumbourg, il le força à se retirer en Bohême : mais il ne tarda pas à être attaqué lui-même par des forces supérieures et obligé de se replier sur la Saale.

Dans les premiers jours d'octobre, les alliés manœuvrèrent pour concentrer leurs masses. Les environs de Leipzig paraissaient être leur point de réunion : l'armée de Silésie avait passé l'Elbe à Wartenburg et se dirigeait sur la Mulde, tandis que la Grande-Armée débouchait de la Bohême par Altenburg et se portait sur Borna. Pour s'opposer à ces mouvements menaçants, l'Empereur s'occupa d'un côté à réunir ses forces, tandis que de l'autre il tâchait d'arrêter ou de retarder l'ennemi. A cet effet, les 3ᵉ, 6ᵉ et

11e corps, ainsi que la grosse cavalerie, se portèrent sur Würtzen et Düben, pendant que les 5e et 7e corps opéraient sur les deux rives de l'Elbe jusqu'à Acken, et qu'à notre extrême droite le roi de Naples livrait, avec les 2e et 8e corps, des combats sanglants à la grande armée alliée.

Ces opérations avaient nécessité des changements dans la position des 1er et 14e corps : une partie de ce dernier occupa le camp retranché de la rive droite, en avant de Dresde, et les positions de Weissig et de Weiskirch ; le 1er corps resta sur la rive gauche avec une division du 14e. Le 7 octobre, ces dispositions étant faites, l'Empereur partit de Dresde. Son projet semblait être d'agir sur les deux rives du fleuve et de faire jouer un rôle à Magdebourg, où se trouvait, outre la garnison, une division disponible. Des raisons, que je ne suis pas à même d'apprécier, le firent renoncer à cette idée; il revint sur ses pas et prit position en avant de Leipzig.

Quoiqu'il puisse paraître téméraire de porter un jugement sur des opérations aussi importantes, lorsque tant de données manquent pour les apprécier, et lorsqu'on n'y a pas pris soi-même une part active, cependant il me semble qu'il était plus avantageux de tomber avec toutes nos forces sur les armées de Silésie et de Berlin réunies. Si elles acceptaient le combat, le succès ne paraissait pas devoir être douteux, et, si elles le refusaient et repassaient sur la rive droite, elles ne pouvaient exécuter ce mouvement sans faire de grandes pertes ; libre alors d'inquiétude de ce côté-là, l'Empereur pouvait disposer de tous ses moyens contre l'armée sortie de Bohême. Mais il est vraisemblable que, fatigué des courses inutiles que lui avaient occasionnées les retraites continuelles des alliés derrière les montagnes, il était bien aise de pouvoir enfin livrer une bataille décisive, qui était l'objet de ses vœux ardents. Quoi qu'il en soit, la disproportion des forces rendait ce parti très-hasardeux ; quelle que soit la puissance du génie, elle a ses bornes, et l'armée combinée s'élevait au moins à 280,000 hommes, ainsi que je l'ai su du marquis de Chasteler, tandis que la nôtre ne pouvait pas monter au delà de 80 ou 90 mille.

Étant resté à Dresde, je ne me hasarderai point à parler ici des mouvements qui précédèrent et suivirent les funestes journées des 16 et 18 octobre; néanmoins, je reviendrai sur ce sujet avant de finir. Quant à la défense de Dresde, quoiqu'elle n'ait été qu'un épisode accessoire dans le grand drame de cette campagne, cependant comme on en a parlé diversement et que j'y ai pris une part personnelle, je m'appesantirai sur quelques-uns de ses détails, dans l'intérêt de la vérité.

Le maréchal Saint-Cyr avait précédé le retour de ses troupes, à Dresde ; il y arriva le 6 octobre. L'Empereur lui ayant appris qu'il le destinait à y rester, il lui fit observer qu'il n'y avait dans cette ville ni vivres ni munitions de guerre ; que les 6,000 malades qui se trouvaient encore dans les hôpitaux, étaient condamnés par les médecins ; que déjà ils mouraient par cen-

taines, et qu'ainsi la destination des deux corps d'armée placés sous ses ordres ne paraissait pas avoir un but bien important. Après quelques objections, dans lesquelles on sentait combien il était désagréable à Napoléon de céder aux ennemis la capitale de son allié, il finit par dire à Saint-Cyr qu'il le reverrait avant son départ et qu'il lui donnerait ses derniers ordres. En effet, vers deux heures après minuit, il le fit appeler et lui dit qu'après avoir tout bien pesé et tout calculé, il avait décidé qu'il le suivrait de près. « Ainsi, ajouta-
« t-il, faites vos dispositions pour vous mettre en mou-
« vement après-demain. Un jour de bataille, vous
« pouvez m'être très-utile : si je la gagne, j'aurai
« Dresde quand je voudrai, et si je la perds, vous se-
« riez perdu en restant ici. »

Saint-Cyr, très-satisfait, s'occupa sur-le-champ des dispositions nécessaires pour l'évacuation projetée, fit replier les ponts de bateaux établis sur l'Elbe, et recommanda aux généraux de division de donner à chaque soldat une bonne ration de viande, afin qu'il réparât ses forces (1). Malheureusement ces mesures de-

---

(1) Pour l'intelligence de ce passage, il faut qu'on sache que l'administration n'ayant fait de toute la campagne aucune distribution de viande et de pain aux corps placés aux avant-postes, chaque général de division faisait vivre ses troupes du mieux qu'il pouvait, avec les ressources des villages qu'il occupait, et que par conséquent chacun d'eux avait formé un petit parc de bœufs, pour fournir à la subsistance de ses soldats.

vaient être inutiles : le 7 au soir, un courrier, expédié par le prince de Neuchâtel, apporta un ordre de celui-ci, daté de Meissen, dans lequel il prescrivait au maréchal de regarder comme non avenus les ordres qu'il avait reçus de l'Empereur, et de tenir à Dresde jusqu'à ce qu'il y fût forcé. Quelle raison nouvelle l'Empereur eut-il pour changer si subitement sa détermination ? Céda-t-il aux instances de son allié le roi de Saxe ? Je n'en sais rien ; mais il est permis d'en gémir, puisqu'il se privait ainsi de plein gré d'une chance de plus de succès dans une circonstance aussi décisive.

La garnison de Dresde se composait des 1ᵉʳ et 14ᵉ corps, d'environ 800 hommes de cavalerie, d'une nombreuse artillerie et de quelques gendarmes : en tout environ 24,000 hommes, dont 22,000 d'infanterie. Outre les troupes françaises, il y avait encore à peu près 2,000 Westphaliens, mais sur lesquels on ne pouvait guères compter et qui désertaient tous les jours par compagnies entières. Enfin, environ 1,500 employés, appartenant à toutes les administrations, étaient restés dans la ville et ne servaient qu'à nous dévorer : c'est la lèpre des armées modernes.

La place était dépourvue de vivres et de munitions : on ne comptait dans les magasins guère plus de dix cartouches par homme, et le pain n'était assuré que pour cinq jours. Aussi, dès le premier jour, les troupes furent mises à la demi-ration : douze onces de pain et quatre onces de viande, avec deux onces de riz et une ration de vin ; la viande fut supprimée au bout de quatre jours, et le riz et le vin au bout de douze.

Le 8, le corps de Bubna, composé de Russes et d'Autrichiens, attaqua nos postes sur les routes de Bautzen et de Radeberg : après les avoir rejetés dans le camp retranché, il continua sa route par la rive droite. Le 9, les troupes restées aux camps de Gieshübel et de Borna furent attaquées : elles se retirèrent sur Dresde. L'ennemi occupa toutes les hauteurs en avant de la ville, jusqu'à la Weisritz ou plutôt jusqu'à la vallée de Plauen.

Le 14 et le 15, l'armée russe de Pologne, sous les ordres de Benningsen, passa devant Dresde et continua sa marche sur Leipzig. D'après les renseignements les plus exacts, Benningsen, Bubna et Tolstoï, avaient une force totale de 65,000 hommes, dont 25,000, sous les ordres de Tolstoï, restèrent pour nous observer, et 40,000 se rendirent à Leipzig. C'est ce nouveau renfort qui permit aux alliés de tenter une seconde fois le sort des combats dans la journée du 18.

Saint-Cyr se crut obligé de prévenir Napoléon de la marche de cette armée. Des Polonais, déguisés en Cosaques, passèrent heureusement à travers les postes russes et arrivèrent jusqu'à lui : mais il ne prêta que peu d'attention à cet avis; il crut le maréchal mal informé et son rapport très-exagéré. Sans doute il pouvait y avoir quelque exagération, car il est bien difficile d'estimer au juste la force d'une armée, et je me rappelle qu'on évaluait celle-là à 80,000 hommes;

mais le fond du rapport n'en était pas moins certain et d'une haute importance.

Les troupes ennemies qui restaient devant nous, se composaient de nouvelles levées ; on comptait parmi elles des Baskirs armés d'arcs et les milices de Kasan. Pour leur donner plus de confiance, Tolstoï avait commencé à remuer de la terre sur plusieurs points : Saint-Cyr ne voulut pas lui donner le temps de perfectionner ses ouvrages. Le 17, de très-bonne heure, il le fit attaquer de front par une colonne dans ses positions de Coschitz, Racknitz et Zschernitz, tandis qu'une autre colonne, couverte par le ravin de Plauen, remontait jusqu'à Potzchappel, pour déborder sa gauche et tomber sur ses derrières. Quoique bien supérieurs en nombre, les Russes ne firent pas une longue résistance; ils se retirèrent dans un grand désordre jusqu'à Dohna, après avoir perdu 1,200 hommes prisonniers, 8 bouches à feu et 18 caissons de munitions.

Le soir, après ce succès, le maréchal me dit : « Ce « serait le moment de quitter Dresde ; nous pourrions « être très-utiles à l'Empereur en agissant sur les com- « munications de l'ennemi : nous ne retrouverons plus « une pareille occasion. » Il avait grandement raison, mais il était retenu par des ordres précis, qu'il n'osait pas enfreindre dans l'ignorance où il restait de tout ce qui se passait. Ce fut le 22 seulement qu'un soldat de la Jeune-Garde, échappé des mains des ennemis, nous apprit les désastres de Leipzig : bientôt la voix publique confirma son récit.

Dès que ce malheureux événement ne fut plus douteux, le comte de Lobau, qui commandait le 1er corps, proposa de quitter Dresde. Il pensait que si l'on ne perdait pas de temps, on pourrait rejoindre l'armée, ou que, si ce parti paraissait trop hasardeux, on ne trouverait pas de difficulté sérieuse à se porter sur Torgau et Wittenberg, afin d'en rallier les garnisons, à se jeter ensuite sur Magdebourg et à tâcher de rejoindre le maréchal Davoust à Hambourg, et que, formant alors une armée de 60 à 70,000 hommes, on serait en état d'opérer sur les derrières de l'ennemi et de faire une forte diversion, si même on ne réussissait pas à parvenir en Hollande et sur le Rhin. Il représentait que l'ennemi n'ayant sur la rive droite de l'Elbe que des levées en masse, il serait facile de leur passer sur le ventre, et qu'ensuite, marchant à couvert derrière ce fleuve, rien ne pourrait s'opposer à ce qu'on entreprendrait.

La première proposition, celle de chercher à rejoindre l'armée, semblait présenter des difficultés insurmontables, car des troupes autrichiennes étaient déjà en marche pour revenir de Leipzig sur Dresde, et le corps de Tolstoï était à peu de distance de nous. Servis par les habitants du pays comme ils l'étaient, les généraux alliés auraient connu, le jour même, notre mouvement, et nous aurions été promptement enveloppés par des forces immenses. Il n'en était pas de même de la deuxième proposition, et au premier aperçu, rien ne semblait devoir s'opposer à son succès : cependant elle ne fut pas agréée. D'un côté, le maréchal se regardait comme enchaîné par les ordres de l'Empereur; et, de l'autre, informé que Benningsen était encore dans les environs de Leipzig, il pensait que ce général aurait le temps de passer l'Elbe et d'accourir au-devant de nous, tandis que nous serions suivis de près par Tolstoï, à qui nous ne pouvions pas dérober plus de deux marches, et que par conséquent le moment de faire cette tentative n'était pas encore venu. A coup sûr ces considérations étaient graves, et je ne déciderai point laquelle des deux opinions était préférable; je ferai seulement observer qu'à dater de cet instant, il n'y eut plus ni harmonie ni confiance entre les deux commandants en chef.

Le 24, Tolstoï, instruit de l'approche du corps de Klenau, se rapprocha de Dresde; le 26, ce corps arriva et attaqua immédiatement nos postes sur la route de Freyberg. Dès lors nous fûmes resserrés chaque jour davantage, et notre position devint de plus en plus malheureuse. Tant que l'ennemi avait été éloigné, nous avions tiré quelques ressources des villages environnants; nous avions même poussé jusqu'à plusieurs lieues de la place pour faire des fourrages, qui avaient peu produit à la vérité, parce que le pays était fort épuisé, mais qui cependant avaient adouci notre misère. Désormais, les forces qui nous entouraient étaient trop considérables pour qu'il nous fût permis de sortir de nos palanques et de dépasser la portée du canon de nos redoutes; aussi l'état de faiblesse et de dépérissement de nos troupes, suite inévitable de leurs longues fatigues et de leurs excessives privations, fut-il bientôt parvenu à un point difficile à imaginer : tous les jours on en trouvait quelques-uns morts en faction ou dans les rues, et les régiments fondaient à vue d'œil.

On tint des conseils de guerre qui ne remédiaient et ne pouvaient remédier à aucun de nos maux ; on décida qu'il serait fait des visites domiciliaires, pour s'assurer de la quantité de vivres qui était chez les habitants. Ces visites ne produisirent presque rien (1) : seulement on découvrit quelques granges, dans lesquelles étaient des grains en gerbes ; on exagéra beaucoup cette ressource : on fit battre les gerbes, et elles donnèrent 130 quintaux de grain, c'est-à-dire 12,000 rations de 24 onces.

Sur ces entrefaites, le maréchal ayant été informé que le corps de Benningsen s'était éloigné de Leipzig, pensa que le moment était venu de réaliser le projet de se réunir aux garnisons de Torgau, de Wittenberg et de Magdebourg ; il chargea de son exécution le général Mouton, comte de Lobau. Le 5 novembre, on

---

(1) Dans la Neustadt et le Neuanbau, que ma division occupait, les corps chargés de cette recherche, quoique intéressés à obtenir d'heureux résultats, ne trouvèrent que deux ou trois sacs de blé, sept sacs de pommes de terre et trois vaches laitières fort maigres. Sans doute il restait quelques autres ressources aux habitants, mais le moyen de les atteindre ?

fit une bonne distribution de vivres aux troupes qui devaient marcher, et le 6, 14,000 hommes et 24 bouches à feu, bien servies, sortirent de Dresde et prirent la route de Grossen-Hayn. L'avant-garde trouva l'ennemi sur les hauteurs de Boxdorf, l'en chassa et le poursuivit jusqu'à une seconde chaîne de hauteurs près de Reichenberg ; mais là, elle s'arrêta, le croyant trop en force : d'un autre côté on annonça au commandant de l'expédition que les alliés, ayant jeté un pont au-dessous de la ville, faisaient déjà passer des colonnes sur la rive droite ; enfin, après un tiraillement assez long et très-insignifiant, on rentra à Dresde le soir. La vérité était pourtant que l'ennemi n'avait sur ce point que 12 pièces de canon et 7,500 hommes, y compris les 3,000 Autrichiens qui de Weiss-Kirch s'étaient portés sur Wilschdorf pour appuyer la position de Boxdorf ; que ses troupes manquaient de munitions (1), qu'il n'y avait aucun pont sur l'Elbe et que les corps placés sur la rive droite n'avaient eu aucun avis de notre mouvement (2).

Du reste, personne ne fut étonné du résultat de cette tentative. Le comte de Lobau et les autres chefs, dont plusieurs étaient pourtant des militaires distingués, persuadés qu'il n'était plus temps d'essayer une telle

---

(1) De trois jours il ne put s'en procurer. Quel heureux hasard, si on l'avait su !

(2) Ce fut encore le marquis de Chasteler qui m'apprit tous ces détails, le 15 novembre au soir.

entreprise, se croyaient sacrifiés et ne voyaient dans la combinaison du maréchal qu'un affreux machiavélisme. Depuis longtemps déjà on s'était habitué à travestir la différence d'opinion en manque de bonne foi, et la passion donnait aux actions les plus innocentes un vernis fâcheux et un aspect bien différent de la vérité. On ne se croyait que juste et l'on empoisonnait toutes les intentions; on ne voulait pas être dupe et l'on s'aveuglait soi-même. Ce fut ainsi qu'on agit dans cette occasion, et de là vinrent la mollesse et la négligence avec laquelle l'opération fut exécutée. Ainsi, le mouvement aurait dû commencer à quatre heures du matin, pour surprendre l'ennemi et l'attaquer inopinément à la pointe du jour, et l'on passait encore les ponts à huit heures; on s'égara même en sortant de la ville, et l'on prit la route de Konigsbrück, au lieu de celle de Grossen-Hayn.

Le lecteur demandera peut-être pourquoi le maréchal ne s'était pas mis à la tête de l'expédition; pourquoi il avait gardé à Dresde deux divisions, c'est-à-dire près de 6,000 hommes, et pourquoi ces divisions n'avaient pas marché à l'arrière-garde de la petite armée qui sortait de la place? Quoique je n'aie été instruit en aucune manière des motifs et des idées du maréchal, je ferai observer qu'il ne pouvait pas abandonner entièrement Dresde avant le succès de sa tentative; que pour cacher son mouvement à l'ennemi, rien ne devait paraître changé aux avant-postes, et qu'ainsi il fallait un certain nombre de troupes pour garder les redoutes; que la population de Dresde, n'étant pas trop amie, avait besoin d'être contenue par la présence d'une force respectable; enfin et surtout, que si le maréchal, prenant tout ce qu'il y avait de plus vigoureux, était sorti en personne de la ville, les corps qui y seraient restés sans lui se seraient regardés à leur tour comme sacrifiés à son salut, et que le découragement aurait été complet dans la garnison. J'ajouterai de plus que rien ne me prouve qu'il n'eût pas quitté Dresde pendant la nuit, si l'opération avait eu une réussite complète. Quoi qu'il en soit, notre position se trouva fort aggravée, car les troupes de l'expédition avaient consommé des vivres qui auraient pu nous faire subsister quelque temps de plus, et dès le 7 novembre, il ne nous restait plus que pour trois jours de pain, à la demi-ration.

Le maréchal assembla alors le conseil de défense, et, après lui avoir exposé l'état de dénûment en tout genre où se trouvait l'armée, il ajouta qu'il regardait comme inutile de prolonger davantage une défense qui nous coûtait journellement 200 hommes et qui, en achevant de ruiner les troupes, nous mettrait sous peu à la discrétion de l'ennemi; qu'il pensait que le parti le plus utile à la France était aussi le plus glorieux, et que, dans les circonstances où elle se trouvait, 20,000 hommes de plus et beaucoup de bons officiers n'étaient pas une chose indifférente pour elle; que nous pourrions être employés en Espagne, ou que, si les coalisés regardaient les Espagnols comme leurs alliés, notre échange pourrait se faire de suite, dans le cas où, comme il était présumable, on nous imposerait la loi de ne point servir jusqu'à ce qu'il eût été effectué.

Tous les membres du conseil adoptèrent l'avis du maréchal, et il fut décidé à l'unanimité que l'on ferait des ouvertures à l'ennemi, pour arriver à une capitulation honorable. Le général Mathieu-Dumas, intendant général, la négocia, et, le 11 novembre, elle fut signée ; elle portait en substance que l'armée se rendrait en France et y serait considérée comme prisonnière de guerre jusqu'à échange ; qu'elle aurait 600 hommes armés, 2 pièces de canon et 50 gendarmes pour la police des colonnes. Nous devions marcher en six colonnes, à un jour de distance l'une de l'autre. La 1re partit le 12 novembre ; elle devait arriver à Strasbourg le 24 décembre, et la dernière le 31.

Ce fut pour nous un moment bien douloureux que celui où il fallut déposer nos armes. Il y avait longtemps qu'une armée française n'avait subi un sort aussi rigoureux, et malgré la loi de la nécessité, peu d'entre nous s'y soumirent sans murmure. Mais nous n'étions pas au bout de nos malheurs ; le 19, notre marche fut suspendue, et le 27, nous apprîmes que, sans égard pour la foi jurée, les *Magnanimes* souverains alliés, dépouillant toute pudeur, avaient décidé que nous resterions dans les fers. Ils étaient les plus forts, et tout ce qu'ils trouvaient utile devenait juste à leurs yeux. Napoléon, qu'ils accusaient en ce moment même, au tribunal des nations, de tant de violences et de crimes, leur avait pourtant donné sous ce rapport de beaux exemples à suivre, quoi qu'en puissent dire des déclamations mensongères et intéressées : Mantoue, Ulm, Magdebourg, Dantzig sont là et répondent victorieusement aux calomnies.

Depuis que Napoléon ne distribue plus de couronnes, il n'est pas de famélique auteur, pas d'écrivain à gages, qui ne lui ait fait sa leçon sur la politique, sur l'administration et même sur l'art de la guerre ; on a poussé le ridicule jusqu'à refaire la campagne d'Austerlitz, dont certain écrivain n'était pas content. Quelque doux qu'il soit pour la malignité humaine de rabaisser ce qui est grand, il serait difficile de comprendre que des hommes, estimables à bien des égards, se fissent les coryphées de ces accusations, si de trop nombreux exemples ne nous rappelaient tous les jours, d'un côté, que l'égoïsme est le trait caractéristique de notre époque, et de l'autre, qu'aujourd'hui (1) c'est la voie la plus sûre des honneurs et de la fortune.

Pour moi, je n'ai pas la prétention de défendre Napoléon ; ses victoires éclatantes et la prospérité dont il a fait jouir la France, parlent plus haut que ses détracteurs. Malgré ses erreurs et ses fautes, je dirai, en me servant des expressions d'un illustre maréchal, qui n'a jamais été son adorateur, mais qui était bien fait pour l'apprécier, que de vingt siècles peut-être, la

---

(1) Au commencement de la Restauration.

nature ne produira pas d'homme qui lui soit comparable (1). Si donc je me permets quelques réflexions sur cette campagne, c'est dans l'unique but de repousser des opinions, qui me paraissent évidemment erronées et qui, avancées avec assurance et d'un ton décisif, pourraient imposer aux personnes peu familières avec ces matières ou qui n'y jetteraient qu'un coup d'œil superficiel,

Mais je ne puis me défendre auparavant de faire remarquer que, dans ses jours de malheurs, Napoléon fut servi avec zèle par des hommes qui, tels que Carnot et Grenier, avaient eu à se plaindre de lui, tandis que Lauriston, Murat, Marmont et d'autres parmi ses intimes et ses favoris, ou restèrent dans une inaction

---

(1) En me tenant ce langage, le maréchal Saint-Cyr me contait un jour le trait suivant. Pendant son séjour à Dresde, Napoléon avait écrit une nuit, de son cabinet particulier, au ministre des finances, une lettre fort étendue et fort détaillée, sur un objet assez important pour exiger la réunion de la section des finances du Conseil d'État. On s'occupait encore au ministère du contenu de cette lettre, lorsqu'un courrier en apporta une autre, destinée à donner de nouveaux développements, à résoudre les objections, etc. Le baron Louis, qui plus tard a été ministre des finances, étonné que l'Empereur possédât si profondément ces matières et pût s'y appliquer au milieu des travaux de la guerre et de la politique, eut la curiosité de savoir si les autres ministères n'avaient point reçu en même temps des ordres ou des instructions, et il se trouva que, cette même nuit, il avait été expédié du cabinet impérial aux différents ministères dix-sept lettres, traitant toutes avec le plus grand détail et la plus grande lucidité divers objets de la plus haute importance.

criminelle, ou se retirèrent lâchement devant l'ennemi, ou trahirent honteusement leur maître et leur ami. Il est facile de saisir la cause de cette différence : les premiers, voyant dans Napoléon malgré ses erreurs le défenseur de la patrie, se serrèrent autour de lui, dès qu'elle fut en danger, tandis que les seconds, adorateurs de la fortune, disparurent avec elle. Depuis sa chute et sa mort, on trouve à faire les mêmes rapprochements entre les écrivains ; les personnes qui connaissent l'histoire privée de sa cour et de celles de ses frères, savent que ses détracteurs les plus acharnés sont, ou des courtisans assidus, ou des militaires d'antichambre, qui se vengent aujourd'hui sur sa mémoire de leurs espérances déçues.

A entendre les docteurs en politique et en art militaire, qui, pour la plupart, n'ont jamais commandé de troupes et seraient hors d'état de faire mouvoir un bataillon, l'Empereur, dans la campagne de 1813, eut dû rester sur la défensive. Pourquoi ? dira-t-on. Parce que, répondent-ils, la guerre était essentiellement défensive. C'est une puissante raison, comme on voit, et partant de là, l'un le fait marcher au confluent de l'Elbe et l'autre en Suisse. Que signifie cette phrase prétentieuse : que la guerre était essentiellement défensive? Veut-on dire par là qu'il fallait passivement subordonner nos mouvements à ceux de l'ennemi, et que tenter de faire prendre aux opérations un caractère opposé était une faute? Depuis quand donc cette espèce de guerre a-t-elle cessé d'être la plus désavantageuse et la plus contraire à notre caractère vif et impatient? Mais, par cela seul qu'elle offre le plus d'inconvénients et de désavantages, n'appartient-il pas au génie de s'en affranchir et de lui faire changer de nature; et n'est-ce pas là précisément ce que Napoléon exécuta, dès l'ouverture de la campagne, avec autant de bonheur que de talent? Quel est l'homme de bonne foi qui ne voit pas que, sans l'intervention de l'Autriche d'abord, et ensuite sans sa défection, nous aurions fini cette même campagne au delà de la Vistule?

En se confinant à Hambourg, dans un pays sans grandes routes, sans chemins praticables durant huit mois de l'année, Napoléon aurait-il empêché les alliés de l'y tenir assiégé avec 300,000 hommes? Les aurait-il empêchés de couper toutes ses communications avec la France et d'intercepter tous les secours qu'il en recevait? Les aurait-il empêchés d'y pénétrer avec 100,000 hommes et plus et de la parcourir dans tous les sens? Ne peut-on pas dire la même chose de la Suisse? Sans doute il eût été avantageux à l'Empereur de l'occuper avec une armée à la fin de 1813; mais il aurait fallu avoir cette armée, et pouvait-il diviser la sienne déjà si faible? Pouvait-il d'ailleurs penser que les Suisses livreraient aux Autrichiens le pont de Bâle? Devait-il présumer cette violation de la bonne foi helvétique, encore aujourd'hui si vantée?

Ce n'est, dit-on, qu'au confluent des grands fleuves ou dans les chaînes de montagnes qu'on peut, de nos jours, se défendre contre les masses avec lesquelles on fait la guerre. Et moi, je réponds avec plus de vérité : ce n'est qu'en nationalisant une guerre, en la rendant pour ainsi dire personnelle à chacun des membres de l'État, qu'on peut se défendre avec succès ; tout autre moyen est illusoire. Cultivons donc l'esprit national, et faisons en sorte que chacun ait un intérêt bien senti à défendre le territoire et à soutenir le Gouvernement. Il suit de là, ce me semble, que les places fortes, dont on fait tant de bruit et qui coûtent tant d'argent à entretenir, sont d'une bien faible utilité et peuvent même quelquefois devenir très-nuisibles par leur grand nombre : témoin cette campagne. Que de troupes n'absorbèrent-elles pas et n'ont-elles pas puissamment contribué à notre ruine ?

La prépondérance de la France et sa sécurité reposaient sur la puissance de ses armes. Dans le cours de la campagne précédente, nous avions fait de grandes pertes ; la renommée avait su les aggraver encore, et l'Allemagne paraissait vouloir profiter de cette occasion pour réparer les malheurs que lui avaient fait essuyer vingt ans de défaite. Il était donc de la plus haute importance de reparaître de nouveau avec éclat sur le théâtre de la guerre, et d'y annoncer notre présence par un coup de tonnerre, tant pour rassurer la foi chancelante de nos alliés, que pour intimider nos ennemis indécis. Ce résultat n'était-il pas obtenu, lorsque la mauvaise foi de l'Autriche vint détruire notre ouvrage? N'était-il pas évident que, sans la coopération de cette puissance, qui entraîna la Bavière et le reste de la Confédération du Rhin, les Russes et les Prussiens ne pouvaient plus tenir devant nous après la bataille de Wurschen, car ils avaient épuisé leurs plus grands efforts, tandis que la réunion de nos forces n'était pas encore complète? Napoléon avait donc alors les moyens de se mesurer avec eux et de leur disputer la domination de l'Allemagne.

Dira-t-on qu'il devait deviner la défection de l'Autriche? Etait-il donc d'un si grand intérêt pour elle d'augmenter la puissance de la Russie et de la Prusse? Je ne crois pas que cela soit bien démontré. Quoi qu'il en puisse être, il est certain que les forces de l'Autriche et sa position géographique faisaient reprendre à la guerre son caractère défensif. Cependant j'ai entendu parler d'un plan de campagne, qui avait obtenu l'assentiment des hommes les plus habiles de l'armée et qui aurait pu nous donner, dès la reprise des hostilités, tous les avantages de l'offensive; il prouve du moins qu'à ce moment notre retraite de l'Allemagne n'était pas jugée nécessaire. Le voici :

On se rappelle que Napoléon donna trois corps d'infanterie et un de cavalerie à Macdonald, pour s'opposer à Blücher, et trois corps à Oudinot, pour menacer Berlin, et qu'il se réserva une armée mobile, pour se porter successivement sur les points attaqués. Au lieu de cette distribution de forces, trop considérables pour les chefs à qui elles étaient confiées, on ne leur aurait laissé que 30 ou 40,000 hommes, destinés à la plus stricte défensive ; ce qui aurait eu le double avantage de mettre ces généraux à l'abri d'une défaite, en leur ôtant la tentation de se compromettre, et de donner à l'Empereur 50 ou 60,000 hommes de plus. Alors, avec sa grande armée, il aurait envahi la Bohême et porté dans les provinces de l'Autriche le poids de la guerre qu'elle venait de susciter. Il est présumable que de cette manière la Bavière nous serait restée fidèle, et que les résultats de la campagne auraient été tout autres.

La bataille de Dresde, qui aurait été livrée avec 50,000 hommes de plus, et les conséquences qu'elle aurait dû avoir, rendent à jamais regrettable que ce plan n'ait pas été adopté; car, malgré cette différence en moins dans ses forces, si, après cette bataille, Napoléon eût profité de la victoire comme il savait le faire, qui oserait dire ce qui serait advenu? Malheureusement, il manqua cette occasion unique et il ne la retrouva plus. Dès ce jour il subit toutes les conséquences funestes de la guerre défensive : enchaîné sur son centre d'opérations, il y était sans cesse inquiété, sans pouvoir amener les ennemis à une action qu'ils évitaient facilement en se couvrant des montagnes. Mais, dira-t-on, pourquoi ne se retirait-il pas? Peut-être ce parti était-il en effet le plus avantageux, militairement parlant (ce n'est pourtant pas moi qui oserai le décider), mais alors même il resterait à savoir s'il était le plus honorable et le plus politique, et ces considérations devaient puissamment influer sur les décisions de l'Empereur. Pouvait-il, devait-il abandonner ses alliés, sans tenter le sort des combats? Ne lui restait-il donc aucune chance de succès? La bataille de Leipzig, malgré ses funestes résultats, prouva le contraire.

Il est hors de doute que la journée du 16 octobre fut à notre avantage. A quoi tint celle du 18? Quelle en eût été l'issue, sans la défection du corps saxon et l'avantage immense qu'il procura à l'ennemi? Et cependant Napoléon avait-il réuni toutes ses forces? Non certes. N'aurait-il pas pu avoir en plus Davoust et son corps, une division de Magdebourg et toute la garnison de Dresde? Mais, n'y eût-il eu que cette dernière, ces 23 ou 24,000 hommes n'auraient-ils pas rendu l'action du 16 plus décisive, et, dans ce cas, celle du 18 aurait-elle eu lieu? Il est permis d'en douter. Alors même leur présence n'aurait-elle pas mis un poids considérable dans la balance? Les Saxons, mêlés à un corps français, auraient-ils eu la facilité d'exécuter leur trahison? L'auraient-ils osé? Et si, malgré leur nombre et cette défection, les alliés ne purent nous chasser du champ de bataille, que serait-il arrivé avec 20,000 hommes de plus de notre côté et la trahison de moins du leur? Et enfin, si même après la bataille perdue, on avait eu le soin de repasser pendant la nuit sur la rive gauche de l'Elster, au lieu de ne faire ce mouvement que le 19 au matin et en présence de l'ennemi, les désastres qui pesèrent sur nous n'auraient-ils pas été évités, et n'aurions-nous pas été en mesure d'exécuter tranquillement notre retraite !

On a aussi beaucoup critiqué le choix du champ de bataille ; mais s'il était si mauvais, pourquoi l'armée ennemie, plus que triple en nombre de la nôtre, n'a-t-elle pas pu nous l'enlever, après même que la trahison lui en eut livré une des clefs? On a dit que, couvert par l'Elster, Napoléon aurait pu manœuvrer à sa volonté, tomber sur les premiers corps qui passeraient, et se retirer sans aucun inconvénient : cela est vrai ; mais ce parti ne pouvait pas lui convenir. Comme il n'était en état de reprendre l'offensive que par une victoire, il devait nécessairement vouloir livrer bataille, et sa grande infériorité numérique lui faisait une obligation de trouver un théâtre d'opérations assez resserré pour que l'ennemi n'eût pas le moyen de développer toutes ses forces, et qu'il pût, lui, agir avec toutes les siennes. Or, son champ de bataille, à Leipzig, ne satisfaisait-il pas à ces conditions ?

Lorsqu'à la suite de ses premières campagnes d'Italie, il traitait de la paix à Leoben, il dit un jour aux généraux autrichiens : « Il y a en Europe beaucoup « de bons généraux, mais ils voient trop de choses à « la fois ; moi, je n'en vois qu'une, ce sont les masses; « je tâche de les détruire, bien sûr que les accessoires « tomberont ensuite d'eux-mêmes. » A la fin de sa carrière, il a commis, mais sciemment, la faute qu'il avait reprochée autrefois à ses ennemis. Sa grande supériorité intellectuelle lui donnait une telle confiance, qu'il se crut assez puissant pour vaincre ses adversaires, quelque système de guerre qu'il embrassât et sans qu'il fût dans la nécessité d'abandonner aucun des points qu'il occupait : de là, l'éparpillement de ses forces, qu'il ne lui fut plus possible de rallier au jour du besoin.

Peu partisan des places fortes, j'ai toujours été disposé à croire qu'il avait laissé sur la Vistule un trop grand nombre de garnisons ; j'aime mieux les soldats dans les rangs que derrière les remparts, où ils sont exposés à mourir de faim sans pouvoir se battre. Cependant il faut en convenir, Napoléon, ne pouvant deviner la défection de la Prusse et encore moins celle de son beau-père, avait jugé bien juste, en calculant qu'il arriverait au secours des places de la Vistule, avant que l'ennemi pût rien entreprendre contre elles ou que leurs approvisionnements fussent consommés. Ainsi donc il est fort douteux qu'on doive lui faire un reproche d'avoir voulu conserver ces places, mais il en est tout autrement des garnisons qu'il laissa sur l'Elbe. Je suis pleinement convaincu que les troupes considérables qu'il y employa inutilement et qui devinrent pour la plupart la proie de l'ennemi, étaient plus que suffisantes, entre ses mains, pour lui assurer une prépondérance constante dans tout le cours de la campagne, et que dès lors ce fut une erreur bien funeste que celle qui le priva d'un renfort de plus de 60,000 hommes.

Avant de terminer cette digression, je suppose que

quelques observations sur la situation intérieure de la France à cette époque ne paraîtront pas déplacées ; elles ont d'ailleurs une connexité frappante avec les mouvements de nos armées, surtout dans la campagne de 1814.

Au bruit de nos revers le parti des Bourbons s'agita ; dirigé alors par M. de Talleyrand, que Napoléon avait mécontenté, il comptait sur une portion du Corps législatif, à la tête de laquelle se trouvait M. Lainé, qui se fit remarquer par un rôle d'opposition très-marqué. Vainement ses prôneurs l'ont-ils représenté comme un patriote courageux ; dans les circonstances critiques où se trouvait la France, sa conduite fut celle d'un factieux. Ce n'est pas lorsque les Gaulois sont aux portes de Rome que le peuple doit se retirer sur le mont Aventin (1).

Malheureusement l'Empereur avait préparé les voies à ses ennemis bien mieux qu'eux-mêmes n'auraient su le faire. Dès qu'il avait été maître du pouvoir, il avait altéré l'esprit public, envahi les libertés nationales, et s'était substitué en tout à la patrie ; il ne disait pas encore le mot fameux : *l'État c'est moi*, mais toutes ses actions le laissaient deviner, et ce fut un tort grave, qui lui aliéna beaucoup de cœurs et que la

---

(1) Les honneurs dont M. Lainé a été comblé et le collier de l'ordre du Saint-Esprit en diamants, dont Louis XVIII lui a fait cadeau, prouvent assez qu'il était vendu.

postérité lui reprochera sans doute, malgré l'immense auréole de gloire dont il entoura la France.

Une autre grande erreur, qui eut des suites bien funestes pour lui et pour le pays, fut la faveur dont il environna les émigrés. Non content de leur avoir rouvert les portes de la France, il les appela à sa cour, et ses antichambres s'en remplirent (1). Dans les cours, la puissance des antichambres est grande ; par elles, les émigrés des provinces obtinrent à leur gré les emplois honorifiques et lucratifs. Les places de maires semblèrent leur être dévolues exclusivement, et les droits réunis, si impopulaires, parurent n'avoir été créés que pour eux. « Eux seuls savent servir, » disait Napoléon, et cet esprit de servitude lui paraissait suffisant pour justifier sa prédilection. Il est vrai que tant que la victoire fut fidèle à ses aigles, les nobles le servirent avec un dévoûment qui ressemblait à de l'adoration, mais, dès que le malheur l'atteignit, ils l'abandonnèrent et devinrent d'utiles alliés des puissances étrangères. Profitant des positions où l'Empereur les avait placés, et de l'influence qu'ils tenaient de lui, partout où ils le purent, ils rendirent difficiles les levées d'hommes, ils entravèrent les mesures de résis-

---

(1) Tout le monde sait que le roi de Wurtemberg, dans son voyage à Paris, ayant témoigné de l'étonnement de ne voir aucun nom des anciennes familles figurer parmi les hommes marquants de l'armée, Napoléon lui répondit : « Je les ai appelés, personne ne m'a entendu; « je leur ai ouvert mes antichambres, et tous s'y sont précipités. »

tance, ils arrêtèrent ou paralysèrent l'élan des populations. Sur certains points, et particulièrement dans le Midi, ils allèrent plus loin : ils refusaient des vivres aux troupes françaises, alors qu'ils en livraient en abondance à l'ennemi. A Castelnaudary, le maire refusa à nos soldats un guide dont ils avaient besoin.

Il est impossible de ne pas reconnaître que cette opposition des nobles et l'inertie de beaucoup de patriotes exercèrent une influence fâcheuse sur la situation de l'Empereur, en le privant de cette unanimité, de cette simultanéité d'action, si nécessaires dans les grands dangers de l'État et qui avaient sauvé la France lors de la première invasion. Cependant il me semble que ce n'est pas là qu'il faut chercher la cause la plus prochaine de nos revers ; elle se trouve plus naturellement dans la non-concentration de nos forces et surtout dans la conduite infâme et vraiment odieuse de quelques-uns des lieutenants de Napoléon.

Je n'ignore pas qu'on a reproché à l'Empereur de n'avoir pas su tirer parti de certaines positions, mais cette critique me paraît injuste et mal fondée. Pour juger sainement à cet égard, il faut considérer l'ensemble de sa situation militaire et l'état de ses forces comparées à celles des puissances coalisées. Or, il est notoire et incontestable que la disproportion en était immense, qu'il ne pouvait la balancer que par la puissance de son génie et la supériorité de sa tactique, et que dès lors il devait conserver à son armée la plus grande mobilité possible.

Il n'eut garde de méconnaître cette vérité importante ; guidé par elle, il réussit pendant plusieurs mois, par des marches savantes et rapides, à arrêter avec une poignée d'hommes les progrès de ses nombreux ennemis, à déjouer leurs projets, à les attaquer alternativement et à les battre en détail. Il est probable que le résultat définitif de son système, déjà justifié par de grands succès, aurait été la délivrance de la France, si ses lieutenants eussent agi avec plus de talent ou moins de mauvaise foi.

Autant ce que je viens d'avancer me paraît démontré, autant il me semble que le système contraire eût été le comble de l'ineptie. En effet, sans examiner si les localités offraient une position assez forte de sa nature, en l'admettant même comme un fait positif, il n'en reste pas moins évident que s'il s'était enchaîné sur cette position, quelle qu'elle fût, l'Empereur se serait privé volontairement des moyens de contrarier les opérations de l'ennemi, en même temps qu'il lui aurait laissé pleine liberté d'envelopper l'armée française dans son camp et de l'y forcer ou de l'y laisser mourir de faim, comme fit Frédéric II, lorsqu'il réduisit l'armée saxonne à mettre bas les armes à Pirna, au commencement de la guerre de Sept-Ans.

Mais ce qui me paraît avoir été une faute grave chez Napoléon, c'est de n'avoir pas réuni auprès de lui tout ce qu'il avait de forces disponibles; c'est d'avoir voulu garder l'Italie et les places fortes de l'Espagne, lorsque déjà les coalisés menaçaient Paris. Et cependant, malgré cette faute, malgré la conspiration de Talleyrand, que seraient devenus les projets des ennemis de la France, si, dans ces graves circonstances, les ordres de l'Empereur eussent été mieux exécutés et si la conduite de ses lieutenants eût été marquée au coin de l'honneur et du patriotisme?

Que seraient devenus les Autrichiens, si le maréchal Victor eût exécuté l'ordre d'occuper Montereau, comme il le pouvait avec tant de facilité?

Que serait devenue l'armée prussienne, battue et fuyant devant Napoléon, si le commandant de Soissons ne lui eût ouvert les portes de cette ville, au moment même où il entendait le canon se rapprocher de lui?

Auraient-elles osé marcher sur Paris, les armées alliées, dépourvues de munitions de guerre comme elles l'étaient, si elles n'eussent été sûres de la défection de Marmont?

D'autres généraux, tels qu'Oudinot, sans trahir matériellement l'Empereur, ne le desservaient pas avec moins de perfidie : ils l'accusaient devant le soldat de ne pas vouloir la paix ; ils lui faisaient un crime des fatigues et des privations que les troupes enduraient, et provoquaient ainsi le mécontentement et la désaffection. Aussi, lorsque ces hommes, qu'il avait comblés de faveurs, d'honneurs et de bienfaits, se présentèrent devant lui à Fontainebleau, les accueillit-il avec le plus profond mépris, et jamais mépris n'avait été plus mérité.

Loin de lui, ses lieutenants ne montraient ni plus

de fidélité, ni plus de patriotisme. Maison, à qui la politique (1) avait fait donner un commandement important, avait, dès le mois de février, commencé sa défection ; Augereau abandonnait lâchement Lyon, et Suchet refusait de concourir à la défense du territoire (2). Soult lui seul, dans ces jours de calamité, remplit ses devoirs jusqu'à la fin et couronna sa carrière militaire par la bataille de Toulouse.

Je ferai remarquer en finissant, que l'on serait dans l'erreur, si l'on pensait que ce fut l'impossibilité de défendre son trône qui engagea Napoléon à abdiquer. Il lui restait encore 60,000 hommes de bonne infanterie prêts à mourir pour lui, une cavalerie nombreuse

---

(1) Maison était l'ami de Bernadotte ; il avait été longtemps son chef d'état-major. Napoléon, qui voulait détacher la Suède de la coalition, pensa que ce général, du reste fort obscur, pourrait lui être utile, et ce fut le motif pour lequel il l'opposa à Bernadotte.

(2) Soult engagea plusieurs fois Suchet à venir à son secours, soit en se rendant sous les murs de Toulouse, soit en marchant par l'Ariège sur la Haute-Garonne, mais Suchet s'y refusa constamment. Quand l'ennemi eut passé la Garonne vers Muret et se fut dirigé sur Auterive, menaçant Villefranche, le général Pouget, qui commandait le département de l'Aude, disposa de deux régiments de l'armée d'Aragon, cantonnés entre Carcassonne et Narbonne, pour marcher au-devant des Anglais, mais dès que Suchet en fut informé, il fit rétrograder ces régiments et facilita par là la retraite des ennemis.

Longtemps après ces événements, j'ai entendu le maréchal Soult se reprocher de n'avoir fait à Suchet que des invitations, lorsqu'il pouvait lui donner des ordres.

et une artillerie bien servie; il pouvait y joindre l'armée de Soult, celle de Suchet et celle d'Italie; il pouvait appeler aux armes la population entière de la Bourgogne, de l'Alsace, de la Franche-Comté, et appuyé sur les places fortes de l'Est, opérer avec plus de 200,000 hommes sur les derrières des coalisés et reprendre contre eux une offensive qui devait leur être funeste. Mais fatigué, dégoûté des hommes et des choses, depuis longtemps il roulait dans sa tête le projet d'abdiquer; souvent il en avait entretenu Drouot, et il est vraisemblable que la perversité des hommes sur lesquels il avait le plus compté, fortifia cette idée et hâta son exécution. Que de maux une plus grande persévérance de sa part aurait épargnés à notre malheureuse patrie!

CAMPAGNE DE 1815.

SOUVENIRS MILITAIRES.

1815.

PREMIER AVERTISSEMENT.

(ÉCRIT EN 1816.)

Sans les malheurs de mon pays, je n'aurais sans doute jamais écrit ces notes; ma vie aurait continué à être plus utilement employée au service de la France. Élevé au milieu des camps, toujours occupé aux travaux de la guerre, j'ignore l'art d'écrire, les artifices et les finesses du style me sont inconnus; le lecteur s'en apercevra de reste. Si donc je me livre aujourd'hui à un travail si opposé à mes habitudes et même à mes goûts, c'est que j'ai pour excuse et pour soutien dans mon entreprise l'amour de la justice et le besoin de la vérité.

Depuis que les chances de la fortune et le crime de quelques traîtres ont fait déchoir la France du haut rang où la victoire l'avait élevée, les hommes qui avaient pris part à ses triomphes n'ont pu trouver grâce pour leur gloire : ils sont en butte à toutes les jalousies, à toutes les haines ; ils sont persécutés et proscrits ; ils se voient disputer jusqu'à l'estime publique, seul fruit qui leur soit resté de tant de combats et de sacrifices. Des écrivains vendus altèrent avec audace les faits les mieux connus, travestissent indignement les actions les plus héroïques, calomnient sans pudeur les intentions les plus généreuses, et s'efforcent enfin de rabaisser tout ce qui est grand, tout ce qui est beau. Rien n'est sacré pour eux ; sous leur plume vénale et passionnée, les vertus, les talents, les services et le patriotisme sont également flétris.

Il faut espérer que la postérité ne jugera pas notre époque sur de tels témoignages. Cependant, si ces écrits lui parvenaient seuls, pourrait-elle se préserver de toute erreur ? N'est-elle pas réduite à juger sur les pièces qu'elle a entre les mains, et si, par exemple, l'histoire des guerres puniques lui avait été transmise par des généraux carthaginois, n'aurait-elle pas eu d'autres jugements à porter sur cette intéressante période de l'histoire ancienne? Ces diverses considérations m'ont paru assez graves pour me faire regarder comme un devoir envers mon pays de consigner par écrit, et dans un esprit de bonne foi et d'impartialité, les principaux événements dont j'ai été témoin et auxquels j'ai pris part. Si je ne publie pas aujourd'hui cet ouvrage, c'est que les passions politiques sont encore trop vivement excitées et que *je ne me sens aucune vocation pour le martyre.*

SECOND AVERTISSEMENT.

(ÉCRIT EN 1823.)

Lorsqu'en 1816, à mon retour de Belgique, je commençai à écrire ces souvenirs de la campagne de 1815, j'avais eu d'abord le dessein de les publier immédiatement, ainsi que m'y engageait un de mes amis, le général Lamarque, afin de rétablir la vérité des faits, que l'esprit de parti dénaturait de la manière la plus déplorable ; mais la composition des cours prévôtales, la partialité des tribunaux, l'asservissement des conseils de guerre, l'arbitraire du Gouvernement, en un mot, toutes les *aménités* de cette douloureuse époque refroidirent mon zèle, et je gardai mon travail en portefeuille.

Depuis cette époque, il a paru diverses relations de la campagne de 1815, qui laissent peu à désirer sur l'ensemble matériel des faits. Cependant, comme elles semblent toutes dictées par le même esprit et dépourvues de saine critique, et que d'ailleurs on y trouve certaines assertions inexactes, telles, par exemple, que l'erreur de Vandamme au 15 juin et les mouvements de Grouchy à dater du 17, je pense que mon récit peut encore être utile.

Après sa chute, Napoléon a éprouvé le sort de tous les princes malheureux. Aucune insulte ne lui a été épargnée, et les attaques les plus injustes et les plus absurdes ont été accumulées contre lui par les sophistes politiques et même par quelques écrivains militaires. Ces derniers, s'érigeant en maîtres d'un art dont ils ignorent les premiers éléments, tranchent hardiment les questions les plus difficiles et régentent impérieusement le plus grand capitaine de notre siècle ; et, par malheur, leur ton doctoral leur donne auprès des ignorants une certaine autorité, tandis qu'il devrait en réalité les couvrir de ridicule.

Il se peut qu'on me reproche à mon tour le même travers, malgré le soin extrême que j'ai mis à l'éviter ; cependant il y aura toujours entre ces écrivains et moi la différence immense qui se trouve entre la passion et la bonne foi. J'ai donc pensé que, sans risquer d'être confondu avec les détracteurs intéressés de Napoléon, il m'était permis de critiquer et même de blâmer quelques-unes de ses opérations dans cette courte période de sa vie militaire. De ce nombre, sont le choix qu'il fit de Rapp et de Grouchy pour commander de grands corps d'armée, le fractionnement de ses forces et son abdication après la fatale journée de Waterloo. Sans doute aussi il fut trahi par quelques hommes et mal servi par d'autres, mais ne lui eût-il pas été possible d'éviter ces malheurs?

Je ne déciderai pas, comme l'ont fait après l'événement certains auteurs, s'il eut tort de s'arrêter à Paris à son retour de l'île d'Elbe, s'il n'eût pas été plus opportun qu'il envahît la Belgique tout d'un trait et allât planter ses étendards sur les bords du Rhin, dans ces premiers moments où toutes les imaginations étaient frappées de la grandeur de son entreprise et du bonheur avec lequel il l'avait exécutée. Cette question se complique de tant de graves considérations opposées entre elles, que le doute est bien permis ; ce qui paraît certain néanmoins, c'est que les ennemis craignaient ce mouvement en avant et que les populations mécontentes l'attendaient avec impatience. Personne sans doute ne pensera que Napoléon n'ait pas vu les avantages qu'il pouvait en retirer. Quelques jours après le 20 mars, l'auteur de cet écrit l'a entendu dire : « *Si je le voulais, dans huit jours je serais sur le Rhin !* » Si donc il ne l'a pas essayé, c'est qu'il a eu des motifs que lui seul pouvait apprécier et qu'il est de notre devoir de respecter.

CAMPAGNE DE 1815

EN BELGIQUE.

AVANT-PROPOS.

(MAI 1816.)

> Modestè tamen et circumspecto judicio de tantis viris judicandum est, ne, quod plerisque accidit, damnent quæ non intelligunt.

On n'a rien écrit jusqu'ici de satisfaisant sur cette campagne. Les bulletins et les rapports des puissances belligérantes sont tous plus ou moins mensongers ; la lettre du général anglais **** (1) n'est que l'apologie et le panégyrique du duc de Wellington et de son armée ; le discours du général Drouot (2) et la lettre du maréchal Ney n'offrent que des analyses rapides et parfois inexactes de nos opérations ; enfin l'ouvrage le plus détaillé qui ait encore paru sur ce sujet (3) n'est qu'un libelle calomnieux contre l'armée française, où la passion et la mauvaise foi peuvent seules le disputer à l'ignorance des faits et de la topographie des lieux.

Je sais qu'une plume éloquente et exercée, celle du général Lamarque, est actuellement occupée à écrire l'histoire des derniers moments de l'armée française, de cette armée dont le nom seul rappellera à nos derniers neveux le souvenir de tout ce que les âges mo-

---

(1) Lettre du général **** à son ami le colonel ****. Paris, le 10 juillet 1816. C'est, selon toute apparence, une pièce fabriquée dans les bureaux de l'état-major anglais.

(2) Le général Drouot, par exemple, fait figurer sur ce théâtre de la guerre le 5ᵉ corps et le général Lemarrois. C'est inexact : le 5ᵉ corps formait l'armée du Rhin, sous les ordres du général Rapp, et le général Lemarrois commandait à Rouen.

(3) Cet ouvrage a pour titre : *Relation fidèle et détaillée de la dernière campagne de Bonaparte, terminée par la bataille du Mont-Saint-Jean, dite de Waterloo ou de la Belle-Alliance, par un témoin oculaire.* Si, par impossible, ce livre est écrit par un officier français, c'est inévitablement un apostat : on sait que les traîtres se signalent toujours par leur mauvaise foi et leur zèle persécuteur.

dernes ont offert de plus étonnant. Ce cadre, tout vaste qu'il est, sera à coup sûr dignement rempli ; mais, en attendant ce jour d'éclatante justice, je me sens pressé du besoin de rétablir les faits, que tant de causes ont concouru à dénaturer.

Acteur dans cette courte et funeste campagne, j'ai pris part à plusieurs des actions que je vais décrire ; ami zélé de la vérité, j'ai consulté sur les autres des généraux dignes de foi, j'ai recueilli le témoignage des hommes qui ont vu par eux-mêmes ces scènes mémorables, et j'ai parcouru les lieux où elles se sont passées. Mais, avant d'en commencer le récit, qu'il me soit permis de jeter un coup-d'œil sur les événements qui les ont précédées et amenées : ils ne sont pas étrangers à mon sujet.

Des entreprises gigantesques et malheureuses, la défection de nos alliés en 1812 et 1813, la trahison, l'impéritie et la lâcheté de quelques généraux pendant la dernière campagne, avaient amené l'étranger dans les murs de Paris et préparé la ruine d'un édifice élevé par le génie et cimenté par vingt ans de succès ; les intrigues et l'astuce profonde d'un politique célèbre, secondé par quelques femmes sans pudeur, réussirent à la consommer. Ce que durant un quart de siècle l'Europe coalisée avait inutilement tenté, une sourde machination l'exécuta, et les Bourbons remontèrent sur le trône.

Pendant le cours de ces vingt-cinq années, le caractère national retrempé et les mœurs publiques devenues plus fortes et plus pures avaient imprimé au corps social régénéré une vigueur et une énergie dont le monde fut étonné, et qui élevèrent la France au faîte de la gloire et de la prospérité. Illustrée par les progrès de la raison publique et des lumières, agrandie par les victoires éclatantes de ses armées, elle avait vu au dehors ses ennemis vaincus et ces mêmes potentats, qui naguère rêvaient la ruine et le partage de ses provinces, humiliant leur orgueil devant ses faisceaux et sollicitant comme une grâce la paix et l'oubli de leurs injustes agressions. Dans l'intérieur, toutes les institutions sociales s'étaient perfectionnées ; des Codes positifs et lumineux avaient remplacé des Coutumes incertaines, absurdes ou bizarres ; les sciences morales et politiques s'appuyaient sur des principes fixes et offraient des vérités démontrées ; l'industrie avait fait d'importantes conquêtes, et ses heureux accroissements répandaient l'aisance dans les dernières classes de la société ; sur tous les points du vaste Empire français, des ports et des canaux creusés, des marais desséchés, des ponts établis, des routes percées (1), avaient assaini et fertilisé les provinces, faci-

---

(1) Parmi ces innombrables travaux, on peut compter : les bassins d'Anvers, de Flessingue et de Cherbourg, ainsi que les ouvrages hydrauliques de Dunkerque, du Havre, de Nice et de Venise; les routes d'Anvers à Amsterdam, de Mayence à Metz, de Bordeaux à Bayonne, des Alpes à la Spezzia, de Savone en Piémont, de la Cor-

lité les relations des peuples et favorisé le commerce et l'agriculture, tandis que cent monuments, aussi utiles que superbes, embellissaient la capitale et satisfaisaient à la fois les besoins et la vanité de son immense population, qu'enrichissait l'affluence des étrangers attirés par les chefs-d'œuvre des arts et l'éclat du Gouvernement.

Il était sans doute difficile de succéder à un règne aussi brillant. Cependant, au milieu de tant d'avantages d'un ordre supérieur que Napoléon avait procurés au pays, quelques institutions (1), peut-être dé-

---

niche, du Mont-Genèvre, du Mont-Cenis, et surtout celle du Simplon; les ponts d'Iéna, des Arts et d'Austerlitz à Paris, ceux de Sèvres, de Tours, de Roanne, de Lyon, de Turin, de l'Isère, de la Durance, de Bordeaux, etc., etc., dans les départements; les canaux du Rhin au Rhône, de l'Escaut à la Somme, de la Rance à la Vilaine, d'Arles à Bouc, de Pavie, de l'Ourcq, le desséchement des marais de Bourgoing, du Cotentin, de Rochefort; les villages de la Vendée rebâtis aux frais de l'État; le Louvre restauré; les greniers publics; l'Arc de triomphe de l'Étoile; les eaux de l'Ourcq distribuées dans Paris, les égouts et les quais de cette grande ville; les églises rétablies; l'industrie du sucre indigène créée. On pourrait ajouter l'emploi de soixante millions en diamants de la couronne, etc., etc.

(1) Par exemple, les droits réunis et la conscription.

Quoi qu'on en ait dit, il me semble démontré que dans tout État libre et qui veut conserver sa liberté, la loi de la conscription est nécessaire, car ce mode de recrutement est le seul qui ne blesse point l'égalité et qui puisse donner une armée véritablement nationale. J'irai plus loin : ou je me trompe étrangement, ou cette institution doit devenir un bienfait pour l'espèce humaine, elle doit rendre les guerres plus rares et moins dévastatrices, et pour ainsi dire les fectueuses, mais à coup sûr calomniées, des excès de pouvoir, la continuité des guerres, les malheurs

---

civiliser. Mais, pour ne pas m'écarter de mon sujet, je me bornerai à dire que tout autre mode de recrutement est injuste ou insuffisant.

La milice, par ses nombreuses exceptions, violait la justice et le principe fondamental de la société, qui impose à tout citoyen l'obligation de défendre l'État. Le recrutement volontaire, outre qu'il ne donne presque toujours que des hommes viciés au moral et au physique, est tout à fait insuffisant. Dans l'ancien régime, il ne pouvait alimenter l'armée en temps de paix; jamais il n'avait produit plus de 18 à 20,000 hommes par an, dont Paris fournissait à lui seul à peu près le tiers, c'est-à-dire l'écume de la population.

Les écrivains qui ont tant déclamé contre la conscription sont donc de mauvais citoyens. Ils ne sont pas moins méprisables pour la mauvaise foi avec laquelle ils ont exagéré le nombre d'hommes qu'elle a fait entrer dans les armées. Les documents les plus irréfragables du ministère de la guerre prouvent que, depuis l'an VI de la République, époque où la loi sur la conscription a été rendue, jusqu'en 1814, c'est-à-dire dans l'espace de seize ans, il est entré dans les cadres de l'armée 2,145,543 hommes, levés dans toutes les provinces de l'Empire, depuis les bouches de l'Elbe jusqu'à celles du Tibre, dont 1,600,963 dans l'ancienne France.

Il n'existe pas de données aussi précises sur le nombre d'hommes qui ont fait partie de l'armée depuis 1789 jusqu'à la loi de la conscription, cependant on peut évaluer ce nombre à 1,010,994, savoir :

Avant 1790................	309,061
De 1791 à 1793. ,.........	113,109
Levée de 1793.............	136,461
Levée de 30,000 hommes de cavalerie...	28,985
Réquisition................	423,378
	1,010,994

Il résulte encore de calculs très-exacts que l'augmentation de la qui affligeaient la France, et peut-être aussi, car il faut tout dire, la cherté de quelques denrées coloniales nécessaires à notre sensualité, avaient offert des motifs ou des prétextes de plaintes, qui rendaient moins pénible aux Bourbons la tâche de gouverner.

Leurs promesses fallacieuses, leurs longs malheurs et le tendre intérêt qu'inspirait la fille de l'infortuné Louis XVI (1), venaient encore à leur secours et concouraient à leur préparer l'amour et la confiance des peuples. Pour réussir ils n'avaient pas besoin de talents éminents, il leur suffisait d'être sages et de bonne foi.

Des écrivains mercenaires, toujours prêts à louer le pouvoir, chantèrent à l'envi cette révolution et en prédirent les plus heureux résultats; les salons de Paris y applaudirent, quelques villes livrées au commerce maritime leur servirent d'échos, et le reste de la France, à l'exception des nobles, des prêtres et de quelques hommes compromis, attendit, frappé de

---

population pendant la Révolution, loin d'être invraisemblable, n'a rien de très-étonnant, lorsqu'on fait attention à l'accroissement qui a dû résulter de la suppression des couvents, de l'introduction de la vaccine, de la perte des colonies qui dévoraient annuellement tant d'hommes, et surtout de la division des propriétés ecclésiastiques : assurément c'était plus que la guerre n'en dépensait.

(1) Cette princesse a toujours été méconnue; bonne, bienfaisante, compatissante, possédant toutes les vertus, elle a été en butte à la malveillance : il lui manquait cette affabilité qui donne du prix à la vertu et qui la fait aimer de la multitude.

stupeur, que l'événement lui apprît ce qu'il devait en espérer ou en craindre.

Cette incertitude ne fut pas de longue durée. Les princes, à l'exception d'un seul peut-être, et les émigrés qui les dominaient, rentraient la haine et la vengeance dans le cœur. Aveuglés par leurs passions, ils oublièrent les nouveaux intérêts que la Révolution avait créés, et les modifications nécessaires que les maximes et les institutions nouvelles avaient opérées dans le caractère national. Méconnaissant leur position, ils s'isolèrent du pays, ils voulurent le ramener à leurs idées surannées, faire revivre d'odieux priviléges et gouverner par des principes gothiques, aussi ridicules qu'antipathiques à la génération actuelle.

Cet aveuglement fut pour eux la source des plus funestes erreurs; dès leurs premiers pas dans la carrière publique, il les précipita dans des fautes irréparables. Les couleurs nationales furent proscrites! Une transaction honteuse et sans exemple dans les annales de l'histoire livra aux étrangers nos arsenaux, 12,600 pièces d'artillerie (1) et 53 places fortes!... Le traité de paix du mois de mai et la démarche la plus injurieuse à la majesté du trône ainsi qu'à la dignité de la nation, celle qui mettait la couronne aux pieds du

---

(1) Sur ces 12,600 bouches à feu, 11,300 étaient en bronze : cette perte, y compris les approvisionnements, a été évaluée à 200 millions.

gouvernement anglais, furent le digne complément de ces tristes préludes.

La constitution décrétée par le Sénat fut rejetée et remplacée par une charte, *octroyée par le Roi la dix-neuvième année de son règne* : maladresse impolitique, qui laissait entrevoir des projets mal dissimulés. Bientôt des infractions multipliées à cette charte et la loi contre la liberté de la presse ne laissèrent plus de doute sur le but qu'on voulait atteindre; la minorité de la chambre des députés signala le danger.

Au mépris de l'opinion publique, chaque jour voyait renouveler des tentatives pour faire rétrograder les lumières ou pour exhumer des tombeaux d'anciennes doctrines depuis longtemps frappées de mort par la raison et réprouvées par nos mœurs. D'un côté, les prêtres dans les chaires, les journalistes ministériels dans leurs feuilles périodiques, et les libellistes à gages dans leurs pamphlets, en attaquant toutes les institutions et en jetant des doutes sur la légitimité et la solidité des propriétés dites *nationales*, éveillaient toutes les craintes et alarmaient tous les intérêts, et de l'autre, l'insolence des nobles et leurs coupables prétentions, l'intolérance du clergé et son avide cupidité, achevaient d'irriter les amours-propres et d'aliéner les cœurs.

On ne fut ni plus sage ni plus politique envers l'armée. Bien loin d'employer auprès d'elle les moyens convenables pour détruire les préventions et se concilier les esprits, on oubliait totalement ces égards délicats qui peuvent seuls flatter les âmes nobles, et on irritait les soldats par une méfiance odieuse, par d'injustes préjugés et par d'humiliants mépris. On éloignait de la capitale l'élite des braves de l'armée, *la Garde*, et on confiait à des étrangers mercenaires le soin et l'honneur de veiller sur la personne du souverain. Sous prétexte d'économie, 14,000 officiers couverts de blessures étaient réduits à la demi-solde, et, au même instant, on en créait 6,000 nouveaux, pris hors des rangs de l'armée. On négociait des capitulations ruineuses avec les Suisses ; on donnait des pensions aux Vendéens et, ce qui était immoral et révoltant, à ces brigands dégoûtants de crimes, connus sous le nom de Chouans.

Tandis que dans d'ignobles diatribes, des écrivains salariés diffamaient l'armée française qui avait honoré et la nation et le siècle (1), on projetait une colonne

---

(1) L'armée française a honoré la nation : l'Europe est encore pleine de sa gloire ; elle a honoré le siècle : cette assertion est aussi vraie que la précédente. Les maux passagers dont elle a été la cause ont toujours été inhérents à la guerre, mais il n'appartenait qu'à elle de réveiller par son exemple dans le cœur des peuples chez lesquels elle porta ses armes, le sentiment de leur dignité et l'amour de l'indépendance. C'est la propagation de ces principes dans toutes les classes de la société, qui la distingue encore plus des autres armées que sa modération et ses longs succès. L'Italie surtout, cette belle et heureuse contrée, dépose en sa faveur ; on y voit combien le séjour de nos soldats a anobli le caractère de ses habitants, et lorsqu'un jour, échappant aux petits calculs d'une politique étroite et éphémère, elle

aux victimes de Quiberon ; on fêtait, on comblait d'honneurs une soi-disant héroïne vendéenne, Renée Bordereau ; on célébrait avec impudence ses assassinats, et l'on publiait avec complaisance les détails de ses atrocités !...

---

sera devenue ce que veut la nature, une nation grande et indépendante, elle fera hommage de son bonheur à notre armée, qui la première a développé son esprit national.

Quoiqu'il n'entre pas dans mes vues de répondre à toutes les calomnies que la haine et une basse jalousie ont répandues contre l'armée française, il m'est impossible de ne pas m'arrêter sur deux des principales inculpations qu'on a fait peser sur elle : l'une d'avoir été l'instrument du despotisme, et l'autre d'avoir pillé les peuples étrangers et de s'être gorgée de richesses. Le malheur des temps a réduit à leur juste valeur ces vaines déclamations. On sait aujourd'hui que dans cette armée, composée de deux millions d'hommes, et qui pendant vingt ans a été la maîtresse de l'Europe, il s'est trouvé une vingtaine de généraux qui ont fait fortune, et encore, dans ce nombre, en compte-t-on plusieurs qui ont tenu leurs richesses de la munificence du Gouvernement ; tous les autres sont restés pauvres, et voilà certes ce qu'il y a eu d'étonnant. Quant aux soldats, si, au milieu de marches longues et pénibles et de privations de toute espèce, prendre du pain s'appelle piller, assurément ils ont été coupables. Reste à savoir quel sera l'homme *assez juste* pour leur jeter la première pierre, ou assez inhumain pour leur reprocher de s'être nourris de grossiers aliments, payés de tant de sueurs et de sang ?

J'avoue néanmoins qu'il a pu se commettre, qu'il s'est commis quelques excès partiels. Si, malgré la police et l'œil vigilant des magistrats qui peut suivre tous les instants de la vie paisible des citoyens, il se commet encore des excès dans nos villes et dans nos hameaux, quelle discipline assez exacte, quel zèle assez soutenu, pourraient les prévenir toujours, au milieu de l'irritation des combats et

La Légion d'honneur, jusque-là le prix et le signe des belles actions, prostituée aux hommes les plus méprisables, devenait presque une flétrissure.

---

dans l'ivresse de la victoire. Du reste, tous les peuples avouent qu'aucun soldat n'a jamais été, ni plus doux, ni plus humain, ni plus compatissant que le soldat français. Mille fois on l'a vu partager sa modique ration avec ses hôtes infortunés, et toujours s'associer à leurs travaux rustiques et leur adoucir ainsi les malheurs de la guerre.

Il serait inutile d'établir sous ce rapport un parallèle entre notre armée et les armées étrangères contemporaines. Si nous suivions celles-ci, non pas en France, mais chez leurs propres alliés, nous n'entendrions sur leur passage que des plaintes et des malédictions. Mais c'est avec les anciennes armées françaises que je veux la mettre en opposition : je laisserai parler l'histoire, on jugera. Je ne choisirai point les armées de Louis XV pour terme de comparaison, la spoliation éhontée du Hanovre est trop près de nous ; je prendrai au contraire celles de Louis XIV, dont le siècle est comme un modèle en toutes choses.

M. de Gourville, attaché au prince de Condé, pour procurer de l'argent à son maître, vole la caisse d'un receveur et fait payer une rançon à un directeur des postes qu'il était allé prendre dans son logis.

Le duc de Luxembourg, pour dédommager ses soldats des fatigues d'une marche forcée, livre à leur discrétion et au pillage les beaux villages de Bodegrave et de Swammerdam, et remarquez qu'on ne s'y était point battu.

On trouve dans un historien les passages suivants : « Après la bataille de Sintzheim, il mit à feu et à sang le Palatinat, pays uni et « fertile, couvert de villes et de bourgs opulents..... Il brûla avec le « même sang-froid une partie des campagnes de l'Alsace ; il permit « ensuite à sa cavalerie le ravage de la Lorraine. » Quel est ce Vandale ? C'est Turenne, le général le plus modéré et le plus vertueux de son temps.

Le Palatinat, ce beau pays, fut désolé pour la deuxième fois, en

Enfin, comme pour mettre le comble à tant d'outrages, et avec une inconséquence incroyable, les princes semblaient, par des actes vexatoires ou au moins irréfléchis, et par des comparaisons blessantes, vouloir défier le ressentiment et la haine de cette même armée, dont ils croyaient avoir tout à redouter.

Telle était en France, à la fin de 1814, la situation des esprits, que le désir d'une révolution y était général, que la moindre occasion pouvait la faire éclater, et qu'il s'en fallut de peu que la sépulture refusée à une actrice, mademoiselle Raucour, n'en devînt le signal.

1689, par les ordres exprès de Louvois. Les flammes dont Turenne avait brûlé deux villes et vingt villages, n'étaient que des étincelles en comparaison de ce dernier incendie.

Le maréchal de Villars écrivit à Louis XIV qu'il s'était enrichi à l'armée, et il dit un jour à la cour du Régent : « Pour moi, je n'ai « rien gagné que sur les ennemis. » Aujourd'hui, ceux qui ont acquis des richesses de cette manière, au lieu de s'en vanter en rougissent, et il faut en rendre hommage à la morale plus épurée de notre siècle.

Quant à l'inculpation dirigée contre notre armée, d'avoir été l'instrument du despotisme, elle ne mérite pas de réponse sérieuse. Lorsque tous les pouvoirs de l'État applaudissaient à l'envi aux actes de Napoléon, appartenait-il à l'armée de lui demander compte de l'usage qu'il faisait de son autorité? Devait-elle être juge de la justice et de l'utilité des guerres qu'il entreprenait? L'obéissance était son devoir, et partout et toujours elle l'a rempli avec exactitude et résignation, au milieu des sables brûlants de l'Afrique comme sous les glaces plus meurtrières du Nord.

Il est vraisemblable que les Bourbons auraient évité tant de fautes funestes et que notre pays aurait échappé aux malheurs qui en ont été la suite, si, en rentrant en France, ils eussent trouvé les premiers personnages de l'État moins façonnés à l'esclavage. Faibles et timides, ils se revoyaient sur le sol français avec autant de crainte que d'étonnement. Le précipice qui avait englouti Louis XVI, leur semblait encore ouvert sous leurs pas, et ce fut ce sentiment qui fit dire au comte d'Artois qu'il n'y avait rien de changé en France, qu'il n'y avait qu'un Français de plus, et qui dicta à Louis XVIII la déclaration de Saint-Ouen et la Charte.

Autant pour leur bonheur particulier que pour le bonheur général, il aurait convenu de les entretenir dans ces heureuses dispositions, et cette tâche glorieuse semblait appartenir plus particulièrement aux Maréchaux de France : malheureusement ils ne surent point s'élever à la hauteur d'une si noble mission. Oubliant leurs devoirs et méconnaissant leurs vrais intérêts, ils séparèrent leur cause de celle de l'armée, ils s'isolèrent, ils s'avilirent, et dès lors les Bourbons, affranchis de toute crainte salutaire, s'abandonnèrent à leurs secrets penchants et devinrent les instruments des émigrés et des prêtres.

A la cour on ne garda pas plus de mesure : par un aveuglement funeste, on foulait aux pieds les règles les plus simples de la sagesse et de la politique. Il semblait qu'on cherchât à l'envi l'occasion de blesser l'orgueil national. La députation de l'Ain avait fait broder à Lyon, avec beaucoup de soin, un voile destiné à la duchesse d'Angoulême ; cette princesse le reçut assez dédaigneusement et remercia la députation par ces mots : « A Londres on brode encore mieux ! » Le duc de Berry, se laissant aller à la fougue de son caractère, arrachait, à Nancy, la décoration de la Légion d'honneur à un ancien officier ; il disait, à Strasbourg, à notre artillerie, que celle des Anglais tirait plus vite et plus juste. Le duc d'Angoulême, dans son voyage de l'Ouest, promettait la restitution des biens vendus pendant le cours de la Révolution.

C'est dans ces actes du Gouvernement et dans ces injures qu'il adressait au pays, qu'on doit chercher les causes qui amenèrent le 20 mars.

Hors de la France, les esprits n'étaient ni plus calmes ni plus satisfaits. Au lieu de répondre à l'attente et aux vœux de l'Europe, le Congrès de Vienne avait trahi toutes les espérances des peuples ; les rois, autrefois si justes et si pleins de modération dans les revers ou dans l'incertitude du succès, se montraient après la victoire plus ambitieux et plus absolus que celui qu'ils avaient détrôné. L'Italie réclamait son indépendance ; la Belgique supportait impatiemment le joug de ses libérateurs, et la Saxe, partagée de la manière la plus injuste, frémissait d'indignation. Partout ailleurs, les peuples, surexcités au nom de l'indépendance et de la liberté, revendiquaient leurs droits et demandaient un gouvernement représentatif.

Napoléon, qui du fond de l'île d'Elbe suivait la marche des événements et de l'opinion, crut le moment favorable pour ressaisir le pouvoir. Il équipa quatre petits navires, y embarqua 800 hommes et vint aborder, le 1ᵉʳ mars, au golfe Juan, sur la côte de Provence. De là, il adressa à la nation et à l'armée des proclamations appropriées aux circonstances et qui eurent tout le succès qu'il pouvait désirer.

On a prétendu que l'Angleterre, dans l'espoir de nuire à la France, dont la prospérité irritait toujours sa haine et son envie, avait favorisé tacitement cette entreprise. Comment, disait-on, le commissaire anglais à l'île d'Elbe avait-il pu ignorer les préparatifs qui se faisaient sous ses yeux, et quelques bateaux sans défense devaient-ils échapper à la croisière chargée de surveiller Porto-Ferrajo ?

Quoi qu'il en soit, le 5 mars, la cour fut informée de cette entreprise et l'alarme s'y répandit. Le 6, parut une ordonnance, qui proscrivait Napoléon et le traitait en sujet rebelle, alors que tous les monarques de l'Europe l'avaient reconnu comme souverain de l'île d'Elbe. L'ordre de respecter les Bourbons et de favoriser leur sortie du pays fut sa réponse. Cependant on faisait des préparatifs contre lui, on mettait des troupes en mouvement et les princes étaient chargés de différents commandements. Mais, dès qu'on connut exactement le petit nombre d'hommes qui l'accompagnait, la cour revint de sa frayeur ; elle considéra même cet événement avec une sorte de plaisir et conçut l'espoir de se défaire d'un rival dont le voisinage l'inquiétait, et de révoquer les concessions faites aux peuples (1).

La prise de Grenoble et celle de Lyon, la défection des troupes et le retour précipité de *Monsieur* dans la capitale, changèrent de nouveau ces dispositions et montrèrent toute l'étendue du danger. Alors on caressa les militaires; on promit à la nation de nouvelles garanties; le Roi et les princes jurèrent le maintien de la Charte et déplorèrent les erreurs des ministres. Mais ce repentir tardif et ces promesses arrachées par la peur ne trompèrent personne et ne purent engager la Garde nationale à défendre le trône. Quant aux nobles et aux émigrés, après en avoir une seconde fois précipité la ruine, ils ne firent rien pour le soutenir.

Ainsi abandonnés et privés de tout moyen de résistance, le Roi et les princes durent penser à leur salut : ils quittèrent Paris dans la nuit du 19 mars et le territoire français le 23. Cependant Napoléon, à qui la haine contre le gouvernement des Bourbons et le sentiment de ses intérêts avaient rallié le peuple, loin de trouver des obstacles, voyait les populations accourir

---

(1) Le comte de Bruges, premier aide de camp de *Monsieur*, ne put s'empêcher, en cette occasion, de laisser percer sa joie et ses espérances dans le sein du comité de la guerre, dont il faisait partie et où j'étais présent.

à sa rencontre et faire retentir les airs de cris menaçants contre les nobles et les prêtres. Il arriva à Paris le 20 mars.

Avant d'aller plus loin, je dois dire quelques mots d'une conjuration militaire qui se rattache aux événements de cette époque, quoiqu'elle n'ait eu aucun résultat. J'en ai appris les détails pendant les Cent-Jours, de la bouche d'un des frères Lallemant, qui était aide de camp de l'Empereur.

Le mécontentement de la nation et de l'armée avait fait sentir aux hommes les moins observateurs que le Gouvernement ne se soutenait que parce qu'il n'était point attaqué. Les généraux Drouet-d'Erlon, Lefèvre-Desnouettes, les frères Lallemant et le maréchal Davoust, formèrent le projet de le renverser. Ils avaient eu déjà entre eux plusieurs conférences pour s'entendre sur les moyens d'y parvenir, lorsque Napoléon débarqua à Cannes. D'Erlon commandait la 16e division militaire à Lille ; dans cette division, il y avait beaucoup de troupes et notamment les grenadiers à cheval et les chasseurs à cheval de l'ex-Garde : ceux-ci étaient commandés par Lefèvre-Desnouettes; un des frères Lallemant commandait le département de l'Ain.

Il fut convenu entre les conjurés, que d'Erlon mettrait en mouvement les régiments de la 16e division militaire, que les chasseurs à cheval de la Garde marcheraient en tête ; qu'en passant à La Fère, on y prendrait du canon et le régiment d'artillerie qui y était en garnison ; qu'on arriverait inopinément à Paris à la pointe du jour, et qu'alors le maréchal Davoust, prenant le commandement des troupes, irait droit au château pour s'emparer de la famille royale, qu'on se promettait de respecter. Il avait été prévu que, si le maréchal Mortier, gouverneur de la 16e division militaire, se trouvait dans sa division, on lui proposerait de se mettre à la tête du mouvement, et que, s'il refusait, on l'arrêterait et on le tiendrait aux arrêts chez lui avec une garde d'honneur.

En conséquence de ces dispositions, les troupes furent mises en mouvement ; mais le maréchal Mortier, qui était à Paris, ayant reçu l'ordre, à la nouvelle du débarquement de Napoléon, de se rendre dans son Gouvernement, les rencontra à peu de distance de Lille et leur enjoignit de rétrograder. Le général d'Erlon n'osa pas lui désobéir, tant il est vrai, comme le remarque Machiavel, que rarement on sait se résoudre aux partis extrêmes.

Les chasseurs de la Garde, ignorant ce contre-temps, poursuivirent leur marche et entrèrent à La Fère ; mais le général qui y commandait, parvint à maintenir dans le devoir le régiment d'artillerie, ce qu'il n'aurait sans doute pu faire si toutes les troupes y étaient arrivées. Après avoir quitté La Fère, les chasseurs se rendirent à Senlis, où se trouvait d'autre cavalerie ; arrivés là, Lefèvre-Desnouettes et les frères Lallemant, voyant que leur projet avait échoué, et sachant que, pendant la nuit, leurs soldats avaient été travaillés, craignirent d'être sacrifiés au salut de tous, et prirent le parti de fuir et de se mettre en sûreté.

Le général Lions, lieutenant-colonel des chasseurs, pensa qu'il pouvait tirer parti de cette circonstance ; il courut en toute hâte à Paris, et alla tout d'abord aux Tuileries, où il fit connaître le danger qu'on avait couru et les services qu'il avait rendus en ramenant le régiment à son devoir (1). Il fut largement récompensé et des ordres furent expédiés aux troupes et à la gendarmerie de poursuivre les trois généraux qui étaient en fuite. Les deux frères Lallemant furent arrêtés ; mais l'arrivée de Napoléon empêcha que l'on n'instruisît leur procès.

Revenons au mouvement général des esprits et arrêtons-nous un moment sur la conduite de l'armée, qui a été le prétexte de tant d'horribles proscriptions et de tant d'exécutions sanglantes.

La lutte qui venait de s'ouvrir devait décider des plus hauts intérêts de la nation, je dirais presque de toutes les nations. La cause personnelle des Bourbons et celle de Napoléon n'étaient qu'un incident, un objet très-secondaire. Qu'importait le nom de celui qui devait s'asseoir sur le trône ? Mais ce qui importait, c'était la conservation des éléments du bonheur pu-

---

(1) Lions ne s'était occupé de ce soin que lorsque tout espoir de succès avait été perdu.

blic, des conquêtes morales de la révolution, des idées libérales, de l'indépendance de la patrie. Si, partant de ce point de vue, qui est le seul véritable, et du principe universellement reconnu que la patrie doit passer avant tout, on examine les choses avec calme et sans prévention, on reconnaîtra que l'armée n'avait pas à choisir, et que, s'il était absurde de se faire illusion sur sa conduite, il était également injuste de lui en faire un crime. Il est tout aussi évident qu'abstraction faite de ses justes motifs de plainte, tout ce qui pouvait influer sur sa détermination était réuni pour l'entraîner, si elle avait pu balancer un instant.

Après avoir fait quatre-vingts lieues à travers le royaume, porté presque en triomphe, Napoléon arrive devant les premières troupes envoyées à sa rencontre. Il se montre à elles, escorté de 800 braves sortis de leurs rangs et entouré de plusieurs milliers de citoyens, il les harangue, met sa vie entre leurs mains et leur présente l'emblème de la liberté et de leur gloire, les couleurs nationales. Était-il possible qu'à la vue de ces drapeaux, qui leur rappelaient de si grands souvenirs, elles ne partageassent pas l'enivrement général? Comment pouvait-on se flatter que l'armée restât étrangère aux intérêts de la nation ; que sortie du peuple, elle en abandonnât la cause ; que composée de citoyens, elle voulût allumer au sein de la France les brandons de la guerre civile, pour assurer le triomphe des émigrés et des prêtres, ses mortels et constants ennemis? Était-il possible que la présence d'un chef adoré, qu'elle croyait victime de la trahison et dont le génie et la fortune avaient élevé si haut la gloire du nom français, ne réveillât pas en elle toute l'énergie de son affection? Aussi le salua-t-elle avec des acclamations de joie et d'allégresse, qui ressemblaient au délire. Elle voyait en lui le sauveur de la patrie, l'homme qui seul pouvait lui rendre la splendeur et le rang dont elle était déchue. Les plus jeunes soldats surtout se montraient les plus enthousiastes; ils n'avaient pourtant vu que nos revers, mais ils avaient le souvenir de nos triomphes, et leur imagination neuve et ardente leur montrait une nouvelle carrière de prospérités ouverte sous les pas de celui qu'ils regardaient comme invincible. C'était du fanatisme, si l'on veut, mais c'était du moins un sentiment noble, qui avait sa source dans l'amour de la patrie. Ce qui arriva devait donc nécessairement arriver, car il ne faut pas demander à l'homme ce qui n'est pas dans sa nature. Pour expliquer ces événements, il était inutile de recourir à une conspiration imaginaire.

La guerre du Midi, terminée par la captivité du duc d'Angoulême, ne mérita pas alors de fixer l'attention publique; aujourd'hui elle peut servir à mesurer la modération et la grandeur d'âme des vainqueurs et des vaincus. L'insurrection de la Vendée parut d'abord plus sérieuse, mais le combat de Roche-Cervière, où 6,000 soldats défirent 30,000 Vendéens, coupa le mal dans sa racine (1). Le traité qui suivit, et plus que tout, la discipline des troupes et l'habileté du général Lamarque ramenèrent les esprits égarés et consolidèrent l'œuvre de la pacification.

On avait vu paraître sur ces entrefaites la fameuse déclaration du Congrès de Vienne à la nouvelle du débarquement de Napoléon. Cet acte, sans exemple dans les annales politiques, sera justement flétri par la postérité. Le conseil d'État y répondit, en proclamant les principes et les droits éternels du corps social, en même temps que Napoléon faisait à toutes les cours de l'Europe des ouvertures pleines de modération et d'équité ; mais, dans leur implacable résolution, les puissances refusèrent d'écouter ses paroles de paix.

Cette guerre de plume ne ralentissait en rien les préparatifs de la campagne. Les places de guerre et les postes militaires furent mis en état de défense ; sur tous les points de la frontière on forma des corps francs ; les vieux soldats accoururent en foule sous

---

(1) La Vendée n'aurait fait aucun mouvement, malgré les efforts du duc de Bourbon, sans la coopération de l'Angleterre et l'envoi qu'elle fit d'armes et de munitions. M. de Larochejacquelein y fut aussi envoyé et tomba l'une des premières victimes de la guerre civile. Le baron Von-Eckstein, chargé pendant les Cent-Jours de la police de Gand pour les alliés, m'a assuré depuis, à Bruxelles, que Fouché savait l'époque et le lieu du débarquement de ces armes, qu'il aurait pu par conséquent l'empêcher, mais qu'au contraire il le favorisa en donnant de faux avis.

les drapeaux ; les remontes de la cavalerie furent pressées ; l'artillerie s'organisa, et de nombreux ateliers fabriquèrent ou réparèrent des armes. Les gardes nationales des départements frontières et les militaires en retraite entendirent la voix de la patrie et formèrent les garnisons des places fortes. Les départements de l'Est se distinguèrent par leur ardent patriotisme ; ceux du Nord, quoique plus froids, se montrèrent également prêts à défendre le territoire ; enfin, de toutes parts, les citoyens offrirent des dons volontaires et vinrent au secours de l'État.

Au milieu de cet élan général parut l'Acte additionnel aux Constitutions de l'Empire. La nation n'en fut pas satisfaite ; on crut y retrouver cette tendance au pouvoir absolu (1), que la trahison avait si habilement exploitée pour faire des ennemis à l'Empereur et dénigrer son Gouvernement ; le parti royaliste s'empara avec habileté de ce prétexte d'opposition, et l'enthousiasme général en fut fort affaibli. Cependant l'Assemblée du Champ-de-Mai eut lieu, l'ouverture des Chambres se fit ; mais l'on ne tarda pas à s'apercevoir que la méfiance qu'avait soulevée l'Acte additionnel, privait l'Empereur de cette simultanéité d'ef-

---

(1) Ce despotisme, dont on a fait tant de bruit et qui a été l'objet de tant de déclamations, se réduit en définitive à bien peu d'actes, et quand on les examine un à un, on les trouve tous faits dans l'intérêt de la justice et du pays.

forts si nécessaire au milieu de la crise où se trouvait la France (1). Ce fut sous ces auspices peu favorables que s'ouvrit la campagne.

---

(1) Le temps révèle bien des faits et dévoile souvent beaucoup de perfidies. On sait aujourd'hui que Fouché, tout en faisant parade d'un grand zèle pour la cause impériale, appliquait toutes les ressources de son esprit et tous les moyens d'influence qu'il tenait de sa position, à accroître ces funestes défiances.

CAMPAGNE DE 1815.

Au commencement de juin, l'armée française du Nord, composée de cinq corps d'infanterie et de quatre corps de cavalerie, occupait des cantonnements qui s'étendaient de Dunkerque à Metz. Elle était établie de la manière suivante :

Le 1er corps aux environs de Lille.
Le 2e — — Valenciennes.
Le 3e — — Mézières.
Le 4e — — Metz.
Le 6e — — Laon et de Soissons.

La Garde était encore à Paris ; elle formait un corps de 14,000 hommes d'infanterie, de 4,000 de cavalerie et de 2,000 d'artillerie.

La force totale de l'armée, y compris la Garde, peut

être évaluée à 100 ou 110,000 hommes (1). Son matériel était considérable et s'élevait à plus de 300 pièces de canon.

A cette même époque, l'armée combinée ennemie était cantonnée depuis Liége, sur la Meuse, jusqu'à la mer du Nord. Les Prussiens bordaient la Meuse et la Sambre jusqu'à la chaussée de Bruxelles à Marchiennes-au-Pont, où ils s'appuyaient à l'armée anglo-hollandaise ; celle-ci occupait le reste de la Belgique. Ces deux armées réunies présentaient une force d'environ 225,000 combattants, dont 40,000 de cavalerie.

Le 6 juin, le 4ᵉ corps de notre armée quitta Metz, et, le 8, la Garde partit de Paris. Le 14, toute l'armée fut rassemblée sur les frontières de la Belgique, entre Maubeuge et Philippeville.

La gauche, composée des 1ᵉʳ et 2ᵉ corps d'infanterie et de quatre divisions de cavalerie, se réunit en avant de Solre-sur-Sambre (2) ; elle fut mise sous les ordres du maréchal Ney. Le centre, formé des 3ᵉ et 6ᵉ corps d'infanterie, de la Garde et du reste de la cavalerie, se concentra à Beaumont ; tandis que le 4ᵉ corps, faisant la droite, débouchait par Philippeville et venait s'établir en avant de cette place.

---

(1) Il se pourrait que les états de situation l'élevassent plus haut ; mais je suis fondé à croire que mon évaluation est encore au-dessus de la vérité.

(2) Le 1ᵉʳ corps coucha à Solre-sur-Sambre et le 2ᵉ dans le bois de Frostau.

Par cette disposition avantageuse et savante, l'armée française était maîtresse, ou de porter ses premiers coups, soit contre la gauche des Anglais, soit contre la droite des Prussiens, ou bien de se jeter dans l'intervalle qui séparait les deux armées alliées, afin d'opérer en masse contre l'une d'elles, selon les circonstances.

Pendant que ce beau mouvement stratégique s'exécutait avec autant de précision que de célérité, l'ennemi, confiant dans la supériorité de ses forces, restait tranquille dans ses cantonnements. Il était plein de sécurité et fort loin de soupçonner le danger qui le menaçait, lorsque le général de Bourmont (1) vint lui en apprendre toute l'imminence. Cet événement était

---

(1) Le comte de Bourmont commandait une division du 4e corps : il abandonna ses troupes, le 15 juin au matin, et fut suivi du colonel Clouet, son chef d'état-major, de Villoutrey, chef d'escadron, de Sourdat, capitaine, attachés à l'état-major, de Trélan et de d'Andigné, ses aides de camp.

Le baron Von Eckstein, directeur de la police à Gand pendant le séjour qu'y fit Louis XVIII, m'a assuré qu'un certain d'André, neveu du directeur de la police française, officier dans un régiment de cavalerie légère cantonné aux environs de Valenciennes, et qui déserta également quelques jours avant l'ouverture de la campagne, avait servi d'intermédiaire entre Fouché et Gand ; il ajoutait que les rapports de Fouché avec le général de Bourmont étaient fréquents. Celui-ci s'est défendu d'avoir donné des renseignements aux Prussiens. Cela se peut, mais les ennemis savaient qu'il commandait une division du corps rassemblé à Metz ; sa présence seule révélait donc l'approche de ce corps, et de plus, que ne durent pas dire les officiers qui l'accompagnaient ?

fâcheux ; cependant, malgré sa gravité, il ne pouvait nous ravir les avantages de notre position, et si beaucoup de fautes de détail, que je signalerai, n'étaient venues s'y joindre, cette position devait décider du sort de la campagne. En effet, 100,000 Français se trouvaient au milieu d'une armée ennemie, beaucoup plus nombreuse sans doute, mais surprise, disséminée dans des quartiers très-étendus, dont la concentration devenait presque impossible et dont la ruine paraissait certaine. Si nous n'avons pas obtenu ces résultats, on verra que nous ne devons pas en accuser la fortune.

Ce même jour, 14 juin, on lut aux troupes une proclamation de l'Empereur. Après avoir rappelé à l'armée ses hauts faits d'armes et la justice de sa cause, l'arrogance des Prussiens et leurs défaites passées, et enfin les cruautés des Anglais envers nos prisonniers, il terminait ainsi : « Soldats! nous aurons des marches « forcées à faire, des batailles à livrer, des périls à « courir ; mais avec de la constance la victoire sera à « nous, les droits, l'honneur et le bonheur de la « patrie seront reconquis : pour tout Français qui a « du cœur, le moment est arrivé de vaincre ou de « mourir! »

L'armée n'avait pas besoin de ce stimulant. Son enthousiasme était au comble ; sa confiance et son amour pour son chef étaient sans bornes, et son impatience de combattre impossible à décrire.

Le 15, elle continua son mouvement. L'aile gauche passa la frontière à deux heures du matin, et se porta de Solre sur Thuin et Marchiennes-au-Pont, où elle passa la Sambre, sans trouver d'autre obstacle que les faibles débris d'un bataillon de Bremen-Werder, que son avant-garde avait écharpé dans la plaine de Saint-Denis, en avant de Montigny. Elle prit position à Gosselies et à Jumet (1), après en avoir chassé l'ennemi, qu'elle fit poursuivre par une division jusqu'à Heppignies. L'avant-garde poussa même jusqu'à Frasnes, sur la route de Bruxelles, et à son approche, les troupes hollandaises qui s'y trouvaient se retirèrent précipitamment sur les Quatre-Bras.

Le maréchal Ney, qui commandait l'aile gauche, avait reçu l'ordre le plus précis d'occuper cette dernière position, et l'Empereur lui avait expliqué en même temps toute l'importance qu'il y attachait. « Sire, lui avait répondu le maréchal, je connais les « lieux et l'importance de la position; ce soir, j'y serai « de bonne heure (2) ! » Il paraît qu'une fusillade qu'il entendit sur sa droite, à Gilly, lui fit craindre de se compromettre, et par suite il commit la faute immense de s'arrêter à deux lieues en arrière.

Le centre avait marché sur Charleroi, où la cavalerie légère et les escadrons de service de la Garde arrivèrent vers midi, et où le 3ᵉ corps aurait dû être

---

(1) Le 1ᵉʳ corps à Jumet et le 2ᵉ à Gosselies.
(2) Je tiens ce détail du maréchal Soult, major général, qui était présent.

rendu avant cette même heure ; mais au lieu de partir de sa position à trois heures de la nuit, il ne l'avait quittée qu'à huit heures du matin (1). Je reviendrai plus loin sur ce coupable et funeste retard. L'ennemi n'ayant pas eu le temps de couper le pont de Charleroi, opposa peu de résistance et se retira par la route de Fleurus, où on lui fit quelques prisonniers ; il s'arrêta sur les hauteurs de Gilly. Le 3ᵉ corps arriva enfin vers quatre heures après midi, et passa la Sambre ; mais le retard qu'il avait mis à faire son mouvement, fut cause qu'il se trouva pêle-mêle avec la Garde et qu'il y eut quelques instants de confusion dans la marche des colonnes.

L'impatience de l'Empereur et peut-être aussi celle des troupes engagèrent les escadrons de service à attaquer Gilly, avant qu'ils ne pussent être soutenus, soit

---

(1) C'est à tort qu'on a écrit que le 3ᵉ corps s'était égaré ; la vérité est qu'il ne partit de sa position qu'à huit heures du matin, au lieu d'en partir à trois heures, ainsi qu'il lui avait été prescrit. Le général Vandamme, qui commandait ce corps, avait dû céder la veille son logement au quartier-général impérial ; il en avait pris de l'humeur et était allé se loger à la campagne, sans faire connaître l'endroit où il se rendait, de sorte que les ordres de mouvement ne lui parvinrent pas. Le général Rogniat, commandant en chef des troupes du génie et chargé de marcher avec ses sapeurs en tête du 3ᵉ corps, finit cependant par déterrer Vandamme, mais celui-ci refusa de lire les instructions dont Rogniat était porteur, et qui pourtant lui étaient communes. De là ce retard si funeste, et qu'on a cherché à pallier en le rejetant sur l'erreur des guides.

par l'infanterie, soit par un corps de cavalerie qui, tournant le mamelon sur lequel était l'ennemi, devait le prendre à revers. Dans cette attaque précipitée, le général Letort, aide de camp de l'Empereur et qui commandait ces escadrons, fut tué (1) ; c'était un officier de beaucoup de résolution. Quelques minutes après, la cavalerie que l'on attendait, déboucha et sabra l'ennemi, qui s'était formé en bataillon carré et qui, sans attendre le choc de l'infanterie, se dispersa à la débandade dans les bois, où le lendemain matin on ramassa encore un certain nombre de prisonniers.

Si le 3ᵉ corps, chargé de faire l'avant-garde, s'était mis en route comme il le devait, à trois heures du matin, il serait arrivé vers dix heures sur la Sambre ; l'ennemi poussé vivement n'aurait pas eu le temps de prendre position à Gilly, et, dès ce soir-là même, l'armée aurait pu facilement s'établir sur la communication de Namur à Bruxelles et occuper le plateau où l'armée prussienne combattit le lendemain. Mais le commandant de ce corps, sans prévoir le préjudice immense qu'il allait causer à la chose publique, se

---

(1) Dans la campagne de 1814, Letort était major des dragons de la Garde et commandait un corps de cavalerie. Au débouché de....., il se trouva inopinément face à face avec une colonne de 5 à 6,000 hommes d'infanterie russe ; prenant son parti sur-le-champ, il attaqua cette troupe, la défit et lui enleva une douzaine de pièces de canon, qu'elle avait à sa suite. Napoléon l'embrassa à la tête de ses escadrons et le nomma général de division.

laissa aller à l'indolence qui lui était devenue habituelle et dont nous aurons encore à signaler d'autres exemples dans le cours de cette campagne.

Le 3ᵉ corps ayant trouvé l'ennemi déposté, continua sa marche vers Fleurus et prit position sur la route, un peu en arrière de cette petite ville. Le 4ᵉ corps, parti de Metz, comme nous l'avons déjà vu, passa la Sambre ce jour-là à Châtelet et vint se placer à droite du 3ᵉ; le 6ᵉ et la Garde restèrent à Charleroi.

Cependant le corps prussien que nous avions trouvé sur la Sambre, s'était replié sur un plateau en arrière de Fleurus, où le feld-maréchal Blücher se hâtait de concentrer son armée. Elle y fut réunie le 16, vers midi, à l'exception de son 4ᵉ corps, que l'éloignement de ses cantonnements avait empêché d'y arriver. Cette armée était évaluée à plus de 80,000 hommes. Le même jour, et deux heures environ auparavant, Napoléon avait mis en mouvement les 3ᵉ et 4ᵉ corps, ainsi que la cavalerie aux ordres de Grouchy. Il croyait Fleurus évacué et ne pouvait penser que Blücher voulût seul livrer bataille, mais il fut bientôt détrompé. Il reconnut alors la position et ordonna de l'attaquer.

Cette position, occupée par l'armée prussienne, était naturellement forte. Sa droite s'appuyait à Bry et sa gauche à Sombref; son front était couvert, à droite par le village de Saint-Amand, et au centre par celui de Ligny. Ces villages, composés de fermes isolées, entourées de jardins et de haies vives, étaient très-étendus. Un ruisseau marécageux coulait tout autour de la position, défendue en outre par beaucoup de haies et de chemins creux et par les hameaux de Longpré et de La Haie, qui liaient presque le village de Saint-Amand à celui de Bry; ce ruisseau, un peu plus large devant Ligny, était très-faible à Saint-Amand. Ces différents villages et hameaux étaient occupés par des forces considérables et soutenus par de grosses réserves, placées près du moulin de Bussy, d'où elles pouvaient facilement se porter sur tous les points attaqués, qu'elles dominaient. Les divers accidents de terrain avaient été mis habilement à profit pour placer l'artillerie, et on voyait de très-fortes batteries aux Carrières, vis-à-vis de Ligny.

Le 3e corps, ayant pour réserve la division Girard, du 2e corps, fut chargé d'attaquer Saint-Amand. Le 4e corps devait suivre le 3e jusqu'à ce village, et, arrivé là, se déployer et envelopper la droite de l'ennemi : disposition savante et qui pouvait nous assurer une victoire complète; mais à peine le 4e corps s'ébranlait-il pour l'exécuter, qu'il reçut l'ordre de se porter sur Ligny. Cet ordre surprit et on ne le comprit pas bien sur le moment; nous verrons bientôt de quelle vaste combinaison il était le résultat.

Saint-Amand fut occupé sans effort, l'ennemi le défendit mollement; mais lorsque nos colonnes voulurent déboucher dans la plaine, arrêtées par des forces bien plus nombreuses et écrasées par une formidable artillerie, à laquelle elles ne purent de longtemps opposer la leur, à cause des difficultés du terrain, elles furent forcées à la retraite et obligées de rentrer dans le village.

Pendant ce temps, la division Girard attaquait infructueusement le hameau de La Haie ; elle fut repoussée et resta longtemps engagée dans un combat inégal et meurtrier, où son général fut tué. C'était un officier de beaucoup de mérite ; la fortune lui accorda une fin digne de lui et telle qu'il la désirait. « Mille fois plutôt « mourir, répétait-il sans cesse, que de revoir l'op-« probre de la patrie ! » Pour profiter de ce succès partiel, Blücher fit marcher une partie de ses réserves sur Saint-Amand et essaya de nous en chasser. Ses attaques, quoique vives et réitérées, demeurèrent inutiles, mais le combat fut sanglant et le moment critique : chaque ferme devint un champ de bataille particulier, où l'ennemi perdit l'élite de ses troupes (1).

Cependant l'Empereur, pour exécuter le vaste projet qu'il avait conçu, celui d'envelopper à la fois la droite et la gauche des Prussiens, avait besoin de la coopération d'une partie des forces de Ney. Il lui envoya des ordres réitérés pour qu'il fît attaquer Bry ; ces

---

(1) La plupart des morts et des blessés, qui jonchaient les rues de Saint-Amand, étaient décorés de la Croix de fer ou de la médaille. Notre bulletin a parlé d'un cimetière ; c'est une erreur : on l'a confondu avec un verger, qui était peu éloigné de l'église. Nous trouvâmes dans ce village deux sabres de gardes du corps français ; il ne paraît pas cependant qu'aucun de ces messieurs ait assisté au combat.

ordres restèrent inexécutés. Seulement, à leur vue, le commandant du 1er corps, qui était resté en réserve, ne doutant pas que le maréchal ne s'empressât d'obéir, prit d'avance une position intermédiaire, afin d'arriver plus promptement sur le champ de bataille. Mais bientôt il quitta Wagnelée où il s'était avancé, et rétrograda vers les Quatre-Bras, ce qui fut un malheur irréparable. Pendant ces mouvements, la cavalerie de Grouchy se battait vers Tongrenelles et occupait la gauche de l'ennemi ; la Garde arrivait et se formait en réserve, en partie derrière Saint-Amand, en partie à la gauche du château de Ligny, que les Prussiens, dans l'impuissance de le défendre, avaient incendié.

Sur toute la ligne le combat était rétabli à notre avantage, et le 4e corps attaquait Ligny avec vigueur. La lutte la plus acharnée s'engagea sur ce point. Blücher, délivré de toute inquiétude pour sa droite par la retraite du 1er corps, y porta la plus grande partie de ses forces. On s'y battit longtemps et avec des succès variés ; une partie du village fut prise et reprise plusieurs fois. Enfin, vers huit heures du soir, on le tourna du côté de Sombref (1). Par une attaque sagement combinée, huit bataillons de la Garde, soutenus par la grosse cavalerie, débouchèrent dans la

---

(1) C'était le point le plus faible du village ; le débouché en était assez large et plusieurs ponts de pierre y facilitaient le passage de la rivière.

plaine avec impétuosité, culbutèrent les colonnes ennemies qui étaient sur les hauteurs de Bussy, et nous rendirent maîtres du champ de bataille. Les Prussiens se retirèrent alors précipitamment dans toutes les directions, et malheureusement la nuit ne permit pas de les poursuivre longtemps.

Sans doute il eût été désirable de pouvoir faire cette attaque décisive deux heures plus tôt, mais le besoin de laisser user la première ardeur de l'ennemi, la connaissance imparfaite des localités et surtout l'espoir de voir enfin concourir à cette opération une partie des troupes de Ney, furent les causes qui la retardèrent. Pour seconder le mouvement principal qui se faisait au centre, une division du 3ᵉ corps avait débouché de Saint-Amand et s'était portée sur le moulin de Bussy, où elle s'établit ; mais la nuit n'ayant pas permis d'attaquer le village de Bry, Ziethen en profita pour se tirer de la fâcheuse position où il se trouvait (1).

L'ennemi nous abandonna un grand nombre de blessés et quelques pièces d'artillerie ; mais on lui fit peu de prisonniers. La nuit nous cachait une partie de son désordre, qui était extrême : tous les corps étaient confondus et beaucoup de soldats, après avoir jeté

---

(1) Ce mouvement avait été convenu entre le général Barrois et le général Berthezène, et n'était par conséquent qu'un mouvement partiel. Si Vandamme, commandant en chef du 3ᵉ corps, l'eût ordonné, il eût été fait avec le 3ᵉ corps tout entier et ses résultats eussent été plus importants.

leurs armes, fuyaient vers les points les plus éloignés; quelques-uns portèrent l'alarme jusqu'à Maëstricht et Aix-la-Chapelle, où on les arrêta. Les corps de Ziethen et de Pirch avaient profité, comme je l'ai dit, de la nuit pour faire leur retraite ; ils se portèrent sur Tilly, d'où, après quelques heures de repos, ils continuèrent leur route sur Wavre, en se couvrant de la Dyle, qu'ils passèrent sous le mont Saint-Guilbert.

Dans cette journée, le feld-maréchal Blücher avait mené plusieurs fois ses troupes au combat; dans une des dernières charges, il fut renversé de cheval et foulé aux pieds : il eût été fait prisonnier, si la simplicité de son costume eût permis de le reconnaître. La bataille avait été sanglante et coûtait beaucoup de monde aux deux partis ; cependant la perte des Prussiens était beaucoup plus forte que la nôtre et le nombre de leurs morts incomparablement plus considérable. Ne pouvant se rendre compte de cette différence, les habitants des villages environnans, qui enterrèrent les morts, supposèrent que les Français avaient eu le soin d'enlever les leurs (1).

De notre côté, 40 ou 45,000 hommes seulement avaient pris part à l'action : 70,000 cependant auraient pu y concourir, par la jonction des 1er et 6e corps.

---

(1) C'est l'explication que nous en donnèrent quelque temps après, au général Lamarque et à moi, les habitants de ces villages, qui nous prenaient pour des Russes visitant les divers champs de bataille.

Qu'on juge de quels résultats immenses nous priva leur absence?

Pendant que la fortune couronnait nos efforts à Ligny, elle était moins favorable au maréchal Ney. Nous avons vu qu'il avait commis la faute grave de ne pas prendre position, le 15 au soir, aux Quatre-Bras, ainsi qu'il en avait eu l'ordre formel. Le lendemain, il reçut de bonne heure l'injonction de se porter sur ce point et d'y attaquer les Anglais : nous allons voir comment il s'acquitta de cette mission.

Le duc de Wellington, rempli d'une trompeuse sécurité et regardant une agression en Belgique comme impossible, avait éparpillé ses troupes dans des cantonnements très-étendus. Il ne connut la marche de l'armée française que le 15, c'est-à-dire lorsqu'elle n'était plus qu'à quelques lieues de Bruxelles; il se trouvait ainsi pris au dépourvu et sans qu'il lui fût possible d'opposer à Napoléon aucun corps considérable. Vainement se hâta-t-il de donner des ordres pour réunir ses forces, et leur assigna-t-il différents points de rassemblement; le temps était trop court et il ne put disposer que des corps qui étaient à Bruxelles ou dans les environs, et dont les Écossais faisaient partie, et en outre de quelques contingents alliés placés peu loin des Quatre-Bras. Le mouvement de ces troupes fut même si précipité, que l'artillerie ne put les suivre et qu'elles furent contraintes de combattre assez longtemps sans elle.

Le maréchal Ney surmonta donc aisément les premiers obstacles qu'il rencontra, et obtint d'abord des succès marqués. Il enleva la ferme de Gémioncourt, une partie du bois de Bossut, et arriva à la ferme des Quatre-Bras ; mais, d'un côté, il ne put faire appuyer son attaque par le 1er corps, qui, comme nous l'avons dit plus haut, s'était rapproché de Saint-Amand, et d'un autre côté, les Écossais, par une résistance glorieuse et un noble dévoûment, donnèrent au prince d'Orange le temps d'arriver et de nous empêcher d'enlever cette position. Plus tard, vers les sept heures, de nouveaux renforts venus à l'ennemi, ayant tourné notre droite par Sart-à-Mavelines, jetèrent du désordre dans nos colonnes : prises en flanc et assaillies par des forces infiniment supérieures, nos troupes furent forcées de céder une partie du terrain qu'elles avaient gagné, et de prendre une position en arrière de Gémioncourt (1).

Ce combat fut très-sanglant : les trois divisions du 2e corps qui y combattirent, souffrirent beaucoup ; de leur côté, les ennemis, et surtout les Écossais, y firent de grandes pertes : ces derniers y furent presque détruits. Il serait difficile d'évaluer au juste la force de l'armée anglo-hollandaise qui combattit aux Quatre-

---

(1) Dans la lettre *du général anglais,* on avance que les ennemis reprirent, dès le matin du 16, le terrain qu'ils avaient d'abord perdu. Cette assertion est fausse ; l'auteur a voulu par là couvrir l'imprévoyance de son héros.

Bras, cependant on peut assurer, sans exagération, qu'à la nuit elle comptait au moins 40,000 hommes réunis.

Afin d'échapper aux reproches qu'il méritait justement, pour n'avoir pas exécuté les ordres qu'il avait reçus d'occuper les Quatre-Bras et d'envoyer ensuite une partie de ses troupes contre la droite des Prussiens, le maréchal Ney (1) a blâmé ce qu'il appelait le morcellement de l'armée et l'idée qu'il supposait à l'Empereur de livrer deux batailles à la fois. Ces critiques n'ont pas besoin d'être réfutées : l'inspection seule de la carte prouve qu'elles n'ont aucun fondement et que nos divers corps d'armée pouvaient se réunir avec une facilité et une promptitude étonnantes, et, à défaut de carte, le mouvement du 1ᵉʳ corps, qui, à la vue des ordres de l'Empereur, était parvenu en peu d'heures à Wagnelée, dans l'espoir d'y recevoir ceux du maréchal, le démontrerait de reste. D'un autre côté, comment supposer deux batailles livrées à la fois, lorsque l'armée anglaise était encore en grande partie dans ses cantonnements et que l'armée prussienne seule était réunie ? Ce fait constant et hors de doute nous dispense de discuter l'idée proposée comme préférable par le maréchal, de laisser un petit

---

(1) La fin si tragique de ce brillant capitaine arrête souvent le blâme au bout de la plume, cependant il y a des moments où la vérité ne doit pas souffrir de ces ménagements.

corps d'observation devant les Prussiens et d'aller attaquer les Anglais avec tout le reste de nos forces. Il n'est personne qui ne voie qu'en allant à la recherche d'une armée non rassemblée et qui pouvait, de cent manières, éviter le combat, on laissait à l'armée prussienne réunie la facilité de tomber sur nos derrières avec le poids total de sa masse. C'eût été le comble de la démence et de l'ineptie. Il n'y avait donc de sage et de militaire que ce que fit et voulait faire Napoléon. L'armée prussienne entière se présentait à nos coups : l'important était de la battre et de la bien battre, parce que, après un succès éclatant, nous pouvions tourner en toute assurance nos efforts contre les Anglais, et certes alors, les plus belles chances de succès eussent été pour nous. Il est bien malheureux que le maréchal Ney n'ait pas senti tout ce qu'il y avait de solide et d'avantageux dans ce plan de conduite, et il est à jamais regrettable qu'il n'ait pas obéi aux ordres de l'Empereur et qu'il n'ait pas réuni aux troupes qui combattaient à Saint-Amand, son 1er corps et une partie de sa cavalerie : cette faute capitale a été la cause première de tous nos malheurs.

Si maintenant nous examinons les manœuvres du maréchal sur le terrain où il a combattu, il nous sera impossible d'y voir un emploi bien judicieux de ses moyens et tel qu'on devait l'attendre d'un homme aussi expérimenté. D'abord il laissa trop loin de lui ses réserves, ce qui les rendit inutiles ; ensuite, au lieu de diriger principalement ses attaques sur la gauche de l'ennemi, parce que, même dans le cas d'insuccès, il liait ses mouvements à ceux de l'Empereur et privait les Anglais de leurs communications directes avec les Prussiens, il porta tous ses efforts dans un sens opposé, vers la grande route de Nivelles et contre le bois de Bossut : sans doute, il voulait par là rendre plus difficile la jonction des renforts qui arrivaient à l'ennemi, mais il oubliait le véritable but de l'opération. Enfin, nous ferons observer qu'il manqua d'activité et de résolution, car, si, dès le matin au moins, il eût occupé les Quatre-Bras avec toutes ses forces, il eût été en mesure de bien recevoir les troupes qu'y envoyait successivement le duc de Wellington ; d'après toutes les probabilités, elles eussent été défaites l'une après l'autre, et l'armée anglaise eût été trop affaiblie pour oser risquer une bataille générale.

Après ces reproches adressés au maréchal Ney, et que nous croyons justes, nous ajouterons que, à notre avis, Napoléon ne mit pas assez de célérité dans son mouvement du 16. Il nous semble qu'il eût été d'un haut intérêt de réunir de très-bonne heure les 3e, 4e, 6e corps et la Garde, dans les plaines de Fleurus, afin d'y attaquer immédiatement les Prussiens. Ceux-ci auraient eu moins de temps pour s'établir et pour assurer leur position, et nous aurions eu par là le précieux avantage de combattre des troupes fatiguées et qui venaient de faire une longue marche. Enfin, l'heure peu avancée nous aurait permis de les poursuivre et de leur faire éprouver des pertes considérables aux défilés de Sombref et de Saint-Guilbert, s'ils avaient osé s'y engager en notre présence ; tandis que notre attaque ne s'étant faite que vers midi, l'affaire fut décidée trop tard pour que nous pussions en retirer tous les avantages que nous devions en attendre, et l'obscurité permit à une partie de l'armée prussienne de faire sa retraite à notre insu par le mont Saint-Guilbert.

Au surplus, nous ignorons les raisons qui ont pu engager l'Empereur à retarder ce mouvement, et par conséquent il nous est impossible de les apprécier. Il avait d'abord ordonné, comme nous l'avons dit, d'attaquer la droite de l'ennemi par Bry ; mais lorsque, du haut du moulin à vent sur lequel il s'était placé, il eut mieux reconnu la position des Prussiens, il changea ses premières dispositions ou plutôt il leur donna un plus vaste développement : il voulut faire deux attaques principales sur les deux ailes, et alors le 4e corps dut se porter sur Ligny, tandis que le 1er, avec une partie de la cavalerie de Ney, devait agir contre Bry.

Personne ne saurait révoquer en doute que le maréchal Ney reçut plusieurs fois l'ordre de faire marcher contre Bry une partie de ses forces, et qu'il ne l'exécuta jamais. C'est à la vue de l'un de ces ordres, dont le colonel d'artillerie Laurent était porteur, que le général d'Erlon se dirigea, comme nous l'avons dit plusieurs fois, sur un point intermédiaire entre les Quatre-Bras et Bry, afin d'être en état d'entrer plus tôt en action. Il est permis de supposer que si ce corps eût opéré contre Bry, en même temps que le 4e corps et la Garde culbutaient la gauche des Prussiens et que le 3ᵉ corps, débouchant de Saint-Amand, aurait appuyé à la fois ces deux attaques, l'ennemi pressé entre eux et presque enveloppé n'eût trouvé aucun moyen de salut ; et cette supposition est confirmée par le désordre affreux dans lequel la seule attaque de Ligny jeta son armée. Malheureusement, la grande conception de l'Empereur resta inexécutée, et en vérité cela est inexplicable ; mais en voilà assez sur ce pénible sujet.

Le 17 juin, l'armée fut divisée en deux parties : l'une, destinée à poursuivre Blücher, fut confiée au maréchal Grouchy, pendant que l'autre, sous les ordres immédiats de Napoléon, devait agir contre Wellington. La suite des événements nous fera voir tous les maux que ce partage occasionna, et nous serons bientôt forcés d'avouer qu'il fut la cause décisive de nos désastres.

La portion de l'armée que l'Empereur conserva sous ses ordres directs, et qui formait la gauche, fut composée de la Garde, des 1ᵉʳ et 6ᵉ corps (moins la division Teste), de trois divisions du 2ᵉ corps et de la grosse cavalerie ; on pouvait l'évaluer à 60 ou 65,000 hommes. La droite, commandée par Grouchy, fut formée des 3ᵉ et 4ᵉ corps, de la division Teste et de deux corps de cavalerie, dragons et chasseurs ; elle comptait 35 ou 36,000 combattants sous les armes. La division Girard, qui avait beaucoup souffert, resta en réserve sur le champ de bataille de Ligny.

Ce même jour, 17, l'armée se mit en mouvement dans les deux directions des Quatre-Bras et de Gembloux. Il faisait un temps affreux, la pluie tombait par torrents et elle continua ainsi pendant tout le jour et une partie de la nuit. Pour rendre notre récit plus clair, nous décrirons séparément les mouvements des deux fractions de l'armée : nous allons commencer par ceux de l'aile gauche.

L'Empereur avait prescrit à Ney de se porter de bonne heure aux Quatre-Bras, et cependant, lorsqu'il y arriva lui-même, le maréchal était encore dans son camp vers Frasnes, bien que l'armée anglaise eût battu en retraite. Ce ne fut qu'à Genappe que notre avant-garde trouva un corps ennemi ; elle le poussa devant elle et vint prendre position sur les hauteurs de Planchenoit. L'Empereur aurait bien voulu attaquer les Anglais sur-le-champ, mais il était déjà huit heures, ses têtes de colonnes étaient seules arrivées et il dut, quoiqu'à regret, renoncer à ce dessein (1).

Wellington avait évacué les Quatre-Bras, le 17 au matin, à la nouvelle de la défaite des Prussiens. Cependant, décidé à tenter le sort des combats, si Blücher voulait se réunir à lui, il parcourut les hauteurs du Mont-Saint-Jean, examina le château de Hougoumont et la ferme de la Haie-Sainte et ordonna d'en

---

(1) Il exprima ses regrets par cette exclamation : « Si j'avais deux « heures de plus, je changerais les destins du monde ! »

créneler les murs. La conduite de Blücher fut très-remarquable en cette circonstance. Son empressement à seconder les projets d'un rival orgueilleux, qui devait recueillir toute la gloire d'un succès ou lui faire partager au moins le blâme d'un revers, mérite de servir d'exemple et d'être loué sans restriction.

Pendant la nuit, Napoléon reçut l'avis que l'armée anglaise faisait sa retraite; il le crut d'autant plus facilement qu'il ne pouvait se persuader que Wellington voulût livrer bataille dans une telle position, et sans aucun doute celui-ci ne l'eût pas fait, s'il n'avait compté sur la coopération du général prussien. A cette nouvelle, l'Empereur avait ordonné au comte d'Erlon (1) de se mettre en mouvement et de suivre vivement l'ennemi; mais comme rien dans le camp anglais ne confirmait cet avis, on dut se préparer à combattre. Dès qu'il fit jour, l'Empereur reconnut lui-même la position et donna les ordres pour l'attaque (2).

L'armée ennemie, forte d'environ 90,000 hommes, était placée en colonnes sur le penchant d'une suite de hauteurs, qui s'étendaient vers la Haie-Sainte, cou-

---

(1) Le général Dejean fut porteur de l'ordre.

(2) Je dois prévenir le lecteur que je n'ai point assisté à cette bataille; mais j'ai recueilli tant de notes et de rapports dignes de foi, que je crois pouvoir garantir l'exactitude de mon récit. Au reste, j'ai visité les lieux peu de temps après.

paient la route de Bruxelles et se prolongeaient vers Frischemont. L'artillerie couronnait le sommet de ce rideau ; le château de Hougoumont, situé à 100 ou 150 toises en avant des hauteurs, couvrait la droite ; la ferme de la Haie-Sainte protégeait le centre. A Merbe-Braine il y avait une réserve d'infanterie ; les réserves de cavalerie étaient à la droite du mont Saint-Jean, sur la route de Nivelles.

Hougoumont et la Haie-Sainte étaient dominés à petite distance ; malgré cet inconvénient, le général anglais les considéra comme de bons postes et les fit fortement occuper, surtout Hougoumont.

C'était un vieux château, qui renfermait dans son enceinte une ferme et plusieurs autres bâtiments, parmi lesquels une chapelle (1). Un jardin, entouré sur trois faces d'un mur de 7 à 8 pieds de haut, couvrait le château au levant ; un verger, ceint de haies vives, faisait suite à ce jardin ; la haie, du côté du midi, était remarquable par la grosseur des arbres qui la formaient en s'entrelaçant ; un large fossé intérieur augmentait la difficulté d'y pénétrer. Un bois de haute futaie protégeait au midi le château et une partie des murs du jardin, qui étaient masqués par une haie vive, formée comme celle du verger dont nous venons de parler, par de forts arbres entrelacés.

---

(1) Elle fut incendiée par les Anglais et tout y fut brûlé, excepté un Christ en bois, que les habitants de la ferme montraient comme preuve d'un miracle.

Quoique ceinte d'un beau mur et assise au milieu de deux jardins environnés de haies vives qui en rendaient l'approche difficile, la ferme de la Haie-Sainte était beaucoup moins forte que le château de Hougoumont; elle touchait à la grande route de Bruxelles. Au commencement de l'action, les avant-postes de l'ennemi étaient placés sur des collines parallèles à sa position, qui, partant de Hougoumont, se prolongeaient jusqu'à la ferme de la Belle-Alliance.

L'armée française occupait des hauteurs opposées à celles où était l'armée ennemie. Le 2e corps formait la gauche et s'étendait au centre; le 1er corps se liait au 2e vers la Haie-Sainte et formait la droite; le 6e corps et la Garde étaient placés en réserve : le 6e corps à l'extrême droite et la Garde au centre. Quoique nos troupes eussent horriblement souffert du mauvais temps, dès que l'ordre de marcher à l'ennemi fut donné, elles attaquèrent avec une ardeur et une impétuosité difficiles à décrire, et forcèrent bientôt les avant-postes à abandonner les premières hauteurs.

Le 2e corps se porta alors sur Hougoumont et en commença l'attaque. Après un combat long et des plus sanglants, le bois fut occupé et le verger fut enlevé, malgré sa haie, son fossé et les soldats d'élite qui le défendaient; mais dès qu'on voulut s'avancer au delà, nos troupes se virent accueillies par le feu des batteries et par le feu bien plus meurtrier de l'infanterie retranchée dans le jardin, et furent forcées à la retraite. Plusieurs fois elles retournèrent à la charge, mais toujours sans succès; tous leurs efforts venaient expirer contre le mur d'enceinte que dix coups de canon auraient pu abattre. Cependant on s'acharnait à prendre ce château; on mettait une sorte de point d'honneur à y réussir.

Ni l'inutilité des tentatives précédentes, ni la perte des hommes, ne pouvaient rebuter nos braves soldats ou dissiper l'aveuglement de leurs chefs; seulement on changea le point d'attaque et l'on essaya de pénétrer par la ferme, dont la porte regarde le nord. Cette entreprise était d'autant plus audacieuse, qu'il fallait l'exécuter sous le feu plongeant de l'artillerie et presque à portée de fusil des colonnes anglaises; elle réussit pourtant : deux fois repoussés, nos soldats pénétrèrent dans la ferme à une troisième attaque et s'en rendirent maîtres. Après avoir tenté vainement de les en déloger, l'ennemi mit le feu aux bâtiments et se retira dans le jardin, où il se maintint sans grandes pertes. L'incendie chassa nos troupes et nous priva en un instant d'un avantage insignifiant acquis au prix des plus grands sacrifices.

Pendant que ces choses se passaient à la gauche, le centre enlevait la Haie-Sainte. Comme elle était dominée de très-près, ainsi que nous l'avons déjà dit, quelques obus auraient pu l'incendier et forcer l'ennemi à l'abandonner : on préféra l'emporter de vive force. Les Hanovriens, qui la défendaient, y firent une longue et opiniâtre résistance, mais enfin ils furent obligés de nous la céder; l'occupation de ce point était importante pour préparer une attaque décisive.

Vers le même moment, une de nos charges de cavalerie ayant été repoussée, un régiment anglais arriva jusqu'à une batterie de 12, qui faisait de grands ravages dans les lignes ennemies ; il la trouva sans garde et la démonta, après en avoir sabré les canonniers. Attaqué lui-même peu après par les troupes venues au secours de la batterie, il fut écharpé et détruit ; mais cet incident n'en fut pas moins fâcheux, car il retarda l'attaque que préparait le 1er corps.

De son côté, le maréchal Ney, chargé, comme on dit, de mener la bataille, ayant aperçu quelque hésitation dans la ligne anglaise, crut que le moment de décider la lutte était arrivé, et engagea la grosse cavalerie, qu'il fit appuyer par une partie de la Jeune-Garde. Au signal qu'elle reçut, cette brave cavalerie s'élança, malgré un feu effroyable, à travers les carrés d'infanterie, atteignit la crête du plateau où était l'artillerie, y jeta le désordre et s'empara de plusieurs pièces. L'ennemi se crut perdu, mais le mouvement de nos escadrons n'ayant pas été convenablement appuyé, ils ne purent résister à l'immensité des forces qui furent bientôt réunies contre eux, et plus ils déployèrent d'intrépidité, plus leurs pertes furent grandes et sensibles. Après des efforts inouïs et plusieurs charges brillantes, ils furent forcés à la retraite.

Napoléon, en voyant ce mouvement prématuré, en avait prévu les suites funestes : « Le malheureux !

« s'écria-t-il, il perd tout ! » Le prince Jérôme, son frère, qui ne voyait que la réussite du premier moment, surpris du mécontentement et des paroles de l'Empereur, en demanda la raison au maréchal Soult, qui, après lui avoir expliqué que le maréchal Ney avait engagé trop tôt les réserves, ajouta : « C'est ainsi qu'on perd les Empires ! »

Un peu plus tard, vers quatre heures, la droite du 1er corps, à la suite d'un combat vif et opiniâtre, s'empara du hameau de Ter-la-Haie et enleva les hauteurs du mont Saint-Jean; le village fut évacué par l'ennemi et le plus grand désordre régna pendant quelques instants dans les rangs de son aile gauche. Une partie reflua sur le centre, une autre partie prit position à Vert-Comon ; mais le plus grand nombre se précipita en fuyant sur la route de Bruxelles et porta dans cette ville l'effroi et la consternation. On tira parti de cet avantage pour établir sur les hauteurs du mont Saint-Jean des batteries qui, prenant l'armée ennemie en flanc et à revers, portèrent le ravage et la mort dans les rangs déjà éclaircis de son infanterie et jusqu'au milieu de ses réserves de cavalerie.

Si, dans ce moment, nos escadrons eussent été frais et intacts, on eût pu profiter de notre succès et du trouble où se trouvait l'ennemi ; on eût pu lancer à la fois, sur son centre découvert et ébranlé, toute notre grosse cavalerie et même celle de la Garde ; il eût été impossible au duc de Wellington d'empêcher ce mouvement et de résister à un tel choc, et alors la victoire la plus complète nous eût été assurée et la destruction de l'armée anglaise fût devenue inévitable. Malheureusement les attaques prématurées du maréchal Ney nous avaient mis hors d'état de pousser vigoureusement nos avantages ; bientôt le calme se rétablit dans les rangs ennemis, ils se reformèrent, se rassirent et attendirent avec anxiété, dans cette position critique, que le maréchal Blücher vînt dégager sa promesse. Dans ce moment, en effet, l'armée anglaise *était aux abois*, comme l'a dit avec beaucoup de vérité le général espagnol Alava, qui servait, ce jour-là, près de Wellington, et l'arrivée de l'armée prussienne lui était *plus que nécessaire.*

Parvenus à Wavre le 17 au soir, les Prussiens auraient pu facilement se trouver, le 18, de très-bonne heure, sur le champ de bataille; mais, soit que les pertes qu'ils avaient éprouvées à Ligny et le désordre qui régnait dans leurs troupes les rendissent circonspects, soit que la marche du corps de Grouchy, qui pouvait les attaquer pendant leur mouvement, en flanc et sur leurs derrières, leur fît craindre de se compromettre, ils hésitèrent longtemps et ne se décidèrent que lorsque la lenteur et l'inaction de ce général leur eurent fait connaître qu'ils n'auraient pas à courir de graves dangers de sa part.

Ce ne fut qu'à sept heures et demie du soir que leur armée entra en ligne, ainsi que le rapporte le général Gneisenau, son chef d'état-major, mais il était près de six heures, lorsque parut son avant-garde commandée par Bulow. L'Empereur la prit d'abord pour le corps de Grouchy ; il devait être bientôt cruellement désabusé. Quand ces premières troupes débouchèrent du défilé de Saint-Lambert, la cavalerie légère qui l'observait, se retira devant elles, et le 6ᵉ corps, fort d'environ 6,000 hommes, reçut l'ordre de se porter à leur rencontre. Il n'eut pas beaucoup de chemin à faire pour les trouver, et le combat s'engagea de suite ; l'avant-garde ennemie fut repoussée et forcée à la retraite, mais ce succès ne pouvait être de longue durée. De nouvelles forces arrivèrent au secours de Bulow, et toute l'armée prussienne, évaluée à 65,000 hommes, l'ayant successivement appuyé, le 6ᵉ corps ne put résister à une telle masse et, malgré les efforts et la ténacité du comte de Lobau qui le commandait, il fut forcé de céder du terrain.

Vainement un corps de 6,000 hommes de la Jeune-Garde accourut à son aide ; il était insuffisant pour faire reculer l'ennemi, et toute la valeur de ces troupes ne put triompher de leurs adversaires. Après une lutte héroïque et prolongée, pendant laquelle les succès s'étaient balancés et le terrain avait été disputé pied à pied, le grand nombre l'emporta. L'ennemi, débouchant à la fois par plusieurs côtés, dirigea une partie de ses forces vers Planchenoit, enveloppant par ce mouvement notre droite et se plaçant sur nos derrières : il était désormais impossible de lui résister avec succès, nos réserves étaient épuisées et la bataille allait être perdue sans ressources.

Les troupes engagées contre les Anglais, jugeant des progrès des Prussiens par la direction et le rapprochement de leurs feux, et déjà fatiguées par ce long combat, rallentirent leurs efforts. De son côté, le général anglais, voulant profiter de cette espèce d'hésitation et du puissant secours que lui apportaient ses alliés, reprit l'offensive ; il essaya quelques charges de cavalerie qui réussirent, et dès lors on dut regarder comme nécessaire que notre armée battît en retraite.

Pour protéger cette opération et la rendre plus facile, Napoléon ordonna à la Vieille-Garde, qui restait seule sous sa main, un mouvement offensif contre les Anglais. Cette attaque hardie et inattendue les étonna et jeta de l'incertitude et du flottement dans la marche de leurs colonnes ; mais le général qui commandait cette troupe d'élite, l'ayant fait déployer, sans doute pour en obtenir des feux, montra sa faiblesse numérique et détruisit ainsi le prestige que son audace avait produit. Attaquée bientôt de tous côtés, envelôppée par l'armée anglaise presqu'entière, la Garde fut vaincue pour la première fois. Ce fut dans ce moment suprême que Cambronne prononça ces sublimes paroles : *La Garde meurt, mais elle ne se rend pas!* Pendant qu'elle se dévouait ainsi, nos troupes se dirigeaient en toute hâte vers la grande route de Genappe ; en y arrivant presque toutes à la fois, les différentes armes se confondirent, les rangs se mêlèrent, les corps ne purent plus se reconnaître entre eux, et l'armée ne formant plus qu'une masse informe, se précipita vers la Sambre.

Tel est le soldat français : doué de beaucoup d'intelligence, il juge sainement sa position et se trompe rarement sur la capacité et les opérations de ses chefs ; mais son imagination ardente, qui le rend si souvent capable des actes les plus héroïques, l'égare aussi quelquefois. Alors, moins il distingue le danger, plus il se l'exagère ; préoccupé des illusions qui le dominent, il ne voit plus les ressources qui lui restent et laisse échapper les moyens de salut qui sont en son pouvoir (1).

Entraîné par le torrent des fuyards, l'Empereur ne tenta pas de rétablir l'ordre, c'eût été impossible ; il

---

(1) On a dit que pendant la bataille on avait entendu le cri d'alarme : *Sauve qui peut !* Le maréchal Ney l'a nié. Je suis loin assurément de douter de sa parole, et cependant je n'adopte pas son dire ; voici pourquoi :

Le 20, jour où nous combattions devant Namur, un convoi considérable se rendait à Mézières ; quand il fut parvenu entre cette place et Maubert-Fontaine, un homme, revêtu de l'uniforme de colonel, vint à passer au galop, en criant : *Sauvez-vous ! voilà l'ennemi !* A l'instant, les traits furent coupés et les conducteurs s'enfuirent avec les chevaux, abandonnant le convoi, qui resta deux jours sur la route.

Cet exemple me semble prouver qu'il y avait dans l'armée des traîtres, qui se plaisaient à y semer la terreur, et que, si l'on n'a pas poussé des cris d'alarme sur le point où était le maréchal Ney, on a pu très-bien l'avoir fait ailleurs.

se hâta d'arriver à Genappe, où il pouvait craindre qu'un corps prussien ne le devançât. L'armée marcha toute la nuit dans la plus horrible confusion; elle repassa la Sambre à Marchiennes et à Charleroy. Tout le matériel, les canons et les équipages furent abandonnés; les chevaux seuls furent sauvés par les soldats du train. Telle fut l'issue fatale de cette sanglante journée, dont les conséquences devaient être si funestes à notre patrie ! Qui aurait pu s'attendre à un tel résultat de la campagne que le génie de Napoléon avait ouverte d'une manière si brillante ?

Il serait difficile d'évaluer la perte des deux armées. Elle a dû être très-considérable et proportionnée à l'acharnement avec lequel on s'est battu ; cependant le nombre des morts a été bien moindre qu'on ne l'a dit. J'ai vu, peu de mois après, les fosses dans lesquelles ils avaient été ensevelis, et j'ai pu juger de l'exagération des récits faits à ce sujet. Sur tous les points où l'on combattit, excepté à Hougoumont, la perte de l'ennemi a dû être plus grande que la nôtre, et la raison en est sensible : son armée, toujours en colonnes ou en carrés, se trouvait empilée sur un très-petit espace, eu égard à sa force ; elle offrait ainsi un but certain à nos coups, et aucun d'eux ne pouvait frapper à faux.

Nous eûmes à regretter la perte des généraux Duhesme, Devaux et Michel, tous attachés à la Garde impériale. Leur sort n'est pas à plaindre ; ils n'ont pas vu les malheurs de leur patrie et ils sont tombés en

combattant glorieusement pour son indépendance.
Le général Duhesme n'avait été que blessé ; il fut massacré le lendemain par un hussard prussien. Ce crime fut dénoncé, mais il resta impuni : telles étaient les lois de la guerre adoptées par nos ennemis, depuis que la trahison avait facilité leurs succès.

Nous perdîmes très-peu de prisonniers, grâce à la nuit qui favorisa la retraite ; d'ailleurs les troupes chargées de la poursuite agirent mollement ; elles s'occupèrent plus de pillage et de butin que de l'accomplissement de leur mission : elles ne parurent aux Quatre-Bras que le lendemain 19. Le 20, elles marchèrent à la rencontre du corps de Grouchy et se montrèrent à la hauteur de Temploux, vers les dix ou onze heures du matin. Nous aurons lieu de remarquer plus tard combien la lenteur de leurs mouvements fut favorable au salut de ce corps, qui se trouvait très-gravement compromis.

Le reste de l'armée alliée était demeuré sur le champ de bataille, pour se refaire de ses fatigues et pour réparer le désordre qu'avaient occasionné dans ses rangs les pertes de la journée du 18. Ces pertes avaient dû être immenses, car, plus de six mois après, beaucoup de bataillons, qui y avaient combattu, n'avaient pas plus de 3 à 400 hommes sous les armes. Le surlendemain seulement, l'ennemi leva son camp et se mit en marche pour pénétrer en France par le Hainaut.

On a blâmé l'Empereur d'avoir livré bataille avec

des troupes fatiguées et par un très-mauvais temps. Ce reproche ne me paraît pas fondé; il ne peut avoir été imaginé que par ces hommes qui ne louent ou ne blâment que d'après l'événement. Le général Drouot l'a très-bien réfuté et il serait facile d'ajouter encore plusieurs raisons à celles qu'il a données.

Mais je partage l'opinion des critiques qui pensent qu'il eût été préférable que l'Empereur eût moins affaibli la partie de l'armée qu'il gardait sous ses ordres. Il a paru à beaucoup de militaires que le corps destiné à suivre Blücher, déjà battu, pouvait être beaucoup moins nombreux, et que cet inconvénient avait été aggravé par le choix du chef à qui se trouvait confiée une portion si considérable de nos forces. On a pu juger par ce qui se passa sur le champ de bataille, que si Napoléon eût eu seulement 10,000 hommes de plus avec lui, il eût maîtrisé tous les incidents de la journée et réparé les bévues de ses lieutenants.

On a dit, et l'observation était fort juste, que si Grouchy eût arrêté la marche de Blücher et empêché sa jonction avec l'armée anglaise, ce qui lui était très-facile, une victoire complète nous eût été assurée à Waterloo. Il ne saurait y avoir de doute sur ce point; mais cela suffit-il pour justifier la mesure que j'attaque? Je crois que non. Pourquoi l'Empereur faisait-il dépendre d'autrui un succès qui eût été certain entre ses mains, s'il avait gardé plus de monde à sa disposition? Nous verrons plus loin les justes reproches qu'a encourus le maréchal Grouchy; continuons maintenant l'examen de la bataille et voyons les fautes qui ont été commises dans cette funeste journée.

L'attaque contre Hougoumont n'était et ne pouvait être qu'une fausse attaque : la possession de ce château offrait peu d'avantages, et les démonstrations qu'on faisait sur ce point ne devaient avoir pour but que d'attirer l'attention de Wellington et de diviser ses forces. Il est évident que, dans la situation des choses, l'attaque réelle devait se faire contre l'aile gauche, parce que, celle-ci battue, nous privions l'ennemi de ses communications avec les Prussiens, nous lui coupions la retraite sur Bruxelles et nous le rejetions sur la route de Halle. Tel était du reste l'esprit des instructions que l'Empereur donna à ses généraux avant l'action. Il suit de là, nécessairement, que l'attaque de vive force qui fut faite contre Hougoumont était un contre-sens, et qu'il eût suffi d'une simple démonstration pour y attirer l'attention de l'ennemi. Si l'on avait ainsi ménagé le 3ᵉ corps, il aurait pu rendre plus tard des services importants.

Mais une faute plus grave, et que l'inaction de l'aile droite rendit irréparable, fut celle que commit le maréchal Ney. L'attaque qu'il fit avec les réserves de cavalerie et une partie de la réserve d'infanterie était intempestive et prématurée : elle a été jugée ainsi par tous les témoins compétents, et ses conséquences furent bien fatales, car elles ne permirent pas de profiter plus tard des succès que le 1er corps obtint au mont Saint-Jean contre la gauche ennemie. Si l'on avait eu alors sous la main et intactes les forces que Ney avait fait détruire inutilement, l'armée anglaise aurait été perdue et Blücher serait arrivé trop tard.

Il est malheureux que, dans cette journée, Napoléon n'ait pas pu tout voir et tout faire par lui-même, comme à Lützen : assurément, le résultat aurait été tout autre. Je ne sais si le mauvais état de sa santé le justifiera entièrement auprès de la postérité, mais, après tout, il est impossible de méconnaître que l'inexécution de ses ordres a été la cause de tous nos désastres.

En résumé, trois grandes fautes ont amené la déroute de Waterloo : l'attaque de Hougoumont, l'emploi prématuré des réserves par Ney et, par dessus tout, l'inaction de Grouchy. L'aile droite, confiée à ce dernier, était destinée, dans la pensée de l'Empereur, à compléter la victoire du 16, ou tout au moins à paralyser les Prussiens pendant qu'il opérerait lui-même contre l'armée anglaise : aussi le maréchal Grouchy avait-il l'ordre le plus positif de ne pas perdre de vue l'armée prussienne. Nous allons voir comment cet ordre fut compris et exécuté par lui ; nous examinerons ensuite ce qu'il aurait pu ou dû faire.

Partie le 17, vers midi, du champ de bataille de Ligny, la petite armée de Grouchy se dirigea sur Gembloux et y bivouaqua. Le temps avait été fort mauvais ; la pluie tombait par torrents et dégradait les chemins, ce qui ralentissait notre marche et la rendait plus pénible. On ignorait quelle direction suivait l'ennemi, car, dès le 16 au soir, on avait perdu ses traces. La nuit avait favorisé sa retraite et la direction de ses équipages, qu'il avait envoyés sur Namur, n'avait pas peu contribué à jeter de l'incertitude dans l'esprit du maréchal Grouchy. Persuadé que Blücher se trouvait à Namur, il fit établir les troupes face à cette ville (1). Cependant, il apprit bientôt après que les Prussiens s'étaient dirigés sur Wavre et y étaient arrivés.

Le 18, l'armée ne se mit en mouvement qu'à sept ou huit heures du matin ; elle se porta sur Wavre par la route de Sart à Valhain. Son mouvement fut extrêmement lent ; vers Nil-Saint-Martin, elle fit une longue halte, pendant laquelle on s'occupa à couper des haies et à ouvrir des débouchés, comme pour préparer un champ de bataille. Ce ne fut qu'à la Baraque, où nous arrivâmes vers deux heures après midi, que nous trouvâmes une arrière-garde qui fit mine de vouloir s'y défendre, mais quelques coups de fusil la dissipèrent.

Blücher, après sa défaite à Ligny, s'était retiré par Gembloux sur Wavre, tandis que les deux corps de

---

(1) J'avais établi ma division face à Wavre ; il me donna lui-même l'ordre de me placer face à Namur, *parce que Blücher y était et que je pourrais bien être attaqué à la pointe du jour.*

Ziethen et de Pirch se portaient sur le même point par le mont Saint-Guilbert, où ils passèrent la Dyle sans être inquiétés ni même reconnus. Ils se trouvaient ainsi à une ou deux lieues de nous, nous côtoyant et s'interposant entre nous et l'Empereur. Quant au général en chef prussien, rassuré par la lenteur de nos mouvements, il n'avait laissé, pour s'opposer à notre marche, que l'arrière-garde dont nous venons de parler.

On entendait depuis longtemps la canonnade et la fusillade de la bataille qui se livrait à Waterloo, et, du point de la Baraque, on voyait des colonnes prussiennes se diriger en toute hâte de ce côté. Il était évident que l'Empereur était aux mains avec l'armée anglaise, et cependant, malgré cet ensemble de faits et contrairement à l'avis du général Gérard qui le poussait à marcher droit au feu, Grouchy n'en continua pas moins à se porter sur Wavre par la rive droite de la Dyle, quoiqu'il eût déjà reçu l'ordre de se mettre en communication avec l'Empereur et de lier ses opérations avec les siennes. (Cet ordre lui était parvenu vers midi ou midi et demi.)

Wavre était occupé par les Prussiens ; ses maisons étaient garnies de tirailleurs ; son pont était barricadé et battu par une nombreuse artillerie, établie sur les hauteurs dominant la rive gauche de la Dyle. Arrivé devant cette ville, le général Vandamme la fit attaquer immédiatement, sans prendre aucune mesure propre à assurer le succès de son opération : il ordonna simplement à la division Habert d'y pénétrer en colonne. Malgré le feu meurtrier de l'ennemi, cette division parvint jusqu'au pont ; mais le général Habert ayant été blessé, elle se retira en désordre et vint se reformer aux portes de la ville. Cette folle attaque nous coûta 5 ou 600 hommes ; plusieurs officiers supérieurs y furent blessés, et le colonel Duballen, officier de grande espérance, y fut tué. Il eût été facile pourtant de se rendre maître de la position avec peu de perte : il eût suffi de passer la rivière au-dessous de la ville, ou plutôt au-dessus, sur le pont de Bierge, et de prendre l'ennemi à revers. Au surplus, l'occupation de Wavre ne pouvait avoir aucune influence sur le sort de la campagne. Vers la même heure, on fit attaquer le moulin de Bierge par les troupes du général Teste. Les difficultés locales, les coupures de la Dyle, les forces prussiennes accumulées sur ce point et les feux croisés de leurs batteries, rendirent inutiles les efforts de nos soldats : le général de brigade Penne y fut tué. Cependant, le 4ᵉ corps ayant passé la rivière au-dessus du moulin de Bierge, parvint à s'établir sur la rive gauche : le général Gérard, qui le commandait, fut blessé.

Le 19, avant le jour, l'ennemi chercha à surprendre le 4ᵉ corps, mais il fut repoussé ; après cette tentative, il dégarnit ses positions et n'y laissa qu'une arrière-garde. La division Berthezène, du 3ᵉ corps, fut chargée de s'emparer du moulin et des hauteurs de Bierge, ce qu'elle exécuta sans peine et sans perte.

Elle poursuivait les débris des troupes qu'elle avait chassées, lorsqu'un ordre du général en chef lui prescrivit de s'arrêter, et peu après il lui fut commandé de se replier sur sa position : le maréchal avait reçu la funeste nouvelle de la perte de la bataille de Waterloo. On ne saurait trop s'étonner qu'un avis aussi important ne lui soit parvenu que le 19, lorsqu'il eût été si nécessaire qu'il en fût instruit dès le soir même du 18.

Voilà à quoi se réduisirent les opérations des corps aux ordres du maréchal Grouchy pendant les journées des 17, 18 et 19 juin. Revenons sur nos pas, et voyons ce qui aurait pu et dû être fait.

Il n'y a pas besoin d'être militaire pour comprendre que le but que devait se proposer Grouchy, était de paralyser l'armée prussienne, et que là devaient tendre tous ses efforts et toutes ses mesures. Cependant, malgré les ordres les plus précis de l'Empereur, il a l'air, dès le premier instant, d'oublier l'objet de sa mission. On reste frappé d'étonnement, quand on le voit perdre les traces de l'ennemi, dans l'espace étroit où il se mouvait et au milieu d'une population où nous trouvions tant de sympathies. On ne conçoit pas davantage, malgré le témoignage de ceux qui étaient présents, que deux corps prussiens nombreux aient pu, pendant un jour entier, marcher à une ou deux lieues sur le flanc de nos colonnes, exécuter le passage d'une rivière et s'interposer entre nous et l'Empereur, sans avoir été aucunement aperçus.

La négligence à cet égard avait été tellement grande et le pays avait été si mal éclairé, que le maréchal Grouchy ne fut informé de la présence de ces corps sur son flanc, que par l'Empereur. Si, profitant de cet avis, nous eussions marché contre ces corps, certes le succès ne pouvait être douteux : ils eussent été détruits, et ce mouvement nous eût encore procuré l'avantage de coordonner nos opérations avec celles de l'Empereur et de paralyser les manœuvres de Blücher. Mais, dans les journées des 17 et 18, on mit complétement en oubli le principe de guerre le plus simple et le plus vulgaire, celui de conserver des relations avec les autres corps et de lier toujours entre elles les diverses parties de l'armée. Si l'on n'eût pas méconnu ce principe, nos désastres eussent été évités et, dans tous les cas, l'Empereur eût su nous trouver et eût pu disposer de nous.

On a sans doute remarqué que, le 17, l'armée de Grouchy ne dépassa pas Gembloux et que, par un des plus longs jours du solstice d'été, elle ne fit que deux ou trois lieues. Cette lenteur inconcevable ne peut s'expliquer que par l'ignorance où l'on était des mouvements de l'ennemi ; mais, dès qu'ils furent connus, et ils le furent le 17 au soir, il devenait de la plus grande importance de regagner le temps perdu. Peut-être aurions-nous dû faire une marche de nuit, mais, à tout le moins et incontestablement, il aurait fallu nous rapprocher de l'ennemi dès la pointe du jour et le mettre dans l'impossibilité de nous dérober ses mouvements : au lieu de cela, nous ne quittâmes nos bivouacs qu'à huit heures du matin.

En jetant les yeux sur la carte, il était facile de voir que Blücher avait moins de chemin à faire pour rejoindre Wellington, que nous pour arriver à Wavre. Dès lors il n'y avait qu'un parti à prendre, celui de profiter des ponts de la Dyle, afin de nous rapprocher immédiatement de l'Empereur et d'être en état de l'appuyer, si la jonction des armées ennemies avait lieu. Le plus simple bon sens indiquait ce mouvement, et toutefois l'aveuglement du maréchal fut tel, qu'il ne le vit et qu'il ne le fit pas, même après avoir reçu de Napoléon l'ordre de lier ses opérations avec les siennes. Il continua en effet à suivre la rive droite de la Dyle, sans considérer que cette rivière, le séparant de l'Empereur, empêchait la réunion de leurs forces, tandis qu'elle permettait à l'ennemi, couvert par elle, d'exécuter sans obstacle tous les mouvements qu'il lui plairait d'entreprendre.

Cette marche par la rive droite était si contraire à toutes les règles de la guerre et de la sagesse, que, même en supposant par impossible que l'ennemi nous eût attendus à Wavre dans une patiente immobilité, elle eût produit des résultats directement contraires à ceux que Grouchy devait souhaiter; elle eût rendu très-difficile l'attaque de cette position, et, dans le cas plus qu'improbable du succès, elle eût rejeté sur l'armée anglaise l'armée prussienne qu'il était si essentiel d'en tenir séparée. En marchant au contraire par la rive gauche, on parait à tous les inconvénients, on satisfaisait à toutes les conditions des ordres de l'Empereur et du besoin des affaires.

Cela saute tellement aux yeux, qu'il est superflu de faire remarquer que, si le 18, de bonne heure, Grouchy était passé sur la rive gauche, Blücher n'aurait pas osé exécuter devant lui un mouvement de flanc pour se porter sur Waterloo. Il se serait peut-être décidé à attaquer le maréchal, mais pendant ce temps, Napoléon aurait eu le loisir de compléter sa victoire contre les Anglais, et que seraient devenus les Prussiens? Personne ne doutera de ce que j'avance, en se rappelant qu'ils n'arrivèrent sur le champ de bataille qu'à sept heures ou sept heures et demie du soir, quoiqu'ils fussent tout à fait libres dans leurs mouvements, et que par conséquent le moindre obstacle eût suffi pour les arrêter et pour paralyser leur action. Malheureusement, rien de ce que dictaient la raison et le bon sens ne fut fait ; nous restâmes dans l'inaction la plus complète ou bien nous agîmes en sens inverse de ce que nous prescrivaient les ordres de l'Empereur et la position des armées.

Reprenons la suite des événements.

La funeste nouvelle de la défaite de Waterloo jeta le maréchal Grouchy dans l'anxiété la plus cruelle ; il ne savait plus que résoudre. Depuis douze heures que l'armée de Napoléon avait quitté le champ de bataille, l'ennemi pouvait s'être avancé sur la Sambre et sur la Meuse, de manière à entraver fortement notre retraite. Dans cette hypothèse, qui n'avait rien que de vraisemblable, il convenait de quitter Wavre immédiatement et de se retirer en toute hâte sur ces deux rivières; l'éloignement des Prussiens rendait ce mouvement facile et sans inconvénient, mais on ne le fit pas : le maréchal prit un *mezzo termine*, qui aurait pu tout perdre.

Il partit avec le 4ᵉ corps et la cavalerie, pour couvrir la route de Bruxelles à Namur, et il laissa le 3ᵉ corps devant Wavre pendant toute la journée du 19, sans réfléchir que ce corps, ainsi abandonné, pouvait être attaqué et battu et que lui-même s'exposait à compromettre contre des forces bien supérieures les troupes qu'il emmenait avec lui. Le 3ᵉ corps ne quitta donc sa position qu'au coucher du soleil (1); il vint s'établir à Gembloux, où il arriva à onze heures du soir. Il devait en repartir le 20, à deux heures du matin, pour rattraper la journée perdue, et cependant il ne se mit en marche qu'à sept heures (2); il se dirigea sur Namur par l'abbaye d'Argenton, chemin qui offre un défilé long et difficile. La division Lefol, qui fai-

---

(1) Ce mouvement se fit sans ordres supérieurs; il fut concerté entre les généraux Lefol et Berthezène.

(2) Le général Vandamme avait si bien senti la nécessité d'agir vivement, qu'il s'était d'abord mis dans une grange près de Gembloux, pour s'y reposer quelques heures, et avait donné l'ordre au général Berthezène de faire prendre les armes à ses deux divisions à deux heures du matin; malheureusement, on lui avait préparé un meilleur logement au village, il y alla et n'en revint qu'à sept heures.

sait l'arrière-garde, y fut attaquée et mise en désordre, sans pourtant avoir éprouvé aucune perte ; elle fut recueillie et se reforma sur le plateau de Notre-Dame-de-Liesse. Déjà le canon se faisait entendre du côté de Temploux, sur la route de Bruxelles à Namur.

Après la funeste journée de Waterloo, un corps prussien avait suivi notre armée jusqu'à la Sambre, tandis que les Anglais, qui avaient beaucoup plus souffert, restaient sur le champ de bataille pour se refaire. Ce corps agit d'abord lentement et avec beaucoup de précautions ; il craignait sans doute de se compromettre, si Grouchy sortait de sa stupeur ; mais le 20, ayant été renforcé par les Hanovriens, il marcha sur Namur et attaqua notre arrière-garde établie à Temploux. Après avoir repoussé les premières attaques, Grouchy comprit que l'ennemi pouvait masquer par ce combat sa marche sur Dinant et que, s'il était une fois maître de ce point, le sort de notre petite armée serait fort compromis ; aussi se hâta-t-il de marcher sur cette ville avec la cavalerie, laissant à Vandamme le soin de soutenir le combat et d'assurer la retraite des équipages et de l'artillerie.

L'action dura jusqu'à six heures du soir ; les troupes se battirent bien et ne se retirèrent que sur les ordres du général Vandamme (1). Le général Teste, chargé

---

(1) Dès que les troupes avaient été en marche le matin, le général

de défendre la grille de Namur et de couvrir le mouvement des divisions qui avaient combattu, exécuta cet ordre avec bonheur et ne quitta la ville qu'à la nuit et après avoir fait perdre beaucoup de monde à l'ennemi. Il eût pu tenir plus longtemps encore s'il eût eu assez de munitions, mais l'incurie avait été telle, que l'on n'avait pas même gardé un caisson de cartouches. Il nous eût été impossible de sauver nos blessés, sans l'aide et les sympathies des habitants de Namur. Par leurs soins, nos pauvres camarades furent placés dans des barques et purent remonter la Meuse. Que ces bons habitants et ceux de la Vallée trouvent ici l'expression de ma vive gratitude! Leur humanité et leurs soins touchants dans un moment aussi critique leur donnent des droits éternels à la reconnaissance de tous les Français (2).

Le lecteur se sera demandé sans doute pourquoi l'on avait perdu une journée devant Wavre, pourquoi l'on n'était pas reparti de Gembloux après deux ou trois heures de repos, pourquoi l'on avait ainsi com-

---

Vandamme s'était rendu à Namur; lorsqu'il fallut se battre, il donna l'ordre au général Berthezène de prendre le commandement supérieur. Ce général eut un cheval tué sous lui; les troupes se composaient des divisions Teste, Habert et Berthezène, en infanterie et, en cavalerie, de la brigade Valin.

(1) Dans la ville, on se disputait à qui secourrait les blessés, et dans la vallée, hommes et femmes traînaient spontanément les barques qui les portaient.

promis volontairement le salut d'une portion si précieuse de l'armée, car on avait nécessairement dû craindre que l'ennemi ne marchât avec toutes ses forces pour compléter ses succès en l'écrasant. Ces questions, on se les faisait aussi à l'armée, mais elles restaient sans réponse : une fatalité cruelle pesait sur nous.

Les troupes arrivèrent à Dinant le 21, à la pointe du jour ; elles en repartirent après une halte de quelques heures, et vinrent coucher à Givet. Le 22, elles se rendirent sous Rocroy, où il fallut s'arrêter le 23, pour les faire reposer et pour rallier les traînards qui étaient en grand nombre, ce dont on sera peu surpris si l'on fait attention que, depuis le 16, les soldats avaient été presque toujours sans vivres et sans repos (1). Il n'est pas inutile de faire observer que, si nos chefs avaient connu le prix du temps, nous serions arrivés le 19 à Charleroi ou à Namur, que les troupes y auraient pris du repos et de la nourriture, que le combat du 20 aurait été évité, et qu'enfin nous aurions gagné deux jours entiers. Grâce à cette avance, nous aurions pu être à Laon avant l'ennemi; nous y aurions servi de point de ralliement aux corps battus à Wa-

---

(1) Cela n'implique pas de contradiction avec l'inaction dont je me suis plaint si souvent. On ne faisait rien, on demeurait irrésolu, mais le soldat n'en était pas moins fatigué pour cela : c'est ainsi que, le 18, il resta toute la journée sous les armes, le sac au dos.

terloo, et qui sait ce qui eût pu arriver? Malheureusement, rien de ce qui devait se faire ne fut fait ni même essayé.

L'armée continua sa marche par Rethel, Reims et Soissons, où elle arriva le 26. Ce fut en passant par Rethel que nous apprîmes l'abdication de l'Empereur. Cette nouvelle si grave ne produisit pas sur nos soldats tout l'effet que nous pouvions en craindre, et la désertion fut peu considérable; on peut même dire qu'elle ne se manifesta que quelques jours après.

Le 27, un corps de cavalerie légère, commandé par le général Pajol (1), se laissa surprendre au défilé de Villers-Cotterets et perdit son artillerie. Après avoir repoussé l'ennemi, le maréchal Grouchy se rendit à Paris, en donnant l'ordre à Vandamme de réunir ses troupes pour passer ce défilé, dans le cas où l'ennemi s'y porterait de nouveau. Vandamme l'y trouva en effet, le battit et se rendit à la Ferté-Milon, laissant en arrière quatre divisions d'infanterie, disséminées depuis Verte-Feuille jusqu'à plus de trois lieues de l'autre côté de Soissons; il se borna à prescrire au général Berthezène de rassembler ces divisions avant d'entrer dans le défilé. Une semblable incurie ne saurait se comprendre; elle est d'autant plus impardonnable, qu'elle

---

(1) Ce général a été l'objet de divers reproches dans le cours de cette campagne : on l'a accusé d'avoir mal éclairé le pays et d'avoir beaucoup contribué par ses rapports aux fautes du maréchal Grouchy.

exposait sans nécessité ces troupes à être battues en détail. Il est évident qu'il leur eût été impossible de se secourir mutuellement, si elles eussent été attaquées par des forces considérables, car leur réunion demandait six ou huit heures de temps. Cette portion de l'armée arriva, le 29 juin, à Paris et campa à Montrouge.

Le 30, l'ennemi passa sur la rive gauche de la Seine par le pont du Pecq, où il ne trouva aucun obstacle. Il n'est pas possible de penser que le général prussien eût osé risquer une opération aussi téméraire, en présence d'une armée de 80,000 hommes, s'il n'eût eu la certitude qu'il ne serait rien entrepris contre lui. A la vue de cette manœuvre, Napoléon, qui était encore à Paris, sûr de battre l'ennemi, demanda au Gouvernement provisoire la permission d'attaquer, déclarant qu'il déposerait de rechef le pouvoir après avoir rendu ce service à la patrie (1) ; mais Fouché, dont la trahison était patente, se garda bien de le permettre.

---

(1) Napoléon dit à cette occasion : « Que lorsqu'il avait abdiqué le « pouvoir, il n'avait point renoncé en même temps au plus noble « droit d'un citoyen, au droit de défendre sa patrie; que la vraie « situation des affaires lui était parfaitement connue ; que s'il en « était requis, il était certain de battre encore l'ennemi, et cela de « manière à donner un tout autre cours aux négociations, qu'une « victoire faciliterait ; mais que, dans tous les cas, même après la « victoire, il n'en était pas moins résolu à poursuivre sa route sans « délai. »

Au lieu d'agir et de mettre à profit l'imprudence des Prussiens, l'ardeur des troupes et les bonnes dispositions des volontaires parisiens, les maréchaux tinrent, à la Villette, un conseil de guerre, où l'on discuta si Paris devait être défendu. Quand on ne veut pas se battre, le meilleur moyen de mettre sa responsabilité à couvert est d'assembler un conseil de guerre : l'avis le plus prudent a toujours la majorité, et c'est là ce qui arriva à la Villette. Du reste, au lieu de s'occuper de résistance, les maréchaux en vinrent à des personnalités et quelques-uns s'accusèrent de trahison. On eut l'air pourtant de vouloir marcher contre les troupes alliées qui étaient sur la rive gauche, et le général Exelmans fut chargé de cette opération ; il l'exécuta avec vigueur et poursuivit la cavalerie ennemie jusque près de Versailles, mais ayant trouvé là de l'infanterie, il lui fallut rétrograder. Son attaque devait être appuyée par deux divisions d'infanterie du corps de Vandamme, mais celui-ci ne leur donna pas d'ordre : on ne voulait pas réussir.

Cependant les troupes murmuraient ; elles voyaient avec dépit les Prussiens s'étendre jusqu'à la route d'Orléans, et demandaient impatiemment le combat. Le Gouvernement provisoire feignit de vouloir leur donner satisfaction ; des dispositions furent faites et tout sembla se préparer pour une bataille, mais, le 3 juillet, au moment où on allait attaquer, un contre-ordre suspendit tout et trois commissaires furent envoyés pour traiter avec Blücher de la reddition de

Paris. Dans le même instant, le général Tromelin (1), agent de Fouché, revenait du camp prussien, où il avait passé la nuit : preuve nouvelle, quoique superflue, de l'infamie de ce chef provisoire de l'État.

L'annonce de cette résolution subite et imprévue fit renaître les murmures de l'armée, et, dès que la convention fut connue, la fermentation atteignit à son comble. Les soldats et les officiers inférieurs se soulevèrent : tantôt ils se plaignaient avec rage qu'on eût exigé d'eux des marches pénibles et forcées, pour les rendre témoins d'une capitulation honteuse ; tantôt ils demandaient avec une ironie amère, qu'on voulût bien leur dire quels événements heureux rendaient leurs bras inutiles à la défense de la capitale. Ils criaient de toutes parts que leurs chefs trahissaient et s'étaient laissé corrompre à force d'or ; ils publiaient le tarif de chacun d'eux, et l'austère probité du maréchal Davoust ne pouvait elle-même échapper à leurs soupçons.

Les généraux et les officiers supérieurs s'épuisaient en vains efforts pour les faire rentrer dans l'ordre ; ils réussirent seulement à prévenir des excès plus graves, en les berçant de l'espoir que les Chambres suivraient l'armée et que la cocarde tricolore serait conservée.

---

(1) Tromelin avait servi chez les Anglais et avait combattu contre nous en Égypte. A la prise d'El-Arisch il s'était bien conduit et avait sauvé la vie à plusieurs Français.

Mais ces leurres, auxquels après tout les troupes ajoutaient peu de foi, ne purent les sauver de la désertion. Beaucoup de soldats, mécontents ou feignant de l'être, abandonnèrent leurs drapeaux, et les officiers découragés ne firent pas toujours ce qu'ils auraient dû pour les en empêcher ; c'est le seul reproche qu'on ait eu à leur adresser.

Enfin, le 6 juillet, les dernières colonnes de l'armée française quittèrent Paris, pour se retirer derrière la Loire, en vertu de la convention du 3. Nous avons vu, et l'histoire le dira aux races futures, comment les étrangers victorieux ont observé cette fameuse convention ; la postérité flétrira et marquera du sceau de l'ignominie leur conduite cruelle et déloyale.

Il peut paraître étonnant que je n'aie rien dit des mouvements de l'aile gauche, depuis sa défaite à Waterloo. Que pouvais-je en dire qui ne fût propre à affliger les amis de la patrie ! Toutefois il ne sera pas inutile de remarquer, pour bien caractériser cette triste époque, qu'aucun des chefs de l'armée ne montra, dans cette grave circonstance, ni énergie, ni talent, qu'aucun d'eux ne fit rien, soit pour rallier les troupes, soit pour s'opposer à la marche de l'ennemi et lui susciter le moindre obstacle. Une telle incurie est incompréhensible, et, comme si un esprit de vertige eût frappé toutes les têtes, Ney vint dans la Chambre des Pairs sonner la trompette d'alarme : à l'entendre, il ne restait pas de toute l'armée 6,000 hommes debout ! Et pourtant, trois jours après, plus de 60,000 hommes étaient réunis sous les murs de Paris! Depuis Fontainebleau, cet homme intrépide n'était plus lui; son intelligence semblait obscurcie et son énergie paralysée.

Il faut en convenir, ce désordre moral, ce découragement déplorable, n'auraient pas gagné les esprits et brisé les courages, si Napoléon n'avait pas quitté l'armée pour se rendre à Paris, et sans doute il n'aurait pas pris lui-même ce parti funeste, s'il avait su que son aile droite était restée intacte : mais comment aurait-il pu le croire, lorsque tout tendait à lui faire supposer qu'elle avait été détruite ?

Aussitôt que l'armée s'était trouvée réunie sous Paris, Davoust en avait pris le commandement. On devait s'attendre à quelque acte énergique de la part du vainqueur d'Aüerstadt, mais il n'en fut rien ; il ne vit de salut que dans la soumission, et se chargea de l'obtenir : Fouché avait soufflé sur lui !... En quittant la capitale, l'armée avait un matériel considérable en sa possession : on y comptait 840 pièces de campagne, 2,200 voitures de toute espèce et 30,000 chevaux. A ces richesses, conservées par elle, on doit joindre nos trésors topographiques et les plans en relief de nos places fortes, que les ennemis eussent enlevés, s'ils fussent restés à Paris, car le gouvernement royal les fit réclamer pour obéir aux ordres de ceux qu'il appelait ses alliés. Heureusement que, comme ils avaient été enlevés sans ordres officiels, leurs détenteurs étaient réputés inconnus.

Le maréchal Davoust avait laissé, pour recevoir les instructions du Gouvernement, les généraux Kellermann, Haxo et Gérard. Bientôt ils lui apprirent la dissolution des Chambres et l'entrée du Roi dans la capitale. Ils ajoutaient qu'ils avaient vu Fouché et que son opinion était que l'armée devait faire sa soumission au Roi, parce que c'était le seul moyen d'éviter la guerre civile et de conserver l'intégrité de la France, en donnant au Gouvernement royal l'appui nécessaire pour traiter avec l'ennemi, qui feignait de croire que l'armée continuait à suivre le parti de *Bonaparte*. Davoust donna connaissance de ces dépêches à l'armée, et il fut résolu que les trois généraux promettraient en son nom sa soumission, sous les conditions suivantes : qu'elle resterait réunie jusqu'à ce que les étrangers eussent évacué le territoire français ; qu'aucun employé civil ou militaire ne serait destitué, et que personne ne serait inquiété pour ses actions ou ses opinions antérieures.

Peu après, les mandataires de l'armée annoncèrent que leur négociation avait échoué ; que leurs ouvertures, accueillies d'abord favorablement, étaient maintenant regardées avec indifférence, et qu'une des causes de ce changement était la soumission partielle de quelques corps, tels que celui du général Milhaud (1),

---

(1) Il avait été membre de la Convention et avait voté la mort de Louis XVI.

ce qui faisait espérer au ministère que d'autres suivraient cet exemple (1). Ce calcul était fondé : chacun cherchait à rendre sa position moins mauvaise, et déjà le général Reille, aide de camp de l'Empereur et commandant du 2ᵉ corps, disait ne pas vouloir être de *la queue de Bonaparte.*

Les généraux furent alors assemblés de nouveau par le maréchal Davoust, et il fut convenu que, pour ne pas donner de prétexte aux ennemis dont la mauvaise foi se trahissait par les actes les moins équivoques, l'armée ferait sa soumission purement et simplement. Dans l'adresse qu'on avait rédigée à ce sujet, on avait inséré une phrase offensante contre l'Empereur ; l'Assemblée la trouva inconvenante à tous égards et la fit supprimer.

Ce ne fut pas sans de grandes difficultés que les généraux obtinrent la signature des officiers ; ils résistèrent longtemps avant de la donner, et l'imminence des malheurs de la patrie put seule faire fléchir ces âmes nobles et fières, insensibles à l'intérêt personnel. Quant aux soldats, ils ne furent point consultés : toute tentative auprès d'eux eût été inutile.

Le général Reille fut chargé de porter au Gouvernement cet acte de soumission ; il fut reçu avec joie et le ministre écrivit à l'armée que le Roi la traiterait

---

(1) La véritable raison de ce changement était l'injonction que les Étrangers avaient faite au Roi d'avoir à licencier l'armée.

mieux qu'elle n'osait l'espérer. On connaîtra bientôt l'effet de ces belles promesses. Mais les étrangers virent avec regret échapper l'occasion de ravager une partie de la France et d'anéantir les restes d'une armée qui les avait fait trembler si souvent ; Wellington ne put dissimuler son chagrin.

Cependant le bruit s'était répandu que plusieurs généraux et officiers allaient être proscrits ; mais le ministre de la guerre envoya un de ses aides de camp, le 24 juillet, pour assurer que ces bruits étaient faux et que seulement *quelques hommes seraient momentanément éloignés de la cour*. Le ministre, quand il donnait ces assurances, ignorait-il qu'on préparait l'ordonnance du même jour, 24 juillet, ou bien craignait-il que ce manque de foi n'indignât l'armée et ne lui fît prendre un parti désespéré ? Quoi qu'il en soit, cette ordonnance parut quelques jours après. OEuvre de vengeance et de réaction, elle contenait les noms les plus illustres accolés aux noms les plus obscurs, et chaque victime pouvait reconnaître la main qui l'immolait (1). Loin de recourir à la vengeance, les généraux frappés quittèrent leurs commandements, en recommandant aux troupes qui les affectionnaient, l'ordre et la discipline. Noble exemple de dévoûment et digne des beaux jours de la Grèce et de Rome !

---

(1) Le général Dejean y était inscrit, parce que, dans le conseil de guerre tenu à la Villette, dont j'ai parlé plus haut, il avait opiné qu'il allait arrêter Fouché, si on voulait défendre Paris avec succès.

Mais les esprits étaient aigris, les opinions étaient exaltées; ce n'était, ni sans efforts, ni sans périls, que l'on parvenait à maintenir la discipline et à étouffer les germes d'insurrection que fomentaient sourdement des hommes de tous les partis. Et, tandis que les chefs, animés par le seul amour de la patrie, car ils savaient le sort qui les attendait, luttaient sans cesse et se dévouaient avec une si noble résignation, les journaux soldés par le Gouvernement les insultaient sans relâche, publiaient contre eux les plus odieuses calomnies (1) et leur prodiguaient le titre de *brigands*.

Pendant que ces choses se passaient sur la Loire, et qu'on y apprenait en même temps, avec des sentiments bien divers, la nouvelle des indignes traitements que l'insolence des étrangers faisait subir au Roi (2), ceux-ci exigeaient de ce prince le licenciement total de l'armée française. Ils étaient appuyés dans leur funeste demande par la faction dominante à la cour : sans aucun doute le ministère aurait voulu se soustraire à une si dure nécessité, les maux qui devaient en découler étaient trop évidents; mais trop faible contre les intrigues du palais et se méfiant de son pouvoir sur l'opinion publique, il souscrivit à cette mesure désastreuse.

---

(1) Le journal des *Débats* se signala parmi tous les autres.
(2) Ces insolences furent portées si loin, que le Roi ménaça de se retirer en Espagne.

Le maréchal Macdonald, chargé de la faire exécuter, remplaça Davoust dans le commandement de l'armée. Ni les services que ce dernier avait rendus à la cause royale, ni la lettre particulière qu'il écrivit à Louis XVIII et dont M. de la Roche-Aymon fut porteur, ne purent lui conquérir la confiance du monarque pour l'exécution d'une si importante mesure, mais ils lui valurent la faveur de ne pas être placé sur les tables de proscription. Macdonald, par la proclamation qu'il adressa aux troupes, par ses discours, ses promesses et ses mesures, prépara les esprits au licenciement, qui s'exécuta en septembre, sans donner lieu à de grands désordres. Cette opération fut pénible et douloureuse; les adieux des soldats à leurs officiers furent touchants : ces vieux braves ne se séparèrent pas de leurs chefs sans verser des larmes et sans leur jurer un éternel dévouement.

Ainsi finit cette grande et puissante armée, qui, parcourant à pas de géant la carrière des batailles, avait éclipsé tout ce que les siècles les plus brillants de la monarchie nous avaient transmis de gloire militaire. Ses triomphes immortels, les nobles travaux qui feront vivre à jamais sa mémoire, la puissance et la prospérité de la France, qui avaient été son ouvrage, n'ont pu lui faire trouver grâce devant les passions et les rancunes de ses ennemis. Calomniés, persécutés, poursuivis sous toutes les formes et sous tous les prétextes, ses membres dispersés eurent souvent à envier la sécurité des forçats libérés. Voilà le sort qu'ils éprouvèrent en rentrant dans leurs foyers ; voilà le résultat des brillantes promesses qui leur avaient été faites, lorsqu'on voulait les désarmer.

Les soldats licenciés se rendirent sans armes dans leurs départements. Ils n'avaient pas de chefs et marchaient par bandes, et cependant nulle part il ne s'éleva de plainte contre eux ; aucun excès, aucun désordre ne leur fut reproché, et plusieurs fois ils firent respecter le nom français et punirent l'insolence des étrangers qui osaient les insulter. Plus on a connu nos soldats et plus on les admire, et l'on peut dire avec vérité qu'il n'est pas de vertu ou d'héroïsme, dont ils n'aient donné de fréquents exemples (1).

---

(1) Il y a loin de cette conduite à celle de nos ennemis : tout le monde sait que, dans leurs armées, des généraux et même des princes ont enlevé parfois jusqu'aux meubles des maisons où ils avaient logé.

On a beaucoup crié contre le prétendu pillage des généraux de l'armée française, mais le malheur des temps est venu montrer la vanité de cette accusation. Louis XVIII voulut savoir quelle était la fortune des généraux de l'Empire, et après des investigations exactes, faites par M. de la Maisonfort, il fut très-surpris d'apprendre que la moyenne de leurs revenus était d'environ 5,000 francs.

INSTRUCTIONS DE L'EMPEREUR

ADRESSÉES, A HAMBOURG,

AU MARÉCHAL DAVOUST, PRINCE D'ECKMÜHL,

ET DONT IL EST PARLÉ A LA PAGE 263.

Bunzlaw, le 7 juillet 1813.

Mon Cousin, témoignez ma satisfaction au général Vandamme sur l'occupation de Hambourg. Je vous envoie un officier d'ordonnance, qui est officier du génie. Il verra en détail Hambourg, les îles; Haarbourg, Lubeck, si vous y êtes, le fort de Cuxhaven, et viendra me rendre compte de tout ce que vous faites et de quelle manière se dirigent les travaux. Le Major général a dû vous faire connaître mon système;

c'est celui que j'ai adopté pour toutes les grandes villes. Une ville comme Hambourg ne pourrait être défendue que par une garnison de 25,000 hommes et un grand matériel; il faudrait une place qui pût se défendre au moins deux mois de tranchée ouverte. Or, pour donner à l'enceinte de Hambourg une résistance de deux mois de tranchée ouverte, il ne faudrait pas moins de dix ans et de 30 à 40 millions. Toutefois, je veux conserver Hambourg, non-seulement contre les habitants, contre les troupes de ligne, mais même contre un équipage de siége. Je veux que, si 50,000 hommes se présentent devant Hambourg, la ville soit, non-seulement à l'abri d'un coup de main, mais puisse se défendre, obliger l'ennemi à ouvrir la tranchée, et soutenir quinze ou vingt jours de tranchée ouverte. Ces résultats, je veux les obtenir cette année avec la seule dépense de deux à trois millions, avec un matériel de cent à cent cinquante bouches à feu et une simple garnison de 6,000 hommes. Je veux que, dans cette hypothèse, la ville prise après un blocus de quinze ou vingt jours de tranchée ouverte, je ne perde rien, ni en canons, ni en hommes, et que la garnison puisse se réfugier dans une citadelle et se défendre un ou deux mois de tranchée ouverte, selon la capacité et le degré de perfection auquel sera portée cette citadelle. La simple exposition de ce système l'explique; il faut travailler à l'exécuter sans perdre une heure. Vingt-quatre heures après l'arrivée de mon officier d'ordonnance, 10,000 travailleurs doivent être à l'ouvrage.

Vous devez, 1° faire abattre toutes les maisons qui sont sur le rempart, impitoyablement, sauf l'évaluation de l'indemnité qui sera payée par la ville ; 2° vous devez faire abattre toutes les maisons qui sont sur le glacis ; 3° toutes les maisons qui sont sur la citadelle ; 4° vous devez en même temps faire relever tous les parapets, en creusant tous les fossés ; 5° faire faire des ponts-levis à toutes les portes ; 6° faire faire des demi-lunes devant toutes les portes ; 7° mettre de l'eau autant que les fossés en pourront contenir ; 8° faire ce qui est nécessaire pour pratiquer une inondation dans les parties qui en sont susceptibles ; 9° fermer à la gorge tous les bastions, les plus importants et les plus grands avec un mur crénelé, les moins importants avec une bonne palissade ; 10° faire travailler à un chemin couvert et à un glacis ; faire palissader les chemins couverts ; 11° faire placer sur chaque bastion au moins quatre pièces de canon, dont deux d'un calibre de douze ou supérieur ; 12° faire placer des mortiers, en forme de citadelle, pour pouvoir tourner contre la ville, dans les deux bastions les plus grands, et spécialement dans le bastion et la partie de l'enceinte qui est entre les deux lacs, et qui peut facilement être isolée et considérée comme citadelle ; 13° rétablir les retranchements qui couvrent le grand faubourg, le bien palissader, y établir quelques blockhaus ; 14° faire occuper toutes les îles par un système de redoutes et de digues ; faire même des ponts sur pilotis, sur les petits bras ; faire deux bacs sur chaque gros bras, comme je l'ai pratiqué à Anvers, l'un pour la marée descendante et l'autre pour la marée montante, de manière que cent chevaux et cinq cents hommes d'infanterie puissent passer à la fois; relever, armer et palissader Haarbourg. Supposé tous ces ouvrages faits, et ils peuvent l'être en peu de mois, il est évident que quatre compagnies d'artillerie et 5,500 hommes d'infanterie seront maîtres de Hambourg. Pour compléter le système, tracer une citadelle entre la rivière et la ville, de sorte que la citadelle, les îles et Haarbourg fassent un seul système. Cette citadelle peut d'abord être faite en terre avec des fossés pleins d'eau, de bonnes palissades et des blindages en bois, pour les magasins d'artillerie, pour les magasins à poudre et pour la garnison. Vous voyez que la ville prise, après un siége en règle, la garnison se réfugierait dans la citadelle, dans les îles et dans Haarbourg. Tout cela peut se faire dans l'année. Les années prochaines je ferai revêtir la citadelle en pierres et lui donnerai toute la force possible. Voilà le système défensif que j'ai adopté pour Hambourg. Je donne l'ordre au général Haxo de l'étudier, de le tracer et de l'exécuter; mais il est bien important que vous profitiez du premier moment, pour jeter à bas toutes les maisons qui gêneraient l'emplacement de la citadelle, comme je l'ai dit plus haut. Je sais que le général Haxo avait projeté de placer la citadelle du côté d'Altona : cela n'est pas possible, cela effraierait les Danois; d'ailleurs mon intention est que la citadelle soit une tête de pont sur la rive droite, Haarbourg une tête de pont sur la rive gauche, les îles un moyen de communication. Vous savez que je n'ai point vu Hambourg; que l'on doit étudier l'esprit de l'ordre que je donne, et non la lettre, de manière qu'au 15 juillet, il n'y ait aucune difficulté à laisser 6,000 hommes isolés à Hambourg et que leur communication avec la rive gauche soit à l'abri de toute inquiétude.

Sur ce, je prie Dieu, etc., etc.

NAPOLÉON.

FIN DU TOME SECOND ET DERNIER.

TABLE DES MATIÈRES

CONTENUES DANS CET OUVRAGE.

TOME PREMIER.

	Pages.
Notice biographique sur l'auteur.	VII
An VI. — Du 22 septembre 1797 au 11 septembre 1798. . .	1
An VII. — Du 22 septembre 1798 au 21 septembre 1799. . .	11
An VIII. — Du 22 septembre 1799 au 21 septembre 1800. .	85
An IX. — Du 22 septembre 1800 au traité de Lunéville. . .	101
1806, 1807 et 1808. — Prusse.	109
1809. — Campagne d'Autriche.	169
1809. — Expédition des Anglais contre Anvers.	271
1812. — Campagne de Russie.	285

Corps du centre, sous les ordres immédiats de Napoléon. — Passage du Niémen et de la Wilia. — Mouvements des différents corps. — Orage. — L'armée arrive à Wilna. — Enthousiasme des Lithuaniens. — Marche du roi de Naples sur la Dwina.—L'armée russe se retire dans son camp retranché de Drissa. — Davoust marche sur Minsk. — Lenteurs de Jérôme. — Bagration se replie sur le Borysthène.—Combats de Mir et de Romanow. — Davoust arrive à Mohilow. — Le 3ᵉ régiment de chasseurs tombe dans une embuscade. — Bagration attaque Davoust. — Combat de Salta-Naka.—Séjour de Napoléon à Wilna. — Ses occupations. — Il part de Wilna. — Proclamation curieuse d'Alexandre. — L'armée russe évacue le camp de Drissa et se porte sur Witepsk. — Combats d'Ostrowno, les 25 et 26 août. — Les Russes abandonnent Witepsk et se retirent derrière la Kasplia, où ils se réunissent à Bagration. — Napoléon donne du repos à son armée. — Son séjour et ses occupations à Witepsk. 339

Opérations du deuxième corps jusqu'au 20 août. — Marche de ce corps sur la Dwina. — Tentative folle sur Dünabourg. — Occupation de Polotsk. — Mouvement sur Sebej. — Combat de Jacoubowo. — Retraite derrière la Drissa. — Wittgenstein la passe. — Combat de Sivochina. — Retraite sur Pololsk. — Oudinot se porte de nouveau sur la Drissa. — Combat de Swolna. — Seconde retraite sur Polotsk. — Combat et victoire du 18 août. — Wittgenstein se retire sur la Drissa. . 377

10ᵉ Corps, sous les ordres de Macdonald. — Ses mouvements. Combats d'Eckau, de Graffenthal et de Schlockhoff. — Retraite des Russes. — Position du 10ᵉ corps. 397

TOME SECOND.

Suite de la campagne de Russie en 1812. — Opérations du corps autrichien. — Les Autrichiens passent le Bug. — Leur marche sur Slonim. — Ils y font leur jonction avec le 7ᵉ corps, qui se porte sur Kobrin. — Thormassow y attaque une brigade saxonne et la fait prisonnière. — Mouvement de Thormassow après ce combat. — Position qu'il prend. — Les Austro-Saxons l'y attaquent. — Combat de Ghorodetschna. — Retraite des Russes sur la Muchawetz et ensuite derrière le Styr. 1

Suite des opérations du centre de l'armée. — Sébastiani est surpris à Inkovo. — L'armée lève ses cantonnements. — Passage du Borysthène. — Combat de Krasnoï. — Bataille et prise de Smolensk. — Retraite des Russes. — Combat de Valoutina-Ghora. — Désobéissance de Junot. — Marche offensive de l'armée française. — Motifs pour s'arrêter à Smolensk. — Camp des Russes à Borodino. — Combat du 5 septembre. — Bataille de la Moskowa. — Retraite des Russes. — Marche sur Moscou. — Les Russes l'évacuent. — Incendie. — Rastopchin. — Réflexions sur l'incendie et sur notre séjour dans cette ville. 11

TABLE DES MATIÈRES. 423

Pages.

Opérations du 2ᵉ corps jusqu'à sa jonction, le 24 novembre, avec l'armée revenant de Moscou. — Combats des 18, 19 et 20 octobre, sur les deux rives de la Dwina. — Retraite. — Jonction avec le 9ᵉ corps. — Combat de Niemonitza.   89

Opérations du 10ᵉ corps en Courlande. — Tentatives du gouverneur de Riga sur Mittau. — Combat de Garosen. — Retraite des Russes. — La division Steinheil passe sur la rive droite de la Dwina..   103

Opérations du corps austro-saxon. — Retraite derrière le Bug. — Marche offensive des Russes. — Leur mouvement sur Minsk et la Bérésina. — Combats de Novosverjin, de Koïdanow et de Borisow. — Marche de Schwartzenberg sur Slonim. — Combats de Lapenitza et de Wolkowisk. — Retraite du général Sacken derrière la Muchawetz..   105

Opérations du centre de l'armée. — Départ de Moscou. — Combats de Maloïaroslawetz, de Wiasma, de Krasnoï et de la Bérésina. — Passage de cette rivière. — Évacuation de la Lithuanie. — Retraite sur l'Oder et sur l'Elbe.   119

10ᵉ Corps, sous les ordres du maréchal Macdonald.   189
Corps austro-saxon.   195
Résumé général..   199
Campagne de 1813.   221
Campagne de 1815.   319
Premier Avertissement, écrit en 1816.   321
Second Avertissement, écrit en 1823.   325
Avant-Propos (mai 1816).   329
Campagne de 1815.   355
Instructions de l'Empereur au maréchal Davoust..   415

FIN DE LA TABLE DES MATIÈRES.

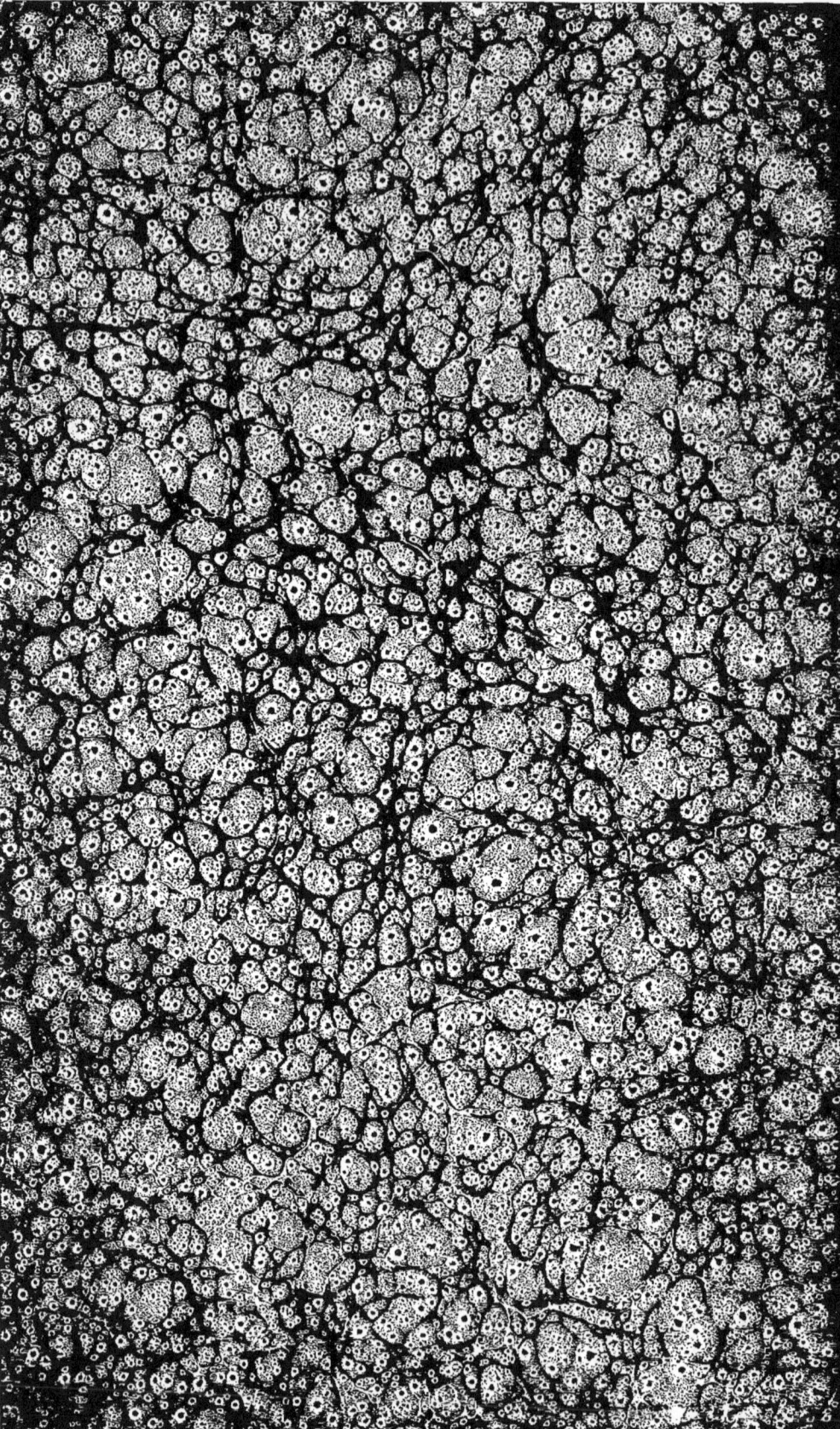

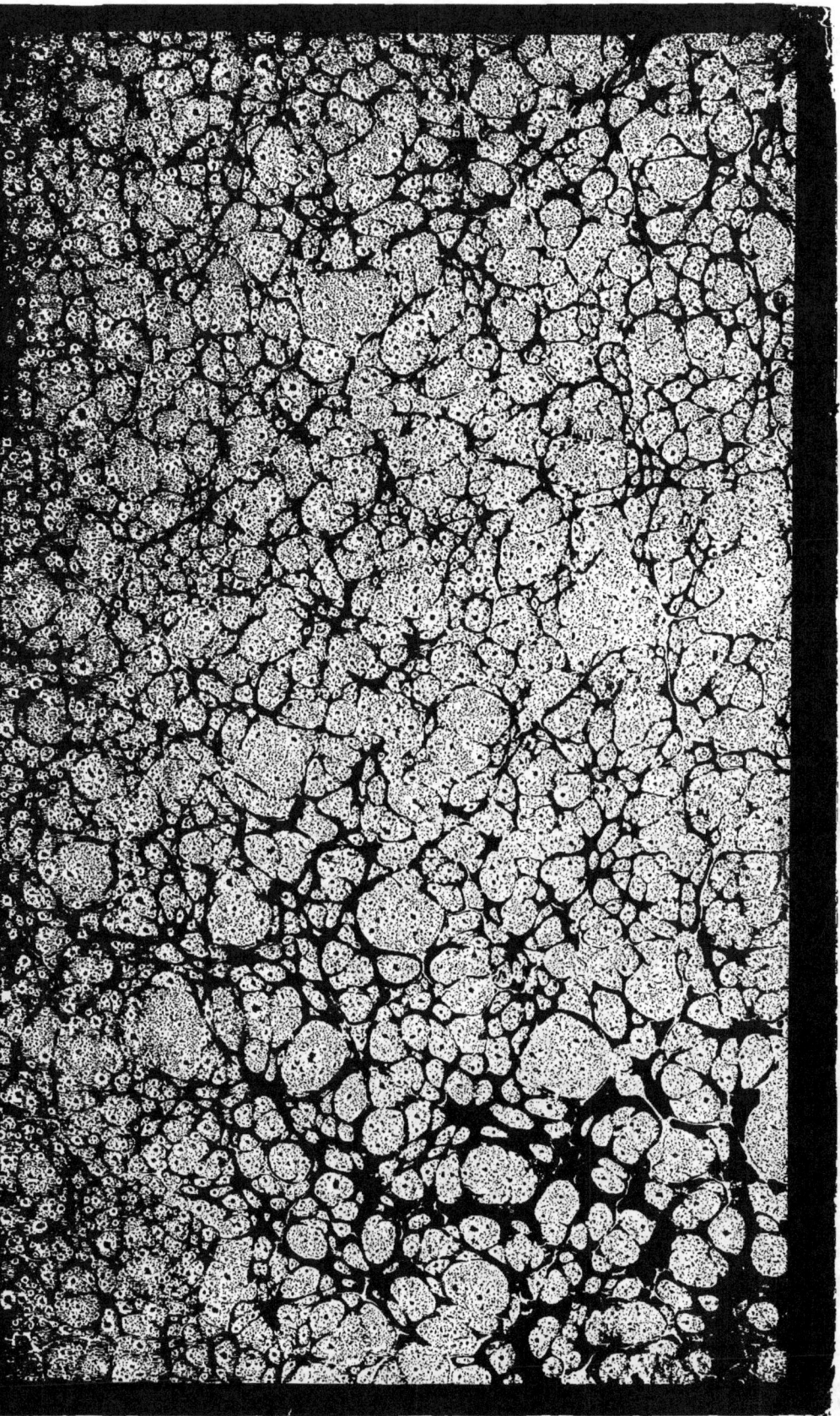

www.ingramcontent.com/pod-product-compliance
Lightning Source LLC
Chambersburg PA
CBHW070615230426
43670CB00010B/1541